A. O. SCOTT

KRITIK
ÜBEN

Die Kunst des feinen Urteils

Aus dem Englischen
von Martin Pfeiffer

Carl Hanser Verlag

Die Originalausgabe erschien 2016
unter dem Titel *Better Living Through Criticism.*
How to Think About Art, Pleasure, Beauty, and Truth
bei Penguin Press, New York

Gedichtauszüge Philip Larkin S. 95–97 und 99 nach:
Philip Larkin: *Mich ruft nur meiner Glocke grober Klang* (Gedichte,
englisch–deutsch), hg. von Karl Heinz Berger. Berlin: Volk und Welt 1988,
S. 59 (»Gründe für Anwesenheit«, übersetzt von K. H. Berger) und
119 (»Reden im Bett«, übersetzt von K.-D. Sommer)
Engl. Ausg.: *The Complete Poems of Philip Larkin*, ed. by Archie Burnett.
Copyright © 2012 by The Estate of Philip Larkin. Reprinted by permission
of Farrar, Straus and Giroux, LLC and Faber and Faber Ltd.

1 2 3 4 5   21 20 19 18 17

ISBN 978-3-446-25467-1
Umschlag: Peter-Andreas Hassiepen, München
Satz: Satz für Satz, Wangen im Allgäu
Druck und Bindung: Friedrich Pustet, Regensburg
Printed in Germany

MIX
Papier aus verantwor-
tungsvollen Quellen
FSC
www.fsc.org   FSC® C014889

Für Justine

ERNEST: Du hast mir heute abend manches Sonderbare gesagt, Gilbert. Du sagtest, es sei schwerer, über etwas zu reden, als es zu tun, und nichts zu tun, sei das Schwerste. Du sagtest, alle Kunst sei unmoralisch, alles Denken gefährlich; die Kritik sei schöpferischer als das Schaffen, und die höchste Kritik sei die, die im Kunstwerk offenbart, was der Künstler nicht hineinlegte; gerade weil jemand etwas nicht *machen* könne, sei er der geeignete Richter und Beurteiler, der wahre Kritiker sei ungerecht, unaufrichtig und nicht vernünftig. – Mein Freund, du bist ein Träumer.

GILBERT: Ja, ich bin ein Träumer, denn ein Träumer ist der, der seinen Weg nur im Mondschein findet, und seine Strafe ist, dass er den Morgen vor der übrigen Welt dämmern sieht.

ERNEST: Seine Strafe?

GILBERT: Und sein Lohn.

Oscar Wilde, »Kritik als Kunst«

Solange wir ein Bewusstsein haben, fällt uns die Aufgabe zu, die Kunst zu verteidigen. Uns bleibt lediglich die Möglichkeit, gegen das eine oder andere Mittel der Verteidigung Bedenken zu erheben.

Susan Sontag, »Gegen Interpretation«

INHALT

Sechstes Kapitel

WAS IST KRITIK?

(Ein einführender Dialog)

F: Was hat Kritik für einen Sinn? Wozu sind Kritiker gut?
A: Das sind die großen Fragen! Die naheliegenden Fragen jedenfalls. Aber sie sind nicht genau gleichbedeutend.

F: Ist denn Kritik nicht einfach alles das, was Kritiker machen?
A: Sicher. Und jeder, der kritisiert, ist ein Kritiker. Du siehst das Problem. Kaum haben wir angefangen, da drehen wir uns schon im Kreis. Wenn wir von Kritik reden, sprechen wir dann über eine berufliche Tätigkeit – eine Art Schriftstellerei, eine Sorte von Journalismus oder Forschung, eine irgendwie geartete intellektuelle Disziplin – und darum über die Leute, die sich damit ihren Lebensunterhalt verdienen? Oder sprechen wir über ein weniger spezialisiertes Unternehmen, so etwas wie Kartenspielen oder Kochen oder Fahrradfahren, etwas, was jeder lernen kann? Oder vielleicht sogar über eine elementarere, reflexartigere Tätigkeit wie Träumen oder Atmen oder Weinen?

F: Ich dachte, wir hätten uns geeinigt, dass ich hier die Fragen stelle.

A: Entschuldigung.

F: Fangen wir also noch einmal an, und zwar mit dir. Du bist ein berufsmäßiger Kritiker und ebenso ein Mensch, der viel über die Frage nachdenkt, was Kritik ist und wozu sie dient.

A: Wenn auch nicht unbedingt in dieser Reihenfolge. Und natürlich nicht ausschließlich.

F: Okay. Aber was ich frage, ist –

A: Wozu ich gut bin? Was für einen Sinn meine Tätigkeit hat?

F: Wenn du es so formulieren möchtest. Ich hätte es vielleicht nicht ganz so feindselig ausgedrückt.

A: Keine Sorge. Widerspruch ist wahre Freundschaft, wie William Blake gesagt hat. Jeder Kritiker gewöhnt sich allmählich daran, mit Skepsis und Argwohn und manchmal mit regelrechter Verachtung umzugehen. *Wie können Sie es wagen? Was gibt Ihnen das Recht? Warum sollte irgendjemand auf Sie hören?* Das bekommen wir ständig zu hören. Menschen zu reizen, dass sie unsere Kompetenz, unsere Intelligenz, ja überhaupt unser Existenzrecht in Frage stellen – das macht anscheinend einen großen Teil dessen aus, was es heißt, ein Kritiker zu sein.

F: Und nun hast du beschlossen zurückzuschlagen. Du fühlst dich in der Defensive. Träfe es zu, wenn man sagte, dass du dieses ganze Buch geschrieben hast, um mit Samuel L. Jackson abzurechnen?

A: Nicht direkt. Aber ich bin froh, dass du das erwähnst. Ein paar Hintergrundinformationen: Im Mai 2012 wurde in 3500 nordamerikanischen Kinos der Film *The Avengers* uraufgeführt – den hast du doch gesehen? Alle haben ihn gesehen. An diesem Tag habe ich eine Besprechung veröffentlicht, in der ich einige Aspekte des Films – die klugen Dialoge, die Eleganz des Spiels – lobte, mich über andere dagegen beschwerte; insbesondere monierte ich, dass er seine Originalität auf dem Altar einer Blockbuster-Konformität opferte. Wenn ich mich selbst zitieren darf: »Das Geheimnis von *The Avengers* besteht darin, dass es sich dabei um eine flotte kleine Dialogkomödie handelt, die als etwas anderes verkleidet ist, und dieses andere ist ein gigantischer Geldautomat für Marvel und ihre neuen Studiobosse, die Walt Disney Company.« Diese Einschätzung ist ziemlich stichhaltig, wenn ich selbst das so sagen darf. Als dann einige Jahre später *Avengers: Age of Ultron* herauskam, sagten alle anderen anscheinend mehr oder weniger das Gleiche: dass der Reiz und das Spannende dieses Films von seelenlosem Firmenspektakel überlagert werde. Es bereitet eine gewisse Genugtuung, an der Spitze derer gestanden zu haben, die auf das Offensichtliche hinwiesen.

Damals war ich jedoch Opfer eines jähen Gegenschlags. Kurz nachdem meine Besprechung auf der Website der *New York Times* erschienen war, postete Jackson, der in *The Avengers* und in anderen Folgen von Franchise-Filmen des Marvel-Universums Nick Fury spielt, auf Twitter einen Aufruf an die »#Avengers fans«, in dem es hieß: »AO Scott braucht einen neuen Job! Helfen wir ihm dabei, einen zu finden! Einen, zu dem er WIRKLICH fähig ist!« Scharen seiner

Follower folgten seinem Ruf, wobei sie nicht forderten, dass ich von meiner Redaktion gefeuert werden sollte, sondern in bester Twitter-Manier Jacksons Attacke weiterleiteten und sie um ihre eigenen phantasievollen Vorschläge zum Thema meiner Eignung ergänzten. Die durchdachteren Tweets äußerten bekannte, man könnte sogar sagen kanonische antikritische Positionen: dass mir die Fähigkeit zur Freude abgehe; dass ich allen anderen Menschen den Spaß verderben wolle; dass ich ein Hasser, ein Spießer und ein Snob sei; ja sogar – und das war irgendwie etwas Neues –, dass aus dem jugendlichen Nerd in der Mittelschule, auf dem alle herumhackten, weil er keine Comics mochte, schließlich ich geworden sei. (Zu meiner Zeit waren einige der jugendlichen Nerds, auf denen alle herumhackten, gerade diejenigen, die Comics liebten, aber nun, da die Superhelden und ihre Fanboy-Anhängerschaft die Regie übernommen haben, hat sich das wohl geändert. Auf mir hackte man aus Gründen herum, die nichts mit Comics zu tun hatten.)

Der *Avengers*-Vorfall plusterte sich zu einem jener absurden und hyperaktiven Internetgewitter auf, die heute ein fester Bestandteil unseres kulturellen Lebens sind. Mace Windu hatte mich herausgefordert! Ich hatte den gerechten Zorn von Jules Winnfield heraufbeschworen! Auf Unterhaltungswebsites erschienen Photoshop-Produkte, die Jackson und mich in Kampfposen zeigten. Kurzkommentare schossen aus dem Boden wie Pilze nach einem Regensturm. Unser Twitter-Heckmeck fand den Weg in brasilianische, deutsche und japanische Schlagzeilen. Einige meiner Kollegen traten dafür ein, nicht nur für meine umkämpfte Person einzutreten, sondern auch für die Integrität und die Bedeutsamkeit der Tätigkeit, für die ich in Jacksons Augen nicht qualifiziert war.

F: Hattest du Angst?

A: Im Gegenteil. Ich war dankbar. Weder meiner Person noch meinem Lebensunterhalt drohte irgendwelche Gefahr, und *The Avengers* brachte es dann so weit, dass er als zweitschnellster Film weltweit an den Kinokassen eine Milliarde Dollar einspielte. Ich bekam auf Twitter einige hundert Follower und wurde für wenige Minuten sowohl zu einem schrecklichen Schurken als auch zu einem imaginären Märtyrer für eine edle und vielgeschmähte Sache. Überall herrschte eine Win-Win-Situation, und danach zog jeder wieder seines Weges.

Doch selbst ein Sturm im Wasserglas kann meteorologische Folgen haben, und ich glaube, dass Jackson eine berechtigte und wichtige Frage aufgeworfen hatte. Sieht man vom Wert oder Unwert dessen ab, was ich über *The Avengers* oder irgendeinen anderen Film geschrieben habe, dann ist stets die Frage berechtigt, welche Aufgabe denn der Kritiker hat und wie sie sich WIRKLICH bewältigen ließe.

F: Da bist du hier also angetreten, um diese Tätigkeit gegen die Attacken – die Kritik – von sensiblen Filmstars und ihren Fans zu verteidigen? Ist das nicht ein kleines bisschen heuchlerisch? Es sieht so aus, als könntest du zwar austeilen, aber nicht einstecken.

A: Nun ja, eigentlich nicht. Das heißt, ja, wir werden alle etwas empfindlich, wenn die Leute, über deren Arbeit wir schreiben – oder auch unsere Leser –, an unserer Tätigkeit etwas auszusetzen haben. Das ist nur menschlich verständlich. Was mich hier mehr interessiert, ist die allgemeine Tendenz – ich würde tatsächlich sagen, die universelle Fähigkeit unserer Spezies –, Einwendungen zu erheben. Und auch Lob auszusprechen. Zu urteilen. Das ist das Fundament aller Kritik. Woher wissen wir oder glauben wir zu wissen, was gut oder schlecht ist, was man attackieren oder verteidigen oder wovon man seine Freunde in Kenntnis setzen soll? Wie beurteilen wir den Erfolg oder das Scheitern von *The Avengers* oder irgendeinem anderen Werk? Denn ob es nun unsere Aufgabe ist oder nicht, tatsächlich urteilen wir. Wir können gar nicht anders.

F: Und wie urteilen wir? Oder vielleicht lautet die Frage: »Warum urteilen wir?«

A: Um ehrlich zu sein, als ich daranging, dieses Buch zu schreiben, dachte ich, die Antworten würden sich viel zwangloser einstellen, als sie es dann taten. Ich ging davon aus, dass es tatsächlich Antworten geben werde, die so ausfielen, dass ich sie klar und mit Nachdruck formulieren könnte. Vielleicht würde ich entdecken, dass wir wissen, was schön oder bedeutsam ist oder einfach nur Spaß macht, weil es Nervenschaltungen oder hormonelle Reaktionen gibt, die sich zu Beginn der menschlichen Ära herausgebildet haben, um uns dabei zu helfen, Raubtieren zu entkommen und eine zahlreichere Nachkommenschaft zu produzieren. Oder vielleicht käme ich zu dem Schluss, dass wir zum Bestimmen und Unterscheiden von Werten fähig sind, weil wir Zugang zu angeborenen und ewigen Maßstäben haben, die zwar im Laufe der Jahrhunderte Veränderungen unterworfen sind und sich von Ort zu Ort unterschiedlich äußern, die uns aber doch auf dem Weg zu Wahrheit und Schönheit halten.

Wir können uns die Geschichte der menschlichen Kreativität ansehen und dabei Muster – Formen, Klänge, Geschichten – finden, die auf eine tiefliegende Kontinuität schließen lassen. Wir können uns auch die überwältigende Vielfalt menschlichen Schaffens vor Augen führen und zu dem Ergebnis kommen, dass keine Kategorie, keine Menge von Kriterien das alles irgendwie in sich schließen könne. Jede Kultur und jede Klasse, jeder Stamm und jede Clique, jede Geschichtsepoche hat ihre eigenen Maßstäbe für Kunstfertigkeit und Erfindungsgabe entwickelt. Unsere modernen, kosmopolitischen Sensibilitäten weiden sich an den Gegenständen, die sie hinterlassen haben, sie untersuchen und vergleichen und widmen sich der angenehmen Aufgabe, das Gefundene zu sortieren und zu verarbeiten. Mittlerweile werden wir von neuem Zeug überschwemmt, was auch angenehm ist, selbst wenn das Überangebot dazu führen kann, dass wir uns gelähmt und leer fühlen. Wir staunen über die Fülle oder sind beunruhigt darüber, dass das alles viel zu viel ist. Es gibt eine solche Menge von Dingen, die unsere Aufmerksamkeit beanspruchen. So vieles steht da auf dem Tisch, das Zerstreuung und Aufklärung verspricht, dass es sich wie ernsthafte Arbeit anfühlen kann, hier eine Auswahl zu treffen.

F: Und diese Arbeit – das Aussieben und Abwägen, das Maßnehmen und Interpretieren –, das nennst du Kritik.

A: Ja. Aber sie ist auch etwas Grundlegenderes und Dringlicheres. Die Sache ist kompliziert. Ich möchte noch einmal auf Samuel L. Jackson eingehen. Sechs Monate nach der *Avengers*-Episode kam er in einem Interview mit der *Huffington Post* auf unsere Twitter-Auseinandersetzung zurück und verlieh dabei einem weit verbreiteten Einwand gegen Kritik im allgemeinen und gegen die Kritik von Popkultur im besonderen Ausdruck. »Neunundneunzig Prozent aller Menschen sehen sich diesen Film als das an, was er ist«, sagte er. »Er ist keine intellektuelle Darlegung, die man irgendwie mit dem Intellekt angehen muss.« Das ist ein altes und starkes – in mancher Hinsicht unschlagbares – Argument gegen Kritik, hinter dem die Vorstellung steht, dass schöpferische Tätigkeit zu ihren eigenen Bedingungen erfasst werden sollte und dass Denken der Feind der Erfahrung ist. Und tatsächlich ist es genau die Aufgabe des Kritikers, anderer Meinung zu sein, sich zu weigern, irgendetwas nur als das zu betrachten, was es ist, vielmehr darauf zu beharren, es einer intellektuellen Prüfung zu unterziehen.

»Mit dem Intellekt angehen« ist ein absichtsvoll hässliches Wort, dessen Verwendung einen Vorwurf eigener Art darstellt. Aber in Wirklichkeit ist es einfach ein Synonym für »denken«, und man darf fragen, weshalb es nötig sein sollte, so energisch zu bestreiten, dass *The Avengers* sowohl das Produkt von Nachdenken als auch ein potentielles Objekt von Denktätigkeit sein könnte. Der Film ist sehr wohl eine »intellektuelle Darlegung« in dem allgemeinen Sinne, dass er aus den bewussten Intentionen und der aktiven

Intelligenz seiner Schöpfer, Jackson eingeschlossen, hervorgegangen ist. Ebenso wie viele andere Comic-Unterhal-
tungsproduktionen nimmt sich dieses Werk auch vor, Gegenstände zu erkunden, die für Fans dieses Genres ebenso
wie auch für Kenner der hohen Literatur mit Sicherheit als
große Themen zu erkennen wären, als da sind Ehre, Freundschaft, Rache und das Problem des Bösen in einem gerechten
Universum. Und schließlich zeigt der Film *The Avengers*
(und das tut er meines Erachtens auf äußerst irritierende
Weise), was passieren kann, wenn ein spielerischer Erzähl-
instinkt mit dem Imperativ globalen Profits kollidiert, der
der Motor so vieler Hollywood-Produktionen im 21. Jahrhundert ist.

All das bedeutet, dass *The Avengers* ein äußerst interessantes und komplexes Kunstwerk ist und dass es lohnt, sich
über den Erfolg wie über die Grenzen dieses Films den Kopf
zu zerbrechen. Und doch könnte selbst das Bemühen, die
Spreu vom Weizen zu trennen, den Kontext zu finden und
einen Claim abzustecken, darauf hinauslaufen, dass man
das Eigentliche verfehlt. Oder, wie Jackson es formulierte:
»… wenn du etwas Abgefucktes über ein Stück schwachsinnige Popkultur sagst, das wirklich gut ist – *The Avengers* ist
ein verdammt großartiger Film; Joss [Whedon] hat da eine
Arbeit geleistet, die einfach spitze ist –, wenn du das nicht
kapierst, dann sag einfach: ›Ich kapier es nicht.‹«

Ich kapiere es aber. Insbesondere registriere ich, wie Jackson hier mit zweierlei Maß misst, wenn er *The Avengers* als
unter aller Kritik (»ein Stück schwachsinnige Popkultur«)
und zugleich als über alle Kritik erhaben (»ein verdammt
großartiger Film«) verortet. Er wiederholt die reflexartige

Verachtung für Kinofilme und andere Vergnügungen der niederen Schichten, die Intellektuellen einer früheren Epoche so leicht fiel, und zugleich operiert er mit der alten superarroganten Vorstellung, dass ein Kunstwerk unantastbar ist und sich selbst genügt. Unter diesen Umständen wird ein Kritiker entweder den Fehler begehen, eine Sache, die nur als harmloser, unbeschwerter Spaß gedacht war, törichterweise ernst zu nehmen, oder aber etwas Erhabenes auf sein eigenes lächerliches Niveau herabzuziehen. Aber schuldig wird er so oder so.

Hier kommt jedoch das Wichtige: Darin wird sich ein Kritiker nicht von einem beliebigen anderen Menschen unterscheiden, der sich *The Avengers* ansieht (oder einen Roman liest oder ein Gemälde betrachtet oder einem Musikstück lauscht) und über diese Erfahrung nachdenkt. Denn dieses Nachdenken ist der Punkt, an dem die Kritik beginnt. Dessen machen wir uns alle schuldig. Oder zumindest sollten wir das tun.

F: Du hast also ein Buch zur Verteidigung des Denkens geschrieben? Wo ist da die Kontroverse? Niemand hat doch wirklich etwas gegen Denken.

A: Ist das dein Ernst? Der Anti-Intellektualismus ist doch praktisch unsere bürgerliche Religion. »Kritisches Denken« mag ein allgegenwärtiges pädagogisches Schlagwort sein – eine diffus definierte Fertigkeit, deren Erwerb wir unseren Kindern auf dem Weg ins Erwachsenenalter wünschen –, aber die Belohnungen dafür, dass man auf den Gebrauch seiner Intelligenz verzichtet, folgen dann sogleich in reichem Maße.

Als Konsumenten von Kultur werden wir in Passivität eingelullt oder bestenfalls zu einer Verfassung von Pseudo-Halbbewusstsein gedrängt, und man ermutigt uns entweder zu einer defensiven Gruppenidentität als Mitglieder einer Fangemeinde oder zu einem seichten, halbironischen Eklektizismus. Gleichzeitig werden wir als Bürger des politischen Gemeinwesens auf ein polarisiertes Klima ideologischer Aggressivität verpflichtet, in dem große Töne allzu häufig an die Stelle von Argumenten treten.

Es bleibt kein Raum für Zweifel und nur wenig Zeit für Nachdenklichkeit, da wir uns eines Sperrfeuers von Sensationen und einer Flut von Meinungen zu erwehren haben. In unserer Phantasie können wir uns ausmalen, dass wir kürzer treten oder aussteigen, aber letztlich müssen wir lernen, in der Welt zu leben, die wir vorfinden, und sie so klar zu sehen, wie wir können. Das ist keine einfache Aufgabe. Einfacher ist es, sich den Tröstungen von Gruppendenken, Vorurteil und Ignoranz hinzugeben. Um diesen Verlockungen zu widerstehen, braucht man Wachsamkeit, Disziplin und Neugier.

F: Dann ist das, was du geschrieben hast, also ein Manifest gegen Faulheit und Dummheit?
A: Das könnte man so sagen. Aber warum soll man es in derart negatives Licht rücken? Dieses Buch ist, wie ich hoffe, auch eine Verherrlichung von Kunst und Phantasie, eine Erkundung unseres angeborenen Triebes, Vergnügen zu kultivieren, und der verschiedenartigen Wege, auf denen wir diesen Impuls verfeinern.

F: Und das alles ist Aufgabe des Kritikers?

A: Es ist Aufgabe aller Menschen, und ich glaube, dass es eine Aufgabe ist, die wir tatsächlich bewältigen können. Ich behaupte, dass am Anfang des Bemühens die Art und Weise stehen könnte, in der wir mit den Werken umgehen, die unserem endlosen Hunger nach Sinn und Vergnügen entgegenkommen, und zugleich auch die Art und Weise, in der wir unsere Reaktionen auf diese schönen, verwirrenden Dinge verstehen.

Wir neigen viel zu sehr dazu, die Kunst als eine Verzierung zu betrachten und den Geschmack als einen festliegenden, schmalen Pfad anzusehen, auf dem jeder von uns dahinzieht, allein oder in der ausgesuchten Gesellschaft Gleichgesinnter. Oder aber wir bemühen uns, die schöpferischen, angenehmen Aspekte unseres Lebens Dingen unterzuordnen, die vermeintlich bedeutsamer sind, und die ästhetischen Dimensionen der Existenz in die Kästen zu verfrachten, in denen unsere religiösen Glaubensvorstellungen, politischen Dogmen oder moralischen Ansichten untergebracht sind. Wir trivialisieren die Kunst. Wir verehren den Unsinn. Wir können über unseren eigenen Schwachsinn nicht hinaussehen.

Das reicht jetzt! Die Kunst ist dazu da, unser Denken zu befreien, und die Aufgabe der Kritik ist es, herauszufinden, was wir mit dieser Freiheit anfangen sollen. Dass jeder ein Kritiker ist, heißt (oder sollte heißen), dass wir allesamt in der Lage sind, gegen unsere Vorurteile anzudenken, eine Balance zwischen Skepsis und Aufgeschlossenheit zu finden, unsere abgestumpften und übersättigten Sinne zu schärfen und gegen die intellektuelle Trägheit anzukämpfen, die uns umgibt. Wir müssen unseren bemerkenswerten Geist einsetzen und unserer Erfahrung die Ehre erweisen, sie ernst zu nehmen.

F: Okay, schön. Aber wie?
A: Gute Frage!

ERSTES KAPITEL

DER KRITIKER ALS KÜNSTLER UND UMGEKEHRT

Was ist ein Kritiker? Wenn Sie sich umhören – oder einige meiner Mails lesen –, dann werden Sie erfahren, dass ein Kritiker vor allem ein gescheiterter Künstler ist, der seit langem unterschwellig gehegte, neiderfüllte Ressentiments auf diejenigen ablädt, die das Glück, das Talent oder die Disziplin besaßen, um Erfolg zu haben. Diese Annahme ist dermaßen weit verbreitet, dass sie auf einen allgemeinen Glaubensartikel hinausläuft. Jeder beruflich tätige Kritiker könnte aus weggeworfenen Briefen und gelöschten E-Mails mühelos eine Folge von Variationen über die Themen »Sie sind ja bloß eifersüchtig« und »Ich möchte sehen, wie *Sie* es besser machen« zusammenstellen.

Als Reaktion hierauf lässt sich (unbescheiden und daher nicht durchweg überzeugend) immer bemerken, dass die Geschichte empirische biographische Beweise für das Gegenteil liefert: eine lange Liste bedeutender Kritiker, die zugleich meisterliche Vertreter verschiedener Kunstgattungen waren.

Um die Mitte des 19. Jahrhunderts schrieb Charles Baudelaire brillante Texte über moderne Malerei, ohne dass das seinen Fertigkeiten oder seinem Rang als Dichter Abbruch getan hätte; Gleiches taten in der zweiten Hälfte des 20. Jahrhunderts John Ashbery und Frank O'Hara. Philip Larkin, ebenfalls ein Dichter, schrieb begeistert und verständnisvoll, wenngleich mit einem Anflug seines gewohnt mürrischen Temperaments, über Jazz. Hector Berlioz war ein herausragender Musikkritiker und ebenso ein großer Komponist. George Bernard Shaw war sowohl einer der größten englischsprachigen Theaterkritiker als auch einer der größten englischsprachigen Dramatiker seiner Zeit. Le Corbusiers Schriften über Architektur sind mindestens ebenso einflussreich gewesen wie seine Bauten, und sie sind möglicherweise gefälliger. Die bedeutendsten Regisseure der französischen Nouvelle Vague – Jean-Luc Godard, Eric Rohmer, Claude Chabrol, François Truffaut – haben als Filmkritiker angefangen, die für die Zeitschrift *Cahiers du Cinéma* arbeiteten. Die bedeutenden Lyrikkritiker waren zumindest seit der Romantik mehrheitlich zugleich auch selbst Dichter, und einige (Samuel Taylor Coleridge, T. S. Eliot) haben auf beiden Gebieten kanonische Geltung erlangt. – Also!

Doch der defensive Kritiker mag gezwungen sein zuzugestehen, dass es sich bei solchen Gestalten um Sonderfälle handelt, um Ausnahmen, die eine fest verankerte Regel bestätigen. Diese Regel wird durch die offensichtliche und anscheinend unabänderliche hierarchische Unterscheidung zwischen der Tätigkeit von Kritikern und der von Künstlern verfestigt. Ein Mensch mag beides tun, aber es kann kaum ein Zweifel daran bestehen, wo der wirkliche Wert – die wirkliche Arbeit – liegt. *Die Romane sind in Ordnung, aber wirklich herausragend sind die Buchbesprechungen.* Lässt sich ein schwächeres, ein vernichtenderes Lob denken? Die Schriftsteller und Lyriker, über die sich derartiges sagen lässt, gehören überwiegend zu den weniger Bedeutenden und den beinahe Denkwürdigen, welche unerschrockenen Doktoranden Themenfutter liefern und mit grauer, stoischer Geduld im Schatten auf einen Augenblick der Neubewertung und Wiederentdeckung warten. Die Zahl der Kritiker, denen es gelungen ist, etwas Bleibendes zu schaffen – allein auf Grund ihrer Kritiken einen Sitz auf dem Parnass oder einen Platz im Kanon zu behaupten –, ist verschwindend gering.

Das rührt ohne Zweifel daher, dass das Schreiben von Kritiken als eine zeitbezogene, reaktive, sekundäre Tätigkeit aufgefasst wird, die alles, was sie an vorübergehendem Prestige, an Bedeutung oder Erschütterungswert besitzt, der dauerhaften Arbeit wirklicher Künstler raubt. Auf dem Weg in seine Zukunft – vom Altar ins Museum; vom Buchladen ins Klassenzimmer; vom Konzertsaal ins Aufnahmestudio; vom heruntergekommenen Grindhouse am Times Square bis zur Criterion Collection als DVD-Box; vom chaotischen Bereich physischer Artefakte bis zum problemlosen digitalen Archiv – gewinnt das Werk zusätzliche Bewunderer und neue Skeptiker, und es ruft Interpretationen hervor, die in seinen vertrauten Konturen bislang ungeahnte Bedeutungen und Freuden ausfindig machen. Mit anderen Worten, Kunst ist dauerhaft und auch wandelbar, während Kritik etwas Fixiertes und daher Vergängliches ist. Die Kritik hat die Aufgabe, von Kunst zu handeln; die Kunst hat einfach die Aufgabe zu sein.

Aus dieser Perspektive ist Kritik im besten Falle hilfreich und verzichtbar, ein unwesentliches, veränderliches Requisit, wie die mobile Trennwand in der Galerie, an der man ein Gemälde aufhängt, oder der Umschlag, den man auf die Paperback-Ausgabe eines Klassikers klatscht. Nützlich vielleicht, aber im Grunde überflüssig. Und von der Erkenntnis, dass wir ohne Kritik leben können, ist es immer nur ein kleiner Schritt bis zu der Feststellung, dass wir das tun sollten. Auf den ersten Seiten seines Buches *Von realer Gegenwart*, in dem er den unbeachteten Andeutungen des Göttlichen in der säkularen Kultur nachgeht, entwirft George Steiner ein Utopia – eine »gegen-platonische Republik«, in der »jedes Gespräch *über* Kunst, Musik und Literatur verboten« wäre und aus der man »die Rezensenten und Kritiker verbannt« hätte. Dass Steiner selbst als Kritiker beträchtliches Ansehen genießt, ist kein Zeichen für Unredlichkeit, sondern eher für Idealismus, für eine Entschlossenheit, sich eine kulturelle Situation vorzustellen, welche nicht von der »Vorherrschaft des Sekundären und Parasitären« belastet ist, die unsere unglückliche gegenwärtige Lage definiert.

Steiners Angriff auf die Kritik ist eine Verteidigung der Kunst. Dabei geht es nicht darum, den Kampf gegen einzelne Kritiker aufzunehmen, die aus Gehässigkeit oder Gefühllosigkeit die Empfindungen bestimmter Künstler verletzen, sondern um einen tiefgründigeren Antagonismus, um die Reaktion auf eine stärker systembedingte Bedrohung. Nach Auffassung Steiners wie auch in den Augen vieler anderer, die seine Vorurteile teilen, wenngleich sie nicht über seine Gelehrsamkeit verfügen, ist Kritik ein verderblicher, parasitärer Auswuchs auf dem machtvollen Stamm menschlichen Schöpfertums. Zumindest in den Phantasien antikritischer Ideologen (die oftmals selbst berufsmäßige Kritiker sind) lassen sich die Herrlichkeiten des Schöpfertums nur begreifen, wenn man diese verzerrenden Auswüchse beseitigt. Es ist ein existentieller Kampf, ein Kampf auf Leben und Tod: Wenn die Kunst leben soll, muss die Kritik sterben.

Doch genau das Gegenteil ist wahr. Ich behaupte hier, dass Kritik nicht nur die Lebenskraft der Kunst nicht zerstört, sondern dass sie es ist, die ihr ihren Lebenssaft liefert; dass Kritik, wenn man sie recht versteht, keine Feindin ist, gegen die man die Kunst verteidigen muss, sondern vielmehr ein anderer Name – der richtige Name – für die Verteidigung der Kunst selbst.

Lassen Sie mich noch weitergehen. Die Kritik ist der spätgeborene Zwilling der Kunst. Beide beziehen ihre Stärke und ihre Identität aus einer einzigen Quelle, selbst wenn ihre wechselseitige Abhängigkeit wie bei den meisten Geschwistern häufig von Rivalität und Argwohn verhüllt ist. Wird es defensiv oder anmaßend klingen, wenn ich sage, dass Kritik eine eigenständige Kunst ist? Nicht in dem engen, alltäglichen Sinn, in dem »Kunst« mehr oder weniger gleichbedeutend mit Fertigkeit ist, sondern im großartigen, voll begeisterten, romantischen Sinne des Wortes. Dass der Kritiker so etwas wie ein Handwerker ist, versteht sich; ich möchte darauf beharren, dass der Kritiker auch ein Schöpfer ist. Und wenn meine eigenen fachmännischen Bemühungen nicht hinreichen, um diese Behauptung zu tragen – denn, sehen Sie, ich stand unter Termindruck, und der Redakteur hat die besten Passagen gestrichen, und mich versteht ja sowieso keiner –, möchte ich vorübergehend auf ein Argument zurückgreifen, das von einer Autorität stammt.

H. L. Mencken, der Weise von Baltimore und Erzfeind von allem, was an der amerikanischen Kultur in der ersten Hälfte des 20. Jahrhunderts unecht und schwammig war, erklärte, jeden guten Kritiker treibe »nicht das Motiv des Pädagogen, sondern das Motiv des Künstlers«. Er wandte sich gegen die verbreitete, irrige Auffassung, der Kritiker schreibe deshalb, »weil er von dem leidenschaftlichen Bedürfnis erfüllt [sei], aufklärend zu wirken, Irrtümer und Fehler bloßzustellen und eine bestimmte Lehrmeinung zu verbreiten« – kurz, Auseinandersetzungen zu führen –, und trat für einen erheblich grundsätzlicheren Impuls ein. Was den Kritiker bewegt, ist, so schreibt er, »nicht mehr und nicht weniger als der schlichte Wunsch, sich ungehindert und mit Inbrunst seiner Gaben zu bedienen und all den Ideen eine unverkennbare, objektive Form zu geben, die in seinem Innern brodeln und die für ihn etwas Faszinierendes haben – sein Wunsch ist es, sie auf dramatische Weise ans Tageslicht zu befördern und sich so in der Welt Gehör zu verschaffen«. Genauso ist es!

Kompliziert wird diese nonchalante Behauptung intellektueller und schöpferischer Autonomie – getragen von der Bravour und dem Scharfblick, zu denen Mencken im besten Falle fähig war, und von dem dauerhaften Platz im literarischen Pantheon Amerikas, den er sich zu erwerben vermochte – durch den Charakter der spezifischen Kunstform, die Menckens fiktiver Kritiker betreibt. Der widersprüchliche Kern der Sache ist, dass Kritik eine Kunst ist, die mit Bezug auf andere Künste und somit im Konflikt mit ihnen hervorgebracht wird. T. S. Eliot, der nicht zögerte, einen Zusammenhang zwischen der Kritik und »den anderen schönen Künsten« herzustellen, bemerkte auch ihren exzeptionellen Status, den wesentlichen Unterschied zwischen ihr und ihren Geschwistern. Er beschrieb die Kunst (insbesondere die Lyrik, die er nicht nur aus beruflichen Gründen, sondern auch aus Hochachtung vor ihrer traditionellen Vorrangstellung in der abendländischen Ästhetik favorisierte) gern als »autotelisch«, das heißt, als sich selbst erfüllend oder sich selbst genügend. Ein Gedicht, eine Plastik oder ein Musikstück ist im wesentlichen (so nimmt er an) unabhängig beziehungsweise frei stehend, während sich jede Kunst der Kritik, mag sie an sich auch noch so blendend sein, immer an etwas anderes anlehnen und darauf Bezug nehmen muss.

Das lässt die Kritik zu einer Anomalie werden. Es mag sein, dass die Kunst aus einem Kampf mit den harten Fakten des Lebens und der Verstocktheit des verfügbaren Materials hervorgegangen ist, aber bei diesem Kampf geht es nicht wirklich um persönliche, wechselseitige Feindschaft. Der Bildhauer ist nicht der Feind des Steins. Der Maler tritt nicht in Wettbewerb mit der menschlichen Gestalt. Die Tonart G-Dur nimmt keinen Anstoß daran, dass ein Komponist sie verwendet. Wörter entwickeln keinen Hass auf Dichter. Die Kritik ist jedoch, wie Mencken feststellt, anders. Und das zum Teil deshalb, weil sie *persönlich* ist oder zu sein scheint.

Wenn sich [der Kritiker] niedersetzt, um seine Kritik abzufassen, dann hört sein Künstler auf, ein Freund zu sein, und wird zu bloßem Rohmaterial für sein Kunstwerk. Es ist meine Erfahrung, dass Künstler über diesen rücksichtslosen Gebrauch, der von ihnen gemacht wird, ausnahmslos verärgert sind. Sie sind erfreut, solange sich der Kritiker auf das bescheidene Geschäft beschränkt, sie zu interpretieren – vorzugsweise ausgehend von der Wertschätzung, die sie selbst von sich haben –, aber in dem Augenblick, in dem er darangeht, ihr Thema mit eigenen Variationen auszuschmücken, in dem Moment, in dem er in das Unternehmen neue Ideen einführt und darangeht, sie in Kontrast zu ihren Ideen zu setzen, da werden sie aufsässig. Genau dies ist natürlich der Punkt, an dem die Kritik zu einer echten Kritik wird; davor handelte es sich lediglich um eine Besprechung. Wenn ein Kritiker diese Grenze überschreitet, verliert er seine Freunde. Wenn er ein Künstler wird, dann wird er dadurch zum Feind aller anderen Künstler.

Menckens Schlussfolgerung lautet, dass diese Feindseligkeit letztlich allen Beteiligten nützt: »Am besten gedeiht die Literatur nämlich immer in einer Atmosphäre beherzten Streits.«

Da hat er recht! Und dies gilt auch für alle anderen Künste. Die Kritik ist die Kunst, die sich mit ihnen zu ihrem eigenen Wohl (dem der Künste) auseinandersetzt und ebenso zu dem Zweck, ihre eigenen ästhetischen Ziele (die der Kritik) zu verfolgen und sich in der Welt Gehör zu verschaffen. Dies bedeutet, dass die Kritik alles andere als eine untergeordnete, weniger bedeutende, sekundäre Kunst ist; sie ist vielmehr größer als die anderen. Es gibt mehr davon, ihr Horizont ist weiter, sie hat eklektischere Methoden als irgendeiner ihrer Rivalen. Sie schließt sie allesamt in sich und zwingt sie dazu, ihren Erfordernissen zu dienen. Sie ist nicht parasitär, sondern primär.

Ich weiß, wie das klingt: Sophisterei, eitle Übertreibung, nichts als arroganter Unsinn. In dem Sinne, in dem Mencken die Kritik verstand und praktizierte, ist sie eine relativ neue und begrenzte Beschäftigung, und im Lauf der menschlichen Geschichte haben zahlreiche künstlerische Traditionen eine Blüte erlebt, ohne auch nur im Mindesten von dem berührt gewesen zu sein, was wir oder Mencken unter Kritik verstehen würden. Man hat keine Kartusche ausgegraben, die auf die Existenz eines ägyptischen Weisen deutete, der das Publikum dazu aufforderte, sich die Pyramiden nicht entgehen zu lassen. Damals konnte man sie noch schwerer verfehlen, als das heute möglich ist. Schreiber und Kalligraphen hatten in den Epochen, in denen es noch keine Zeitungen und Zeitschriften gab, weder Zeit noch Neigung, Reaktionen auf das neueste Madrigal oder das soeben fertiggestellte Altarbild aufzuzeichnen und abzuschreiben. Wenn wir durch die Säle von Museen wandern, können wir uns von afrikanischen Masken, griechischen Vasen und chinesischen Schriftrollen anrühren und entzücken lassen, ohne zu wissen – in manchen Fällen sogar ohne auch nur erraten zu können –, was zeitgenössische Kenner in ihren Ursprungsländern wohl von ihnen gehalten hätten.

Wir können aber auch sicher sein, dass diese Objekte und Erfahrungen nicht den Weg zu uns gefunden haben, ohne einen Prozess der Beurteilung und Prüfung durchzumachen, der in dem Moment ihrer Konzipierung einsetzte und der alle Stadien ihrer Reifung prägte. Jedes geschaffene Ding entspricht ästhetischen Normen und kulturellen Zielsetzungen, die in ihm angelegt sind, auch wenn sie nachgeborenen oder fremden Betrachtern nicht zugänglich sein mögen (und gegen diese Normen kämpft es auch an, es transzendiert sie bisweilen). Ein Kunstwerk ist selbst ein Stück Kritik.

Das Ziel, das George Steiner mit seinem Gedankenexperiment verfolgt – sein kategorisches Vertreiben des Nebels von Kommentar, der in seinen Augen die schönsten Erzeugnisse der menschlichen Phantasie umgibt –, ist die Klarstellung ebendieses Punktes. »Ernst zu nehmende Kunst, Musik und Literatur«, schreibt er, »ist immer auch ein *kritischer* Akt«, und damit meint er nicht nur, dass Kunst im allgemeinen eine »Kritik des Lebens« darstellt, wie Matthew Arnold es formuliert hat, sondern auch, dass die Künste »eine kommentierende Reflexion, ein wertendes Urteil über das Erbe und den Kontext [verkörpern], denen sie angehören«.

Dies ist eine steife, pseudo-germanische Form der Feststellung, dass Kunstwerke keineswegs in einem Zustand heiterer, autotelischer Isolation existieren, sondern dass sie über sich selbst hinausgreifen und mit anderen Werken, die neben ihnen her und vor ihnen existieren, und mit den historischen Verhältnissen, in denen sie entstehen, in Verbindung treten. Auf einer gewissen Ebene ist dieser Aspekt so offenkundig, dass er kaum einer Erwähnung bedarf. Bibliotheken, Lehrpläne, Museen und der iTunes-Store verdanken ihre Organisationsprinzipien alle dem Glauben an die organische Existenz von Genres, Traditionen, Perioden und anderen Formen künstlerischer Verwandtschaft. Routinemäßig lehrt man uns, auf den »Kontext« zu achten, was ein angenehm unbestimmter Begriff für die Dinge ist, die wir über den betrachteten Gegenstand möglicherweise wissen wollen, und auch, präziser, für die Dinge, die dieser Gegenstand anscheinend weiß.

Wir können uns immer noch an den Mythos des einsamen Schöpfers klammern, der sich in einer Dachkammer abrackert und auf den Besuch der Muse wartet, aber die Realität des Schaffens hat stets viel interaktiver ausgesehen. Und das nicht einfach deshalb, weil ein einzelner Maler oder Schriftsteller aller Wahrscheinlichkeit nach, und sei es auch im Streit oder unter Zögern, einer Szene oder einer Schule angehört, oder gar wegen des seinem Wesen nach kollektiven, auf Kooperation angelegten Charakters von Betätigungen wie Theater, Film, Architektur und Musik. Alle Kunst, die als solche kenntlich ist, handelt in gewissem Maße von anderer Kunst. Jeder Schriftsteller ist ein Leser, jeder Musiker ein Hörer, und sie werden von einem Bedürfnis getrieben, ihre Vorbilder zu imitieren, zu korrigieren, zu verbessern oder auf sie einzugehen. Es wäre übertrieben, wollte man sagen, jeder Künstler sei ein gescheiterter Kritiker, der nicht in der Lage ist, das bereits Existierende zu würdigen, ohne ihm etwas hinzuzufügen, aber es erscheint mir nicht falsch zu sein, wenn man sagt, dass alle Kunst eine erfolgreiche Kritik darstellt.

Dies ist eine einfache, praktische Beobachtung, aber ich möchte auch auf eine Wahrheit hindeuten, die ich für gewaltiger und grundlegender halte. In der Post-Alles-Gegenwart sind wir eine Ästhetik des Samples, des Mischmaschs und des Pastiches gewohnt. Schon seit mehreren Jahrzehnten – in einer Epoche, die durch Hip-Hop-Aneignung gekennzeichnet ist, durch TV-Shows, die sich selbst auf den Arm nehmen, durch literarische Parodie und Hommage im Film – speist sich die Kultur aus verschiedenen Stilarten der Entlehnung, des Zitats und des Metakommentars, und das tut sie vielfach auf erfrischend originelle Weise. Schlimmstenfalls hat man uns mit ermüdenden und zynischen Wellen von Remaking und Recycling traktiert, aber was noch mehr ins Auge fällt, ist die schiere Neuartigkeit, die so oft aus der Betrachtung und Neuerfindung des Alten hervorgeht. Der Hip-Hop ist vielleicht das beste Beispiel für dieses scheinbare Paradoxon: eine authentisch und zeitweise radikal neue Musiksprache, die aus den gestohlenen Beats und den gemischten Sounds früherer Formen zusammengesetzt ist. Vergleichbare Praktiken – des Zunickens und Zublinzelns, des Persiflierens und der Hommage, der Neuzusammensetzung und Zielverschiebung – tauchen auf, wo immer unser Blick hinfällt. Filmemacher wie Quentin Tarantino und Joel und Ethan Coen (um nur zwei der bekannteren Fälle zu erwähnen) graben in der Kino-Vergangenheit, um Werke zu schaffen, die von Geschichte gesättigt sind, ohne irgendeinem ihrer Vorgänger direkt zu ähneln. Die bildende Kunst hat seit den 1980er Jahren, als Andy Warhol Jackson Pollock als bedeutendste Leitfigur der jungen Generation ablöste, in aggressiver Weise sowohl die Ikonographie früherer Zeiten wie auch die Bilder selbst neu zusammengesetzt. Hundert Treibhausblumen sind erblüht: Gemälde, die auf Gemälden basierten, Fotos von Fotos, Fotos von Gemälden und schwer einzuordnende, schwer zu verfehlende Artefakte, die als Kunstwerke gelten, weil für sie keine andere Kategorie existiert.

Darüber ist natürlich nicht jeder glücklich. Mittlerweile

gibt es ein bis zum Bersten gefülltes Archiv von Klagen über die abgeleiteten, sekundären, unseriösen Aspekte nicht nur einzelner Werke oder Künstler, sondern ganzer Kunstformen und des hektisch verlegenen Zeitgeists selbst, der in der Luft Anführungszeichen markiert. Die Situation, die Steiner als »unsere gegenwärtige Misere« bezeichnet (und die einer weniger trübsinnigen Sensibilität als eine ganze Welt von Spaß erscheinen könnte), wird häufig deshalb kritisiert, weil hier Hybridformen, Abklatsche und Imitationen überhandnehmen, Secondhand-Zeug, das die authentischen, heroischen, selbstermächtigten Meisterwerke von einst verdrängt hat. Doch was immer man von bestimmten Trends und Tendenzen in der Kultur des späten 20. und des frühen 21. Jahrhunderts hält – der Zeit, die man früher Postmoderne nannte und die jetzt einfach »jetzt« heißt –, sie repräsentieren die jüngste Wiederholung eines Sachverhalts, der so alt ist wie die Kunst selbst.

Imitation ist nicht die Aushöhlung von Originalität; sie ist die Vorbedingung von Originalität. Das beweist die Geschichte. Die Popkultur des vergangenen halben Jahrhunderts ist ein Perpetuum mobile zur Produktion von Neuheiten gewesen, die sich fast auf der Stelle in Nostalgie verwandeln. Ein alter Song ist einer, der vor zwei Sommern im Radio gespielt wurde, ein Klassiker ist das Stück, nach dem man beim College-Abschlussball getanzt hat, und die Filme und Fernsehprogramme, an die man sich aus seiner Kindheit erinnert, sind in einen Schleier des Antiquarischen gehüllt. Doch der Faden, der die Generationen miteinander verbindet, verläuft in unerbittlicher Dialektik von Nachahmung und Neuerfindung. Jede Explosion einer verwandelnden Neuheit erweist sich bei näherem Hinsehen als Wiederentdeckung und Umgestaltung dessen, was schon da war, unterstützt von neuer Technik und der eifrigen Verehrung von Fans, die ihre Idole dadurch zu ehren gedenken, dass sie diese imitieren und übertreffen. Die Geschichte des Rock 'n' Roll ist eine Chronik aufeinanderfolgender Generationen von Teenagern, die sich zunächst einmal Chuck-Berry-Riffs beibrachten. Sobald der Stil zu groß oder zu barock wird – sobald das Rohmaterial der Musik von kommerziellen Dimensionen oder künstlerischem Ehrgeiz überlagert wird –, tritt jemand auf den Plan, der dem Rad eine weitere Drehung verpasst, indem er es neu erfindet.

Die Bilderstürmer der französischen Nouvelle Vague standen im Banne der Kunstfertigkeit von Schreiberlingen aus den Studios von Hollywood – mit anderen Worten, von *auteurs* –, und sie waren von der Kraft amerikanischer kommerzieller Genres angetan. Jean-Luc Godards *À bout de souffle* (*Außer Atem*) ist ein Film ohne Vorbild, voller Frische, voll von jugendlicher Kraft und der Atmosphäre der Pariser Nachkriegsrealität, und doch ist er im Großen und Ganzen ein Kommentar zum amerikanischen Krimikino, das bis in die 1930er Jahre zurückreicht. Und ein nicht geringer Teil der interessantesten nachfolgenden Filme – von *Bonnie and Clyde* bis zu Filmen von Wong Kar-Wai – ist wiederum eine Kommentierung und Fortschreibung der Themen und Stile von *À bout de souffle*.

Godard ist natürlich eine Ausnahmegestalt, die aber eben deshalb auch exemplarisch ist. Vielleicht hat es nie einen Filmemacher gegeben, der so absolut und so zwanghaft vom Kino besessen war – als Protokoll von Geschichte, als Denkwerkzeug, Laufgitter und Schlachtfeld. Godard ist auch ein Regisseur, für den Filmemachen und Filmkritik letztlich nicht unterscheidbar sind. Wenn man sagt, dass die polemischen und anerkennenden Essays, die er als junger Mann in den *Cahiers* veröffentlichte – in denen er sich mit kämpferischer Inbrunst die Filme von Howard Hawks, Fritz Lang, Nicholas Ray und anderen falsch verstandenen Genies des Studiosystems aneignete –, ein Vorspiel zu den Erkundungen kinematographischer Formen waren, die später in *À bout de souffle* und danach umgesetzt wurden, dann sagt man damit auch, dass diese Filme mit anderen Mitteln die Untersuchungen fortführten, mit denen er in seinen Aufsätzen begonnen hatte. In seinem Spätwerk (vor allem in dem achtteiligen, viereinhalbstündigen Film *Histoire[s] du Cinéma*) tritt diese Kontinuität deutlich zutage, da hier die Abfolge bewegter Bilder zum idealen Medium dafür wird, über das Erbe und die Zukunft des Kinos nachzudenken.

Godards *Histoires* sind eine großartige Anomalie und zugleich die Apotheose eines vertrauten Genres, des Films über einen Film. Das Kino ist eine Sprache mit inhärenten Fähigkeiten zur Reflexion, über die andere Kunstformen wohl nicht zu verfügen scheinen. Dass man Musikkritik in Partitur setzt oder Kunstkritik mit Pinsel und Farbe betreibt, ist unwahrscheinlich. Doch genau in diesen Kunstformen findet Godards epische Collage – ein Kontrapunkt von entlehnten Bildern und meditativer Erzählung – ihre stärksten Vorbilder.

Der Kanon der Hochliteratur, der schönen Künste und der klassischen Musik besteht aus einem langen Gespräch zwischen Epochen, Stilen und Nationen, das gelegentlich nicht offen, sondern verdeckt geführt wird, das aber immer da ist. Einige der bedeutendsten Denkmäler der klassischen Moderne – James Joyce' *Ulysses*, Ezra Pounds *Cantos*, T. S. Eliots »The Waste Land« – sind nagelneue Gobelins, die aus altem Garn gewoben wurden, und einige der radikalsten Innovationen der Avantgarde des 19. und 20. Jahrhunderts sind Akte der Wiederentdeckung und Neuinterpretation. Pounds Ermahnung »Macht es neu« – ein dauerhaftes modernistisches Motto, das sich stets wieder auffrischen lässt – setzt die Existenz jenes überaus wichtigen »es« voraus, also all der Dinge, welche die Fregatte der menschlichen Kultur in ihrem Kielwasser hinter sich gelassen hat.

Das Neue tritt nicht in einem Vakuum auf; es braucht Material. Und der revolutionäre Impuls, der von der Mitte des 19. bis zur Mitte des 20. Jahrhunderts in aufeinanderfolgenden Wellen über die Künste fegte, war mit dem zwanghaften Ausgraben derartigen Materials verbunden, um es zu retten, zu berichtigen und zu bearbeiten. Manet, der erste große moderne Maler, mag auf die sozialen Unruhen im Paris der 1860er und 1870er Jahre reagiert haben, aber er führte auch eine leidenschaftliche Auseinandersetzung mit Tizian und Velázquez und der Tradition der europäischen Malerei, bei der er den Versuch unternahm, die Quellen ihrer Vitalität zurückzugewinnen und ihnen in seinem eigenen gewandelten Milieu Geltung zu verschaffen. Picasso begann seine Laufbahn wenig mehr als eine Generation nach Manet mit einer intensiven Untersuchung seiner heimatlichen Tradition und beschwor in seinen frühen Bildern Goya, Velázquez, El Greco und andere spanische Meister. In dem Maße, wie sein Ehrgeiz wuchs, suchte er radikal auf immer größeren Feldern nach Anregungen, bis hin zu den afrikanischen Masken und Figuren, die den *Demoiselles d'Avignon* als Inspiration dienten, und den Dekorationen griechischer Vasen, die in seinen schelmisch erotischen späten Zeichnungen und Radierungen Eingang fanden. Seine Absicht ging nicht dahin, etwas zu zitieren oder sich anzueignen oder der Gewitztheit der Betrachter zu schmeicheln, die das Zitat möglicherweise mitbekamen; vielmehr ging es ihm darum, ein Vokabular von Bildern und Techniken zu finden, das seiner eigenen Arbeit die urtümliche, authentische Kraft einflößen konnte, die er anstrebte.

Die Reiserouten der Moderne verlaufen über das Alte – das Archaische, das Antike, das Atavistische –, welches zum Neuen unterwegs ist. In ähnlicher Weise arbeiteten europäische und amerikanische Modernismen mit dem Exotischen – dem Primitiven, dem Fremden, dem Seltsamen –, wenn sie nach dem Unmittelbaren und Wesentlichen suchten, nach jener ungreifbaren Qualität, welche die Malerei, die Dichtung und Musik derart erschüttern würde, dass sie ihre überkommenen Muster und selbstgefälligen Annahmen verlören. Bis zu einem gewissen Grade war all das eine Reaktion auf das Gefühl des Zuspätgekommenseins, das die Erfahrung der Moderne überschattet. Die Welt, die ihre rastlosen modernen Geister vorfinden, ist schon überfüllt, ihre fruchtbarsten Regionen sind bereits sorgsam bestellt oder von Wildnis überwuchert. Der einzige Weg nach vorn führt anscheinend *zurück* und *hindurch*.

Es mag jedoch sein, dass wir mit »modern« in diesem Fall eigentlich etwas meinen, was eher dem Begriff »menschlich« nahesteht. Das empfundene Gebot, »es neu zu machen«, ist selbst nicht so neu; es neu zu machen ist so ziemlich das Verfahren, das man eigentlich immer angewendet hat. Spätheit – jenes flaue Gefühl, dass die Originalität erschöpft ist und nur noch Wiederholung übrigbleibt – lastet seit den Anfängen auf den Seelen der Künstler. Shakespeare selbst, der große Begründer der englischen Literatur, plünderte auf der Suche nach brauchbaren Szenarien hohe und niedere Literatur, Werke der Geschichtsschreibung und der Folklore, und er schusterte Fetzen von Ovid, Holinshed und der lateinischen Komödie, von Sketchen der Commedia dell'Arte und mittelalterlichen Märchen so zusammen, dass ein eindrucksvolles, verschwenderisches Bauwerk entstand, aus dem sich fast jeder nachfolgende Schriftsteller englischer Zunge – ob aus Amerika, aus Irland oder Afrika, aus der Karibik oder Indien – nach Belieben bediente.

Diesen kontinuierlichen Prozess des Ausbeutens und Umgestaltens, der den speziellen Kurs jeder einzelnen Kunstform im Lauf der Zeit bestimmt, kann man sich auf unterschiedliche Weise vorstellen. Lehrlinge schulen sich am Werk der Meister, indem sie in den Geheimnissen früherer Leistungen Techniken ausfindig machen, die sich nachahmen und anwenden lassen. Der fundamentale Prozess der Kritik – das Scharnier, das die verschwisterten Aktivitäten des Kreierens und des Analysierens miteinander verbindet – ist vielleicht in dieser grundlegenden Aktivität der liebevollen Entmystifizierung angesiedelt. Um auf ein bereits erwähntes Beispiel zurückzukommen: Sie hören im Radio Chuck Berry, und Ihre Freude an dem Klang wird durch einen Impuls verdoppelt, der sich aus Neid, Bewunderung und Begehren zusammensetzt. *Ich will das machen. Wie hat er das gemacht? Vielleicht könnte ich das besser!* Der angehende Cineast – Jean-Luc Godard in der Pariser Cinémathèque, der in der ersten Reihe den Hals reckt, um sofort das Bild zu erfassen, wenn es von der Leinwand hüpft; Martin Scorsese, der sich im Manhattan seiner Jugend verzückt ein Double Feature reinzieht – träumt davon, selbst einen solchen Zauber zu vermitteln wie den, der ihn erfasst hat. Die Büchernärrin, die sich nach einer tiefgehenderen Verbindung zu ihren literarischen Idolen, nach ihrer Gesellschaft sehnt, imitiert so lange ihre Stimmen, bis sie ihre eigene findet.

Die Disziplin, durch die sich ein Fan in einen Adepten verwandelt – das Zerlegen des Klangs in seine einzelnen Noten, des Films in seine Szenen, die Prosa in ihre charakteristischen Tonlagen –, lässt sich in der Schule oder in Einsamkeit, durch direkten Unterricht oder auf dem Wege träumerischer Osmose erwerben. In jedem Fall ist sie mit der Verwandlung von Ehrfurcht in Verstehen und mit dem Anspruch einer Teilhabe an Einbildungskraft verbunden. Jeder unserer imaginären Anwärter (der Rockmusiker, der Regisseur, der Dichter) ist daher auch ein Kritiker. Je stärker sie werden, je autonomer und selbstgewisser in ihrer Beherrschung der jeweiligen Kunst, desto stärker nehmen ihre Aktivitäten eine entschieden kritische Gestalt an, bis es ihnen dann gelingt, die Einflussrichtung umzukehren und das Werk ihrer Vorgänger zu verändern. Nach den Beach Boys, Bruce Springsteen und den Sex Pistols klingt Chuck Berry anders. Sie alle widmen sich der Aufgabe, das zu vollenden, was er begonnen hat, auch wenn – oder gerade weil – es ursprünglich so ausgesehen hatte, als sei es in sich abgeschlossen. Godard, der Schüler von Hitchcock und Hawks, ist auch ihr

Interpret, so wie Tarantino dann sein Interpret sein wird. Wie T. S. Eliot schreibt, »wird die Vergangenheit ebenso sehr durch die Gegenwart verändert, wie die Gegenwart durch die Vergangenheit gelenkt wird«.

Das Wort, mit dem Eliot diese rückbezügliche zeitliche Relation zwischen dem Alten und dem Neuen bezeichnet, lautet »Tradition«, ein Begriff, der zu seiner Zeit ebenso wie in der unseren etwas suspekt war und ist. Er kann eine sklavische, furchtsame Abhängigkeit von vorgegebenen Modellen oder auch eine durch konservative, ethnozentrische Annahmen eingeschränkte Vorgehensweise bedeuten. Eliots Verständnis von Tradition ist jedoch weniger restriktiv und dynamischer, als seine spätere Reputation als herrischer Konservativer nahelegen könnte. Die Idee der Tradition ist es, die es uns ermöglicht, Muster und Übereinstimmungen im Zeitablauf zu erkennen und einzugestehen, dass »kein Dichter, kein Vertreter irgendeiner Kunstgattung seine vollständige Bedeutung für sich allein hat. Seine Bedeutung … ist die Würdigung seines Verhältnisses zu den toten Dichtern und Künstlern.« So makaber dies klingen mag, es benennt zwei entscheidende Komponenten des künstlerischen Ehrgeizes: das Bedürfnis zu überdauern, zumindest eine Chance von Unsterblichkeit zu erhalten; und den dringenden Wunsch, im Vergleich zu anderen gut abzuschneiden, sich den Weg in eine Gesellschaft zu bahnen, die seiner Anwesenheit nicht bedarf. »Die bestehende Ordnung ist vollständig«, schreibt Eliot, »bevor das neue Werk eintrifft«, und das ist sowohl enttäuschend als auch realistisch. Zu keinem Zeitpunkt besteht ein Bedürfnis nach einem Mehr – Chuck Berry braucht Bruce Springsteen nicht; Velázquez kommt ohne Picasso oder Manet aus –, doch zugleich gibt es stets den Imperativ, fortzusetzen, zu berichtigen, zu verbessern, zu wiederholen. Und damit den Charakter alles Vorangegangenen zu ändern: »Damit nach dem Hinzutreten von etwas Neuem die Ordnung gewahrt bleibt, muss die *gesamte* existierende Ordnung, und sei es auch nur ein klein wenig, geändert werden.«

Die Frage, ob eine derartige Ordnung letzten Endes wirklich existiert – und ob ihre Existenz die autotelische Vollständigkeit unterminiert, die Eliot an anderer Stelle auf jedes gelungene einzelne Werk projiziert –, hat bereits zu intensiven historischen und ideologischen Debatten geführt. Eliot äußert sich über die europäische Hochkultur in einem normativen, defensiven Ton, wobei er auf alle möglichen kontroversen Fragen zu sprechen kommt und viel Aufhebens von der notwendigen »Unpersönlichkeit« des literarischen Schaffens macht. Man übersieht daher leicht, dass sein eigentliches Interesse – in dem von mir zitierten Essay, der kurz nach dem Ende des Ersten Weltkriegs erschien, als sein gerade erst 30 Jahre alt gewordener Verfasser noch längst nicht der Großschriftsteller war, zu dem er später wurde – der Frage gilt, wie es sich anfühlt, wenn man ein eifriger junger Künstler ist, der auf der Suche nach einem Platz auf einem Feld ist, das von den Denkmälern und undeutlichen Fußabdrücken der Großen übersät ist.

Wie soll man sich Raum schaffen? Wie soll man den Eindruck erwecken – zuallererst sich selbst gegenüber, aber dann auch bei allen anderen –, als gehörte man dazu? Solche Fragen liegen der Vorstellung zugrunde, die Harold Bloom von Einfluss hat, einer Version von Tradition, die an die Stelle von Eliots idealer Ordnung die Leidenschaft und den Tumult widerstreitender Persönlichkeiten und abschweifender Bedeutungen setzt.

»Poetischer Einfluss«, schreibt Bloom, »vollzieht sich – wenn zwei starke, authentische Dichter beteiligt sind – immer durch die Fehllektüre des früheren Dichters, durch einen Akt der kreativen Korrektur, die wirklich und notwendig eine Fehlinterpretation ist. Die Geschichte des fruchtbaren poetischen Einflusses, also sozusagen die Haupttradition der westlichen Dichtung seit der Renaissance, ist eine Geschichte der Angst und der selbstrettenden Karikatur, der Verzerrung, des perversen, absichtsvollen Revisionismus, ohne den die moderne Dichtung als solche nicht bestehen könnte.« Jeder, der noch nicht auf Blooms eigene, wunderbar absichtsvolle und perverse Deutungen in dieser Tradition – vorgetragen in einer Reihe von Büchern, von denen das kürzeste und großartigste den Titel *The Anxiety of Influence* (*Einflussangst*) trägt – gestoßen ist, sollte sie sich unbedingt ansehen. Selten ist Literaturkritik mit einer derartigen Kombination von Gelehrsamkeit und Dramatik praktiziert worden, wenn die ausersehenen »starken Dichter« in einem Kampf miteinander ringen, der in seiner Intensität eher urtümlich als modern wirkt.

Was in diesem Kampf zur Debatte steht, ist zum Teil die Behauptung eines Primats – nicht nur in dem Sinne, dass der eine Dichter den anderen übertrifft, sondern dass er, radikaler, das Stigma abschüttelt, danach zu kommen, und einen Anspruch auf Originalität, auf Unabhängigkeit erhebt und auf eine Autorität, die den Rest der Tradition irrelevant werden lässt. Nicht aller Kunst liegt explizit ein derart grandioses Motiv zugrunde, aber nur ganz wenige künstlerische Werke werden ohne Bezugnahme auf eine gewisse Vorstellung von Größe hervorgebracht, die gewöhnlich das Übertreffen von Vorbildern beinhaltet. (Es versteht sich allerdings, dass es den meisten Kunstwerken beschieden ist, in imitierendes Mittelmaß zu verfallen und nicht einmal mit den verfügbaren Vorbildern gleichzuziehen.)

Es mag so aussehen, als schlösse ich die Kunst (gemeinsam mit der Kritik) in einen vertrauten Pferch der Selbstbezüglichkeit ein, in einen stickigen theoretischen Raum, in dem Dichter für, über und durch andere Dichter schreiben, in dem Filme zwanghafte Anspielungen auf andere Filme machen und jeder Song das Echo eines anderen Songs ist. Worum es mir wirklich geht, ist jedoch der Versuch, mich auf das existentielle Paradox der Kunst selbst zu konzentrieren, das einem Drang entspringt, die Wirklichkeit zu beherrschen und ihr etwas hinzuzufügen, und das sich auf der Stelle mit Hindernissen konfrontiert sieht, die zugleich die ihr zur Verfügung stehenden Werkzeuge sind. Dieser Drang ist uralt – von seinem ersten Auftreten ist uns nichts überliefert – und auch anscheinend nicht zu stillen. Zu seinem Verständnis bedarf es der Ressourcen der Wissenschaft und der Erfindungen des Mythos.

In Platons *Gastmahl*, der vorgeblichen Mitschrift eines angeblich in Athen abgehaltenen philosophischen Trinkgelages, das prophetisch die Podiumsdiskussionen und die Round-Table-Gespräche von Denkfabriken späterer Jahrhunderte parodiert, trägt der Komödiendichter Aristophanes eine Sage über den Ursprung der Liebe vor (die in unseren

Tagen Stephen Trask als Song in dem Musical *Hedwig and the Angry Inch* nacherzählt hat). Diese Sage ist eine lächerliche und anrührende Geschichte über die Vernichtung eines urtümlichen, vormenschlichen Geschlechts von pummeligen, vierbeinigen, janusgesichtigen Geschöpfen, von denen jedes mit zwei Sätzen von Genitalien ausgestattet war. Anstelle von zwei Geschlechtern gab es damals drei – ganz männlich, ganz weiblich und androgyn –, aber es gab keine Sexualität, wie wir sie kennen, denn jeder Körper war in sich abgeschlossen. Eines Tages spaltete Zeus in einem Anfall olympischer Eifersucht unsere Vorfahren mit Blitzen in zwei Teile, und seither wird jedes Mitglied unserer zerteilten Spezies von dem Verlangen gequält, seine oder ihre verlorene Hälfte wiederzufinden. Unsere Paarungen sind der ungeschickte, verzweifelte, gelegentlich erfolgreiche Versuch, das wieder zusammenzufügen, was durch göttliche Gewalttat zerbrochen wurde.

Abgesehen davon, dass er seinen Freunden eine phantasievolle und metaphorisch überzeugende Darstellung der menschlichen Libido vorsetzt, lässt Aristophanes in ihnen und in späteren Lesern des *Gastmahls* einen lange nachhallenden Ton der Phantasie anklingen, einen, der sich über die Grenzen von Kulturen und historischen Epochen hinaus hören lässt. Große Anteile unserer Bestrebungen – in der Liebe, in Religion, Kunst und Arbeit – sind anscheinend, ob offen ausgesprochen oder nicht, auf eine Sehnsucht danach zurückzuführen, ein Gefühl von verlorener Ganzheit wiederherzustellen. Einstmals, direkt jenseits der Grenze von Menschengedenken oder aufgezeichneter Geschichte, waren wir vollständig. Nun sind wir beschädigt, gefallen, deformiert.

Häufig, so etwa in der Genesis und in deren späteren Bearbeitungen, waren es unsere eigene Arroganz oder unser eigener Ehrgeiz, die uns zu Fall brachten. Nach den Worten des Aristophanes sah Zeus sich genötigt, uns zu zerteilen, weil wir als ganze, selbstgenügsame Vierfüßler die Vormachtstellung bedrohten, die er und die anderen Unsterblichen genossen hatten, seit die Titanen von ihnen gestürzt worden waren. Ein berühmterer Mythos – der lange vor Platons Zeit vom Dichter Hesiod aufgezeichnet wurde – verortet in ähnlicher Weise menschliche Anfänge in einer Szene des Konflikts mit den Göttern. Der Titan Prometheus, der »wendig im Denken« war und der Freude daran hatte, den hochmütigen und humorlosen Zeus zu ärgern, verbarg das Feuer in einem Fenchelstiel und überbrachte es der Menschheit. Für diese Übertretung wurde er an einen Felsen gekettet, wo er auf ewig einem Adler zum Fraß diente. Und wir erhielten zur Strafe dafür, dass wir seine Gabe annahmen, eine Büchse mit Leiden, die uns durch eine Art Roboter-Frau namens Pandora überbracht wurde, welche ein Produkt der gemeinschaftlichen Kunstfertigkeit aller Götter war. »Nämlich zuvor«, schreibt Hesiod in *Werke und Tage*, »da lebten der Menschen Stämme auf Erden / Frei von allen den Übeln und frei von elender Mühsal / Und von quälenden Leiden.« So führte der Besitz des Feuers dazu, dass wir in die Welt des Leidens und der Qual stürzten, die wir jetzt bewohnen, eine Welt, die durch flüchtige Andeutungen von Hoffnung erhellt wird, dem einzigen Gegenstand, der in der Büchse der Pandora zurückgeblieben war.

In der späteren Antike (beispielsweise in den Stücken des Aischylos), in der Renaissance und mehr noch in der Zeit der Romantik betrachtete man Prometheus häufig als eine heroische, revolutionäre Gestalt. Für Percy Bysshe Shelley repräsentiert er »den Typus der höchsten Vollendung moralischen und intellektuellen Charakters, von den reinsten und echtesten Motiven zu den besten und edelsten Zielen getrieben« – er ist sowohl der Vorvater des menschlichen Genies als auch dessen fleischgewordenes Ideal. In seinem *Entfesselten Prometheus* ist er der »Vorkämpfer« der Menschheit, Zeus hingegen der »Unterdrücker«, und die Bestrafung des Prometheus durch Zeus ist sowohl eine entsetzliche, tragische Ungerechtigkeit als auch ein Vorspiel zur Erlösung. Für Hesiod ist Prometheus jedoch ein Dieb und ein Lügner, der bekam, was er verdient hatte, und der seinen menschlichen Schützlingen ein unglückliches Erbe von beschränkter Kraft und ständigem Leiden hinterließ. Die Moral, die Shelley seiner Geschichte entnimmt, lautet, dass alles möglich ist, dass das heilige Feuer Freiheit in unserer Reichweite ist. Hesiod gelangt zum entgegengesetzten Schluss: »So ist's gänzlich unmöglich, dem Sinn des Zeus zu entkommen.«

Zur Veranschaulichung dieser fatalistischen Position entfaltet er einen längeren, noch fatalistischeren Abriss der Menschheitsgeschichte, eine Erzählung, die nicht von einem plötzlichen Fall handelt, sondern von einem langsamen, unerbittlichen Niedergang, der durch einige wenige Hoffnungsfunken erhellt wird. Zu Beginn des Lebens der Menschheit gab es ein Goldenes Zeitalter, auf welches das Silberne und das Eherne folgten sowie dann das Zeitalter der Heroen (in dem sich der Trojanische Krieg abspielte), und sie alle führten schließlich zum gegenwärtigen Eisernen Zeitalter, in dem Hesiod und seine Zuhörer uns ansiedeln. Das ist kein glücklicher Ort. »Niemals bei Tage / Werden sie ruhn von Mühsal und Weh, und niemals zur Nachtzeit / Sind sie verschont, und die Götter verleihen dann quälende Sorgen.«

Sieht man vom polytheistischen Aberglauben ab, dann klingt das seltsam modern, und viele Dinge in den *Werken und Tagen* ähneln einem ganz modernen Genre, der Ratgeberliteratur, wenngleich nicht in einem Ton von forschem Optimismus, sondern von melancholischer Resignation. Das Werk ist eine Anleitung dazu, wie man mit den Belastungen und Herausforderungen des täglichen Lebens fertig wird, in der sich praktische Ratschläge mit spirituellen Einsichten verbinden, ein Kompendium der Volksweisheit, getönt von einem müden Pessimismus, der sowohl anrührend als auch verwirrend ist. Ein Leser des 21. Jahrhunderts, der gewohnt ist, mit Gefühlen des Zuspätgekommenseins zu leben, und der vielleicht zu nostalgischen Visionen von vergangenen Goldenen Zeitaltern neigt, könnte verblüfft sein, wenn er feststellt, dass das gleiche Unbehagen über einem Werk liegt, welches eines der frühesten Denkmäler der abendländischen Literatur ist, eine heroische Dichtung, die etwa derselben Zeit entstammt wie die *Ilias* und die *Odyssee*. Bevor etwas richtig seinen Anfang genommen hatte, war schon alles im Eimer.

Und genau das will Hesiod sagen. Wir haben mit einem göttlichen Fluch zu kämpfen. Die seriellen Mythen von Ursprung und Geschichte, die er (in den *Werken und Tagen* wie auch in dem Begleitwerk, der *Theogonie*) wiedergibt, umfassen eine Anthologie von Exil und Bestrafung, von Hybris und Ungemach. Wir wiederholen diese Geschichten, um uns demütigen und züchtigen zu lassen, aber auch als

Inspiration dafür, dass wir noch einmal versuchen, den Verlust wettzumachen und den Schaden zu beseitigen – oder zumindest, in den mühsamen Fußstapfen von *Werke und Tage*, weiterzumachen. Jeder Versuch jedoch, unserer Lage zu entkommen, sei es durch vorübergehende Tröstungen oder durch utopische Projekte, dient unweigerlich dazu, uns daran zu erinnern. In dem Maße, wie wir dazu neigen, nach Perfektion zu streben, sind wir zum Scheitern verurteilt, und aus einer Kombination von morbidem Missmut und eigensinnigem Idealismus sind wir dazu gezwungen, so präzise wie möglich das Wesen und das Ausmaß des Scheiterns zu ermessen. Unsere Kreativität hat ihren Ursprung in Qual und Sehnen, und unsere Schöpfungen erscheinen, wenn wir sie betrachten, fremdartig und mysteriös. Trübsinnig werden wir uns über ihre Mängel und Unvollkommenheiten klar, und fast reflexartig nehmen wir wahr, in welcher Weise sie hinter dem Ideal zurückbleiben. Wir bezweifeln ihren Wert und stellen ihren Sinn in Frage und fühlen uns von ihrer Kraft abwechselnd fasziniert und verwirrt.

Dies ist eine zutiefst tragische Darstellung des Ursprungs der Kunst und implizit auch desjenigen der Kritik, denn die Kritik findet ihre Heimat in dem Schatten, der zwischen Intention und Handeln, zwischen die Inspiration und das unweigerlich enttäuschende Werk fällt, das aus ihr hervorgeht. Unser Schöpferdrang entspringt einem urtümlichen Gefühl der Entfremdung, des Verlorenseins im Universum und der Verwirrung über unsere Identität, einem Gefühl, das er zugleich kompensiert. Häufig mit dieser Empfindung unserer ursprünglichen Unzulänglichkeit verbunden ist, etwas paradoxerweise, eine Wahrnehmung unseres nachfolgenden

Niedergangs. Je mehr wir tun, je weiter wir uns von unseren traurigen Anfängen entfernen, desto weniger heroisch erscheinen wir in unseren eigenen Augen. Wir befinden uns immer im Eisernen Zeitalter, und das Goldene Zeitalter liegt stets hinter uns und verbreitet einen Glanz, der die hoffnungslose Schäbigkeit unserer gegenwärtigen Lage beleuchtet.

Es gibt natürlich auch eine gegenteilige Auffassung, der zufolge der schöpferische Impuls seinen Ursprung in einem Augenblick wundersamer Entdeckung hat und sich fortschreitend hin zu einem Horizont der Vollkommenheit entwickelt. Für Shelley – und vor ihm für Aischylos – war Prometheus kein Schurke, sondern ein Held, und der Akzent liegt bei ihm nicht darauf, dass er die Götter bestahl, sondern darauf, dass er die Menschheit beschenkte. Wohl mag sich die Kunst das göttliche Vorrecht des Erschaffens aneignen, aber sie schmeichelt durch Nachahmung und lästert nicht durch Hybris.

In einem Beispiel für die glückliche Synthese von heidnischen und monotheistischen Traditionen, die das Denken der Renaissance belebte, beginnt Giorgio Vasari sein Werk *Le vite de' più eccelenti pittori, scultori e architetti* (*Leben der ausgezeichnetsten Maler, Bildhauer und Baumeister*) – ein epochales Kompendium von Klatsch, Kunstgeschichte und Prominentenverehrung – mit einer theologischen Lösung des Rätsels der historischen Anfänge. Wo hat dies alles begonnen? Haben die Griechen die Kunst erfunden oder die Ägypter oder irgendein anderes Volk der Antike? Die archäologischen Hinterlassenschaften legen unterschiedliche Theorien nahe, die aber für Vasari letztlich von kaum mehr als flüchtigem Interesse sind. Er zieht es vor, die Genese der Kunst in den Anfangsversen der Genesis zu verorten. Der erste Künstler war Gott, der »im Akt der Erschaffung des Menschen ... die ersten Formen von Malerei und Skulptur in der erhabenen Grazie geschaffener Dinge hervorbrachte. Es ist unbestreitbar, dass vom Menschen als vollkommenem Vorbild Statuen und Skulpturen und die Herausforderungen von Haltung und Kontur zuerst abgeleitet wurden; und für die ersten Gemälde, was immer sie gewesen sein mögen, wurden die Vorstellungen von Weichheit und von Einheit und die konflikthafte Harmonie, welche Licht und Schatten hervorbringen, aus derselben Quelle bezogen.«

Ein Teil des Reizes dieser Passage liegt darin, mit welcher Eleganz sie ein vertracktes Ei-und-Henne-Problem löst. Ist Kunst in erster Linie die Nachahmung der Natur, von dem Wunsch getrieben, das nachzubilden, was das Auge in der Welt sieht? Oder besteht sie immer aus der Nachahmung einer anderen, vorgängigen Kunst? Vasaris Antwort lautet »beides«, denn die Natur selbst ist ganz buchstäblich und spezifisch ein Kunstwerk, hergestellt aus denselben Substanzen, die von Künstlern später dazu verwendet werden, sie einzufangen. Der erste Schöpfer arbeitete in Lehm, Stein, Licht und Farbe, und seine Nachfolger geben nicht nur wieder, was er geschaffen hat, sondern sie reproduzieren es auch, in entsprechend bescheidenem Maßstab, in ähnlichen Medien. Die großen Maler ähneln Halbgöttern, sie üben einen Einfluss aus, der fast dem des göttlichen Originals gleichkommt: »Derselbe Dank«, schreibt Vasari, »welchen die Meister der Malerkunst der Natur schuldig sind, die immer zum Vorbild für diejenigen dient, welche das Gute aus ihren besten und schönsten Teilen auszuwählen wissen und sich unausgesetzt bemühen, sie nachzuahmen, derselbe Dank, scheint es mir, gebührt dem florentinischen Maler Giotto.« Giotto selbst wurde zwar von dem älteren Maler Cimabue entdeckt und unterrichtet, aber er lernte direkt aus der Quelle. Der Sage nach war Giotto ein Bauernsohn, dessen erste Werke (die seinem Mentor ins Auge fielen) Bilder grasender Schafe waren, die er mit einem Stein auf einen anderen geritzt hatte.

Eine weniger entfremdete Darstellung des Ursprungs der Kunst lässt sich schwer vorstellen, und das Buch Vasaris, eine Sammlung chronologisch geordneter biographischer Skizzen italienischer Künstler (von Cimabue bis Michelangelo), die sich manchmal wie vermischte Notizen des größten Malereifans der Welt lesen, ist eines der glücklichsten, ungehemmt positivsten Werke der Kritik, die je geschrieben wurden. Dazu trug bei, dass Vasari, selbst ein Maler und Architekt mit wertvollen Verbindungen, für seine Arbeit über eine Fülle von guten Materialien verfügte und dass er in der Lage war, ohne Mühe ein Goldenes Zeitalter von unvergleichlichem Reichtum zu überblicken. Die bald drei Jahrhunderte währende Geschichte, die er behandelt – vom Beginn des 13. bis um die Mitte des 15. Jahrhunderts –, legt eine fortschreitende, evolutionäre Erzählung von ständiger Verfeinerung und Verbesserung nahe. Kunst hat für Vasari immer eine Neigung zur Vollkommenheit, und die Kunst der italienischen Halbinsel, die dem Mittelalter entwächst, entdeckt im Zuge ihrer Entwicklung neue technische Mittel. Vasari notiert die Elemente dieses Fortschritts – Verbesserungen bei der genauen Wiedergabe von menschlicher Anatomie und Hauttönung, die Vertiefung der Perspektive, die zunehmende Dynamik der Komposition – und gelangt zu der Schlussfolgerung, dass sie in Verbindung miteinander »die moderne Kunst noch herrlicher machen als die der antiken Welt«.

Man kann sich auf den Standpunkt stellen, dass unsere moderne Kunst weitaus weniger herrlich ist als die seine, aber mir geht es hier darum, dass Vasari eine nicht-tragische, nicht auf Niedergang gestimmte Geschichte des Ursprungs der Kunst vorlegt. Nicht, dass es darum ginge, sich zwischen der glücklichen und der traurigen Version der Geschichte zu entscheiden: Es gibt immer eine Fülle von Argumenten, die für Optimismus wie für Pessimismus sprechen, welche in jedem Augenblick der Geschichte und in den gegensätzlichen Sensibilitäten jeder Generation im Kontrast zueinander koexistieren.

In unserer Zeit neigen wir eher dazu, nach Hinweisen auf unsere Ursprünge in der Wissenschaft zu suchen und nicht in Mythos und Religion. Wie ist es zur Herausbildung eines eigentümlich menschlichen Hangs zum Schaffen gekommen – dazu, aus Geräusch Harmonie, aus Zeichen Bilder, aus Wörtern Geschichten, aus einem Tun-als-ob Emotionen zu destillieren? Welchen Zweck erfüllte er für unsere Vorfahren, während sie zu überleben und sich fortzupflanzen versuchten? Ist in der Freude und der Schönheit – oder selbst in der Verwirrung oder dem Schrecken –, die wir in den Künsten entdecken, ein verborgener Nutzen enthalten? »So reichhaltig und scheinbar grenzenlos die kreativen Künste zu sein scheinen«, schreibt der Biologe E. O. Wilson, »werden sie doch alle durch die engen biologischen Kanäle

menschlicher Kognition gefiltert.« Und »die kreativen Künste wurden als ein evolutionärer Fortschritt möglich, als die
Menschen die Kapazität zu abstraktem Denken entwickelten«. Das war, so könnten wir sagen, der prometheische Moment – der Augenblick, an den jegliche Erinnerung verloren
ist und der sich wohl auch nicht mehr empirisch erschließen
lässt –, in dem wir ein Bewusstsein für unsere enorme Kraft
wie auch für unsere Grenzen entwickelten. Wir sahen uns
in der Lage, Dinge herzustellen und sie infolgedessen auch
zu beurteilen. Nicht unähnlich dem ersten Kritiker in der
Genesis, der seine Blicke über die Dinge schweifen ließ, die
er geschaffen hatte, und der befand, sie seien gut.

Wie konnte er das wissen?

ZWEITES KAPITEL

DAS AUGE
DES BETRACHTERS

Wenn es irgendetwas gibt, was Sie mit Sicherheit benennen können, dann ist es das, was Sie mögen. Wie könnte es sein, dass Sie davon *keine* Kenntnis hätten? Wer anders könnte das stellvertretend für Sie wissen? Nichts ist persönlicher als die Gefühle – dass man zu Tränen gerührt oder gelangweilt, amüsiert oder provoziert wird, dass man in Verzückung gerät oder einen Wutanfall bekommt –, die ganz allgemein unter die Kategorie des Geschmacks oder, sofern wir die Sache philosophisch ausdrücken wollen, der ästhetischen Erfahrung fallen.

Grundsätzlich gilt, dass man über Geschmack nicht streiten kann und dass er sich auch nicht erklären lässt. Und doch läuft die gängige Meinung, die sich mit diesem grundlegenden menschlichen Attribut beschäftigt – mit dem neurosensorischen Schalter, der auf Seligkeit umschaltet, wenn uns Schönheit, Erhabenheit oder Charme begegnen, hingegen auf Langeweile oder Abscheu, wenn diese Qualitäten sich nicht einstellen –, auf einen Haufen von Widersprüchen hinaus. Es gibt keinen Streit, aber danach gibt es dann wieder *nichts als* Streit. *Wie war es möglich, dass Sie das nicht mochten? Wollen Sie sagen, dass Ihnen das tatsächlich gefallen hat?* Der Geschmack ist unserer Annahme zufolge etwas Angeborenes, Reflexhaftes, Unvermitteltes, Unwillkürliches, aber wir sprechen von ihm auch so, als sei er etwas, was man sich aneignet. Er ist eine private, subjektive Angelegenheit, ein Abzeichen individueller Souveränität, aber gleichzeitig ein Besitz, über den man kollektiv verfügt und der uns zu Clubs, Kulten, Communities und soziologischen Stereotypen zusammenschließt.

Ästhetische Erfahrung vollzieht sich in einer Menschenmenge oder in ekstatischer Isolierung. So oder so stellt sie eine Reihe von diskreten Momenten der Kontemplation und Hingabe dar. Sie stehen vor einem Gemälde, sitzen auf einem Theatersitz, schauen auf eine Leinwand oder eine Tänzerin oder eine Buchseite, und Sie werden gerührt, amüsiert, hingerissen, erschüttert. Oder aber Ihnen geschieht nichts dergleichen. Doch im Lauf der Zeit fügen sich diese Momente zu einem Muster zusammen – das heißt, sofern sich in ihnen nicht eine schon vorab bestehende Tendenz äußert. Es kann sein, dass Sie wissen, was Sie mögen – das tun Sie natürlich –, aber wissen Sie, warum das so ist? Wissen Sie das irgendwie im Voraus? Mögen Sie das, was Sie mögen, weil Sie derjenige sind, der Sie sind? Oder ist die Summe Ihrer Vorlieben und Abneigungen das, was sie zu dem *macht*, der Sie sind?

All dieses Reden über das, was einem gefällt, mag eher wie eine Facebook-Pinnwand aussehen als wie ein Versuch einer intellektuellen Untersuchung, und tatsächlich haben soziale Netze und Marketingalgorithmen einige der traditionelleren Formen des ästhetischen Diskurses verdrängt oder bedeutungslos werden lassen. Jeder von uns, der ja ein privates Geschmacksuniversum bewohnt, wird auch dazu aufgefordert, sich zu vernetzen, Dinge zu teilen und etwas zum Favoriten zu erklären. *Kunden, die* Krieg und Frieden *kauften, erwarben auch* Straight Outta Compton (*Jubiläumsausgabe deluxe), erwarben auch* The Office *Staffel 3 auf Bluray, erwarben auch* Die kleine Raupe Nimmersatt. *Ihnen könnte auch gefallen* Euripides: Sämtliche griechische Tragödien, Die nackte Kanone 2 ½, Vor ihren Augen sahen sie Gott *und* Born to Run. *Ihre Freunde empfehlen* Blood Feast, I Am … Sasha Fierce, Devotions Upon Emergent Occasions, Halo II.

Mit anderen Worten, Sie sind die Sorte Mensch, die diese Dinge mag oder mögen könnte oder die man dazu überreden könnte, es mit diesen Dingen zu versuchen. Aber ist das nun wirklich eine Sorte Mensch? Ergeben diese tatsächlichen und erschlossenen Präferenzen ein zusammenhängendes Bild einer urteilsfähigen Sensibilität, oder stellen sie lediglich eine Verkettung von Konsumentenentscheidungen dar? Ist das ein digitales, collageartiges Porträt der Neigungen eines Individuums oder lediglich eine Liste von Käufen auf Kreditkarte? Und wie steht es mit all den Sachen, die Sie hassen oder die Ihnen gleichgültig sind oder für die Sie nie die Zeit fanden? Die Filme, die sich auf der Netflix-Liste angesammelt haben, die ungelesenen Romane, die sich auf dem Nachttisch stapeln, die Show, die Sie aus irgendeinem Grund immer wieder verpasst haben – was sagen *diese* Dinge über Sie?

Noch komplizierter wird die Sache dadurch, dass Ihr Geschmack, mag er auch noch so klar definiert und dogmatisch sein, niemals statisch ist. Er ist etwas, was sich verfeinern oder berichtigen lässt, aus dem man herauswachsen oder was man verlieren kann. Die Platte, die Sie in dem Sommer, in dem Sie sechzehn waren, ständig aufgelegt hatten, könnte in Ihren 40-jährigen Ohren minderwertig und überladen klingen, wenn Sie sich die Aufnahme impulsiv noch einmal in einer besonders aufbereiteten digitalen Deluxe-Edition zulegen. Das Buch, das für Sie als empfindsames Erstsemester eine Offenbarung war, könnte Sie in mittleren Jahren peinlich berühren. Und der langsame, dialoglastige Film, der Sie damals zu Tode langweilte, könnte Sie zum Weinen bringen, wenn Sie eines Nachts bei traurigerem, weiserem, schlaflosem Surfen durch die Kabelprogramme darauf stoßen. Sie können lernen, an etwas Gefallen zu finden, das ihnen auf den ersten Blick rätselhaft erschien, und ebenso können Sie sich von den unheilbaren Mängeln eines Werkes überzeugen, das Sie zum Zeitpunkt ihrer ersten Begegnung fasziniert hatte.

Und sosehr Sie mit Rücksicht auf die sozialen Normen unserer Zeit Ihre Ansichten in bescheidene, subjektive Formulierungen fassen, stellt sich doch die Frage: Wem machen Sie da eigentlich etwas vor? Die sorgfältig gewählte, nicht vorschnell wertende Terminologie bei der Äußerung persönlicher Präferenzen ähnelt einem weichen Belag auf dem harten Boden der Objektivität, dem Grund der Gewissheit, auf dem wir insgeheim und verschämt zu stehen bestrebt sind. Was wir zu sagen beabsichtigen, was wir sagen wollen – was wir uns von Zeit zu Zeit zu äußern gestatten –, ist nicht *Ich mag es*, sondern *Das ist großartig!* Nicht *Ich habe dem nichts abgewinnen können*, sondern *Das war entsetzlich!*

Wir begeben uns ins Kino oder ins Museum oder in den iTunes-Store und sehen uns unverhofft durch Dickichte philosophischer Ungewissheit wandern und uns auf der Suche nach gefestigten Prinzipien durch einen erkenntnistheoretischen Nebel vorwärtstasten. Wie wissen wir das, was wir wissen? Warum fühlen wir das, was wir fühlen? Wovon reden wir? Diese Fragen und nicht irgendwelche Regeln oder Kriterien machen das Fundament der Kritik aus, einer Aktivität, die zwischen den gegensätzlichen Antworten, welche jede dieser Fragen nach sich zieht, hin- und hergerissen wird.

Dabei besteht die grundlegendste und unauflöslichste Verwirrung im Hinblick auf die Frage, ob wir, wenn wir mit der Tätigkeit des kritischen Argumentierens beginnen, über Gefühle oder über Sachen reden sollten. *Bin ich das nur, oder ist das ein schönes Gemälde?* Das sind nur Sie – sofern nicht nur ich es bin. Dies muss der theoretische Ausgangspunkt sein. Oder auf jeden Fall ist er es zumindest seit dem späten 18. Jahrhundert, als Immanuel Kant, da er in Königsberg nichts Besseres zu tun hatte, daranging, das grundlegende Wesen des Geschmacks zu untersuchen.

Die Frucht seiner Untersuchung – die *Kritik der Urteilskraft,* von Philosophen als Kants dritte Kritik (nach den beiden Kritiken der reinen und der praktischen Vernunft) bezeichnet – ist berüchtigt für ihre schwerfälligen Argumentationen und überbordenden Abstraktionen. Die Schwierigkeit des Werkes geht vielleicht nicht nur auf das Wesen des Geistes von Kant zurück, der wie nur wenige andere ein feines Gespür für begriffliche Nuancen und logische Unterscheidungen hatte, sondern sie beruht auch auf dem Wesen des Gegenstandes, über den er hier nachdenkt. Im Vergleich zu den anderen Bereichen philosophischer Untersuchung, die er im Zuge seiner beispiellosen Laufbahn ermaß und neu formulierte, mag die Frage der ästhetischen Beurteilung besonders vertrackt sein. Der Literaturkritiker Terry Eagleton bezeichnet sie als den »Joker im Spiel von [Kants] theoretischem System«. Und das rührt daher, dass sie anscheinend selbst auf der ganz grundlegenden Stufe der Definition von Widersprüchen und Inkonsequenzen zerrissen wird. Auch wenn wir uns in der Praxis selten darüber einig sind, wie zwischen richtig und falsch oder zwischen Wahrheit und Irrtum zu unterscheiden ist – das waren die Probleme, die für Kants Beiträge zur Ethik und zur wissenschaftlichen Methode maßgebend waren –, gibt es einen gewissen Konsens darüber, was diese Begriffe bedeuten, und somit besteht zumindest die Möglichkeit, eine gemeinsame Basis im Hinblick auf ihre Anwendung zu entdecken.

Das Vertrackte an Kants Philosophie – und zugleich die Quelle ihrer befreienden Kraft und ihrer bezwingenden Strenge, die beide mehr als zwei Jahrhunderte nach seinem Tod immer noch zu spüren sind – ist, dass sie so weit wie möglich ohne Rückgriff auf äußere, vorgegebene Autoritäten vorgeht. Das heißt, das Gute und das Wahre müssen sich ohne Bezugnahme auf religiöses Dogma, auf politische Macht oder irgendeine andere verlockende logische Abkürzung etablieren. Macht schafft kein Recht; der kategorische Imperativ schafft es. Wenn man etwas glaubt, dann wird es dadurch nicht wahr; durch einen Beweis im Lichte der Vernunft wird es das. »Weil ich das gesagt habe« ist ein aussichtsloses Argument, sofern es als Argument überhaupt zählt.

Doch in Fragen des Geschmacks sieht es häufig so aus, als sei es das einzige Argument. Kant schreibt: »Das Geschmacksurteil ist … kein Erkenntnisurteil, mithin nicht logisch, sondern ästhetisch, worunter man dasjenige versteht, dessen Bestimmungsgrund *nicht anders* als *subjektiv* sein kann.« Dies ist eher ein Ausgangspunkt als eine Schlussfolgerung, denn Kants Absicht geht dahin, die ästhetische Wahrnehmung von der Stufe der sinnlichen Wahrnehmung auf die der Vernunft zu erheben, die Beurteilung künstlerischen Wertes an die Bestimmung dessen, was recht, oder die Erkenntnis dessen, was wahr ist, anzugleichen. Zu diesem Zweck stellt er eine dreiteilige Hierarchie auf. Auf der untersten Stufe befindet sich der rein individuelle Zustand des Vergnügens, den er als »das Angenehme« bezeichnet, ein Zustand, der kaum irgendwie als ästhetische Erfahrung gilt, da »diejenigen, welche immer nur auf das Genießen ausgehen (denn das ist das Wort, womit man das Innige des Vergnügens bezeichnet), sich gerne alles Urteilens überheben«. Spaß ist Spaß!

Doch das, was Kant Lust nennt – und das ist anscheinend kein ganz so großer Spaß –, gehört in den Bereich »des Schönen«. Schönheit befriedigt einen Trieb, welcher höher steht als bloßes sinnliches Verlangen. Und jenseits des Schönen liegt »das Gute«, welches Bewunderung und Hochachtung erweckt. So sehen Lust und Wonne aus, wenn sie ihre rationalen Sonntagskleider angezogen haben. In seiner höchsten Verkörperung adelt das Ästhetische derart, dass es sich kaum von sittlicher Tugend oder geistiger Anmut unterscheiden lässt, deren Zielen es mit indirekten und etwas rätselhaften Mitteln dient.

Kants Darstellung der ästhetischen Dimension der menschlichen Existenz ist von bemerkenswerter Strenge, sowohl im Vergleich zum Werk einiger seiner philosophischen Zeitgenossen und Schüler – die auf der untersten Stufe der Leiter dem Erdhaften und auf ihrer höchsten der Ekstase erheblich mehr Raum zubilligen – als auch gemessen an unseren Alltagserfahrungen. Und doch ist es möglicherweise gerade seine Ablehnung, sich durch die Lust ablenken zu lassen – seine disziplinierte Weigerung, sich als Denker von etwas anderem als von den Wogen nüchterner Dialektik hinreißen zu lassen –, die ihm eine derartige Bedeutung für die Geschichte der Kritik und somit der Kunst verleiht.

Für einen Moment können wir die ewig strittige Frage zurückstellen, ob (oder auf welche Weise) die ästhetische Wahrnehmung uns guttun könnte. Desgleichen können wir, auf umfangreiches historisches Beweismaterial für unsere Skepsis gestützt, bezweifeln, dass der Sinn für schöne Dinge – Gedichte, Gemälde, Symphonien – zu sittlicher Besserung führt. Einige der schlimmsten Ungeheuer der Geschichte waren passionierte Schirmherren der Künste. Kant legte jedoch mit unvergleichlicher Klarheit und Strenge die Schwierigkeiten dar, auf die wir anscheinend immer dann stoßen, wenn wir versuchen, einfach über das zu reden, was wir unserer Meinung nach sehen und fühlen.

»In Ansehung des Angenehmen bescheidet sich ein jeder: dass sein Urteil, welches er auf ein Privatgefühl gründet, … sich auch bloß auf seine Person einschränke.« Dies ist der Punkt, an dem die Diskussion sehr oft ein Ende findet, in einem sanften und verschwommenen Pluralismus. Keiner kann umhin, die Gefühle aller anderen Menschen zu achten. Doch für Kant ist das Reich des Angenehmen zwar erfreulich, aber es ist auch ein fader und vulgärer Aufenthaltsort. Die Schönheit ist jedoch etwas anderes, denn sie verbindet sich nicht nur mit einer höheren Art von Emotion – im Sinne von einer, die komplexer und erhabener ist –, sondern auch mit einem fruchtbareren und wechselseitigeren Verhältnis zu den Objekten. Wenn jemand etwas als schön bezeichnet, urteilt er

> nicht bloß für sich, sondern für jedermann, und spricht alsdann von der Schönheit, als wäre sie eine Eigenschaft der Dinge. Er sagt daher, die *Sache* ist schön, und rechnet nicht etwa darum auf anderer Einstimmung in sein Urteil des Wohlgefallens, weil er sie mehrmalen mit dem seinigen einstimmig befunden hat, sondern *fordert* es von ihnen. Er tadelt sie, wenn sie anders urteilen, und spricht ihnen den Geschmack ab, von dem er doch verlangt, dass sie ihn haben sollen; und sofern kann man nicht sagen: ein jeder hat seinen besonderen Geschmack. Dieses würde soviel heißen, als: es gibt gar keinen Geschmack, d. i. kein ästhetisches Urteil, welches auf jedermanns Beistimmung rechtmäßigen Anspruch machen könnte.

Es ist nur eine kleine Übertreibung, wenn man sagt, dass der größte Teil der modernen Kritik – ebenso wie die Mehrzahl der gegen sie vorgebrachten Argumente – in dieser Passage enthalten ist. Kant ist für seinen Teil unterwegs zu anderen Fragen: Die nachfolgenden Teile der *Kritik der Urteilskraft* wenden sich Themen zu, die mit Gott, mit Freiheit und der Unsterblichkeit der Seele zu tun haben, und davon fällt nichts in den Bereich meiner Kompetenz oder den Rahmen dieses Buches. Auf dem Weg dorthin formuliert er jedoch ein Paradoxon, das offenbar entscheidend ist: »[E]s muss [mit dem Geschmacksurteile] ein Anspruch auf subjektive Allgemeinheit verbunden sein.«

Diese Behauptung ist heutzutage vielleicht verblüffender, als sie es in den 1790er Jahren war. Kant mag der Gedanke, dass sich alle Menschen in grundlegender Übereinstimmung über das Wesen der Schönheit befänden, nicht so sehr provokativ, sondern eher selbstverständlich erschienen sein. Sein Zeitgenosse Edmund Burke – ein Intellektueller von weltlicherer Art, dessen *Philosophische Untersuchungen über den Ursprung unserer Ideen vom Erhabenen und Schönen* etwa ein Vierteljahrhundert vor der *Kritik der Urteilskraft* erschienen waren – behauptet frohgemut: »Ich erinnere mich nicht, dass irgendetwas Schönes – sei es ein Mensch, ein Säugetier, ein Vogel oder eine Pflanze – einer noch so großen Menge von Leuten gezeigt worden wäre, ohne dass alle sofort darin übereingestimmt hätten: es sei schön.« Dies wird nicht so sehr im Sinne einer philosophischen Behauptung dargeboten, sondern vielmehr als ein Stück empirisch (wenn auch nicht ganz wissenschaftlich) unterfütterten gesunden Menschenverstands. Was für Kant eine theoretische Folgerung mit einem angemessen abstrakten Namen – subjektive Allgemeinheit – darstellt, ist für Burke eine schlichte Tatsache. Dass sie in vollkommen zirkulärer Weise ausgesprochen wird, zeugt weniger von Schlampigkeit auf Seiten Burkes als von der Unbestimmtheit (und auch der Offensichtlichkeit) der Schönheit als Begriff. Der Vogel oder das Säugetier, um das es geht, wird zunächst als schön beschrieben, und dieses Urteil wird von einer eilig zusammengetrommelten Menschenmenge bequemerweise bestätigt. Das Tier ist schön, weil jeder meint, es sei es, und jeder meint, es sei es, weil es schön ist.

Ob sich tatsächlich jemals hundert Menschen in Burkes Gegenwart versammelten, um ein besonders schönes Vogelexemplar in Augenschein zu nehmen, oder ob dies nicht der Fall war, bemerkenswert ist, dass er sich eine derartige Szene als Herstellung eines unproblematischen und sofortigen Einverständnisses vorstellt, so als gäbe es für eine ästhetische Messung einen verabredeten Maßstab, der jedem Auge und jedem Hirn zugänglich ist. Er und Kant sind beide unterwegs zu einer ihnen verlockender und lohnender erscheinenden Untersuchung der Eigenschaften dieses Maßstabs, der Eigenschaften verschiedener Objekte und Artefakte, die zu einer derartigen Übereinstimmung führen. Kant gelangt zu dem Schluss: »Also kann dem Geschmacksurteil kein subjektiver Zweck zum Grunde liegen«, weil sich ein solches Urteil immer auf ein Objekt und seine Eigenschaften bezieht. Burke ist bestrebt, die spezifischen Züge aufzuzählen, die dem Schönen seinen Zauber und dem Erhabenen seine Kraft verleihen. »Subjektive Allgemeinheit« – der Gedanke, dass das, was für einen schön ist, für alle schön ist – ist die Vorbedingung dafür, dass man tatsächlich ein für alle Mal etabliert, warum die Federn dieses Vogels so unbestreitbar entzückend sind.

Liest man Burke und Kant aus der Perspektive unserer Zeit, dann kann der Eindruck entstehen, die Welt sei auf den Kopf gestellt worden. Meine eigene Erinnerung steht ziemlich deutlich im Widerspruch zu derjenigen Burkes: Ich erinnere mich nicht, dass man einer Gruppe von Menschen oder auch nur zwei Personen etwas Schönes gezeigt hätte und sie nicht auf der Stelle in Streit über die Frage geraten wären, ob es denn überhaupt schön sei. Ich übertreibe natürlich (wie auch Burke es tat), aber mir geht es darum, dass der ästhetische Konsens, den Burke und Kant als selbstverständlich voraussetzen konnten, unwiderruflich dahin ist. Wir verfallen zwar gelegentlich in die Gewohnheit, Beliebtheit mit Qualität gleichzusetzen – mit einem Achselzucken oder einem trotzigen Schütteln der Faust, um zu sagen, dass hundert Bewunderer eines gegebenen Vogels nicht irren können –, aber das ist eher eine mangels Alternative vertretene Position oder ein soziologischer Verdacht als ein theoretisches Postulat. Eine breite Übereinstimmung in Fragen des Geschmacks führen wir mit größerer Wahrscheinlichkeit auf kulturelle Faktoren oder auf Marketingstrategien zurück als auf dem Gegenstand innewohnende und unveränderliche ästhetische Eigenschaften. Wenn wir uns Burkes hypothetische Menschenmenge ansehen, dann können wir uns ebenso sehr Gedanken über ihre Zusammensetzung machen – Grundbesitzer oder Landarbeiter? Männer oder Frauen? Wie viele und in welchem Verhältnis? –, wie wir uns Gedanken über das Gefieder und die Herkunft des Vogels machen werden, der ihnen allen so sehr gefiel. Wir könnten dazu veranlasst werden, nicht danach zu fragen, welches Federvieh von seinem Wesen her angenehm ist, sondern vielmehr, was für ein Vogel wohl eine Chance hatte, bei einem Querschnitt der britischen Bevölkerung um die Mitte des 18. Jahrhunderts Anklang zu finden.

Unser Zeitalter fühlt sich nicht wohl bei dem Gedanken der subjektiven Allgemeinheit. Diese Wendung klingt für unsere empfindsamen, pluralistischen, postmodernen Ohren etwas zu vermessen, zu sehr nach Zwang. Die Annahme, jedem gefalle die gleiche Art von Ding, mag uns so vorkommen, als sei es von da nur ein kleiner Schritt bis zu der *Forderung*, dass es so sein möge, und das steht im Widerspruch sowohl zu demokratischen Idealen als auch zum Verhalten von Konsumenten. Wir können uns dazu beglückwünschen, dass wir in einem Zeitalter leben, in dem engstirnige, autoritäre Geschmacksregeln zugunsten von Eklektizismus und Vielfalt über Bord geworfen worden sind. Oder wir können – was auf dasselbe hinausläuft – den Verlust klarer und selbstverständlicher Maßstäbe beklagen, die durch Relativismus und die Überfülle billiger Vergnügungen verunklärt worden sind.

Diese entgegengesetzten symmetrischen Einstellungen signalisieren einen anhaltenden Rückzug aus der großen philosophischen Zuversicht der Aufklärung. Seither hat sich der ästhetische Bereich – durch Wellen von Romantik und Moderne, durch viktorianischen Moralismus und das ihm entgegenwirkende Dogma der Kunst um der Kunst willen, durch den Aufstieg und Niedergang aufeinanderfolgender Avantgarden und die Explosion der Popkultur als eines zunehmend respektablen (und auf jeden Fall nicht zu umgehenden) Bezirks – dermaßen aufgesplittert und verschoben, dass es lächerlich erscheint, von ihm als von etwas irgendwie Allgemeinem zu sprechen. Wenn hundert Menschen auf einen Vogel blicken, dann bilden sie, mag ihre Verzückung auch noch so einstimmig sein, eine Clique, eine Nische, einen kleinen Zirkel von Facebook-Freunden. Ihre Gleichgesinntheit beweist nur sehr wenig. Sie ist tautologischer Natur: Menschen, denen dieser Vogel gefällt, ähneln anderen Menschen, denen er ebenfalls gefällt.

Und doch können wir auf die subjektive Allgemeinheit nicht völlig verzichten. Zum einen würde eine derartige Abstinenz bedeuten, dass man sich in Nischen und Cliquen zurückzieht, ohne über eine Möglichkeit zu verfügen, ihre Existenz zu erklären. Dieser Vogel muss doch *irgendetwas* an sich haben, nicht wahr? Sonst wäre der Geschmack völlig vorherbestimmt, eine Sache des Vorurteils und der Konditionierung und daher überhaupt nicht wirklich Geschmack. Es besteht immer die Chance, dass jemand, der nicht zum geschlossenen Zirkel der Vogelliebhaber gehört, ihn aus anderen Gründen und auf eine andere Art liebt. Wenn manche Kunstwerke die Umstände ihrer Herstellung überleben und in radikal anderen Zeiten und Welten Anhänger finden, dann legt das nahe, dass die Beurteilung ihres Wertes nicht nur eine lokale Angelegenheit darstellt. Und sie ist auch nicht bloß etwas Persönliches. Wäre sie es, dann würde sich keine ästhetische Erfahrung über die Ebene des Angenehmen erheben, und die Klasse der Dinge, die wir Kunst nennen, hätte keine Existenzberechtigung.

Also muss noch etwas anderes beteiligt sein, etwas, was sich mitteilen und diskutieren lässt, selbst wenn man ihm nicht immer einen Namen geben kann. Es mag möglich sein, dieses Etwas wissenschaftlich zu isolieren. Labortechniker können bei bereitwilligen Versuchspersonen, denen verschiedene Gemälde oder Musikstücke vorgestellt werden, die Dopaminwerte bestimmen und die Ergebnisse mit anderen Beispielen vergleichen. Biologen könnten eine evolutionäre Erklärung dafür vorschlagen, weshalb unsere Spezies darauf programmiert zu sein scheint, eine Art von Erfahrung anzustreben, die anscheinend keinen erkennbaren Anpassungsvorteil mit sich bringt. Die Kunst hilft uns nicht dabei, Raubtieren zu entfliehen, und sie erhöht auch nicht unser Fortpflanzungspotential – zumindest nicht direkt. Und ästhetisches Vergnügen ist nicht dasselbe wie sexuelle Seligkeit oder religiöse Verzückung, wenngleich sie Ähnlichkeit mit beidem haben kann und anscheinend in der gleichen kognitiven Umgebung angesiedelt ist. Und sie ist auch nicht identisch mit anderen Arten von Sinnesfreuden oder emotionalen Reaktionen. Sie arbeitet mit Empfindungen, die sowohl intensiv als auch zutiefst unwirklich sind. Wir lachen oder weinen, wir betrachten uns als gerührt oder beunruhigt oder verführt, aber warum? Und zu welchem Zweck?

Ich habe den Verdacht – vielleicht ist es auch mein Vorurteil –, dass Philosophie und Naturwissenschaft für die Behandlung dieser Fragen nur von beschränktem Nutzen sind. Und zwar nicht, weil es keine Versuche in dieser Richtung gegeben hätte. Seit Kant hat man erhebliche Anstrengungen unternommen, die beiden Seiten der Kluft zwischen Subjekt und Objekt zu behandeln und sowohl erfreuliche Formen als auch die Freuden, die sie hervorrufen, zu zergliedern – sowie neuerdings auch die sozialen und kognitiven Kontexte zu untersuchen, in denen sich Kunst und Erfahrung entfalten. Die Ästhetik ist immer wieder eine florierende Disziplin im Rahmen der Philosophie gewesen, die Denker aller Schulen und Tendenzen anzog, von Hegel bis John Dewey, von Positivisten bis hin zu Poststrukturalisten. In ihren verschiedenen Erscheinungsformen neigt die philosophische Ästhetik jedoch dazu, ständig dieselbe Kreisbewegung, vom Subjekt zum Objekt und wieder zurück, zu beschreiben, in einem notwendigen, aber auch einschränkenden Abstand von der wirklichen Welt der Sinneswahrnehmungen und Dinge. Dieser Raum, der dazwischen liegt, ist die Welt, in der die Kritik wohnt. Die schwer zu beantwortenden Fragen, die an den Rändern unseres Nachdenkens aufflackern, lassen sich am besten dadurch behandeln, dass man das Spiel einzelner Eindrücke und Beispiele verfolgt. Wenn wir innehalten, um uns darüber klar zu werden, was sich vor unseren Augen abspielt, dann können wir vielleicht doch noch einen Blick auf jenen seltenen, möglicherweise mythischen Vogel, das subjektive Allgemeine, erhaschen.

* * *

Im Jahre 2010, von Anfang März bis Ende Mai, wanderten über 750 000 Menschen, die ein etwas ungewöhnliches Ziel verfolgten, durch das Museum of Modern Art in New York. Sie kamen von nah und fern, sie kampierten trotz Kälte und Regen in Schlafsäcken und provisorischen Zelten auf der West Fifty-Third Street, und sobald dann am Morgen die Tore geöffnet wurden, stapften sie durch die Eingangshalle des Museums in einen Ausstellungsraum im zentralen Atrium. Dort warteten diese inbrünstigen Pilger stundenlang, oft buchstäblich vor Erwartung zitternd, auf die Gelegenheit, einige Minuten lang auf einem Holzstuhl zu sitzen und einer 62-jährigen, ebenfalls sitzenden, in ein langärmliges, bodenlanges Kleid gehüllten Frau in die Augen zu schauen, die ihr dunkles Haar aus ihrem ausdruckslosen Gesicht gekämmt hatte. Während der ersten Wochen der Show war sie von ihren Besuchern durch einen einfachen Tisch getrennt, der dann aber nach einiger Zeit entfernt wurde, so dass buchstäblich nichts zwischen der Künstlerin und dem Betrachter stand.

War sie aber die Künstlerin oder das Kunstwerk? Die Frau, die dort saß, war Marina Abramović, eine in Jugoslawien geborene Performancekünstlerin, der eine große MoMA-Retrospektive gewidmet war. Im Mittelpunkt der Ausstellung stand ein brandneues Stück, dessen Aufbau im vorangegangenen Absatz skizziert ist und das den Titel trug: »Die Künstlerin ist anwesend.« Wenige Werke in der Geschichte der Kunst haben einen passenderen Titel getragen – da war sie, genau wie angekündigt, und saß jeden Tag im Museum, bis es geschlossen wurde –, und nur wenige Titel haben auf so prägnante Weise einen derart ungebärdigen Schwarm künstlerischer Rätsel eingefangen.

Während ihrer Laufzeit weckte die Show von Abramović ein lebhaftes Medienecho, teils wegen der sensationellen, auf Konfrontation angelegten Aspekte eines Teils ihrer anderen Werke und teils deshalb, weil die Publicity-Abteilung des MoMA ein gutes Gefühl für die Überschneidung von Kunstwelt und Prominentenverehrung hatte. Die Anwesenheit lebender, nackter Menschen in Museumssälen – junger Darsteller, die man angestellt hatte, um einige Performances und Installationen von Abramović aus den 1970er und

1980er Jahren nachzubilden – entfachten, wie nicht anders zu erwarten, die Neugier des lüsternen Publikums und den feixenden, gespielten Abscheu der Spießer aus den Fernsehnachrichten. Bei ihrer Empörung stand aber noch mehr auf dem Spiel als Puritanismus. Durch eine Ausstellung, die praktisch nichts enthielt, was sich mit traditionellen formalen Kategorien fassen ließ, wurde erneut die keuchende, entrüstete Skepsis geweckt, mit der man fast jede bedeutsame Phase der künstlerischen Moderne seit den Impressionisten empfangen hat. Keine Gemälde; keine Skulpturen im üblichen Sinne (denn die unbewegten Nackten in einigen Räumen des MoMA waren wirkliche Körper, keine Repräsentationen menschlichen Fleisches in Marmor oder Metall); Fotos und Videos, bei denen es sich anscheinend eher um Aufzeichnungen vergangener Aktivitäten handelte als um Objekte, die um ihrer selbst willen bewundert werden sollten; all die bloße Haut und die seltsame Dame auf dem Stuhl – *Das nennen Sie* Kunst?

Derartige ungläubige Fragestellungen, auf die müde oder erzürnte Zurückweisungen folgen – *Natürlich ist das Kunst! Wie können Sie es wagen?* –, haben ihrerseits, solange man zurückdenken kann, den Charakter eines öffentlichen Rituals. Dazu kommt es, wenn die Kunstwelt, ein häufig insuläres Reich, das in seine eigenen Codes, Prozesse und Geschichtsabläufe vertieft ist, ins Blickfeld der stolz prosaischen, aggressiv populistischen Weltanschauung gerät, die von einigen Publikumsmedien verfochten wird. Jackson Pollocks Drip Paintings, Andy Warhols Brillo-Boxen, Marcel Duchamps Schlüsselwerk, das Urinal, das er *Fountain* nannte, und zahlreiche andere kanonische Werke des vergangenen Jahrhunderts haben allesamt abwechselnd im Scheinwerferlicht des Skandals gestanden, und zahlreiche Künstler verfolgten ausdrücklich die Absicht, einen solchen Skandal heraufzubeschwören. Eine starke, sich selbst erneuernde Richtung in der modernen Kunst widmet sich der Aufgabe, festgefügte Vorstellungen darüber, was als Kunst gelten kann, in Frage zu stellen oder gar zu unterminieren, wobei gelegentlich die Definition dahingehend erweitert wird, dass bislang ausgeschlossene Formen und Traditionen miteinbezogen werden, während es in anderen Fällen zu einer tautologischen Einengung der Definition kommt. Kunst ist alles das, was ein Künstler als Kunst bezeichnet: ein gewöhnlicher Gegenstand oder ein Haufen Müll auf einem Museumsfußboden; eine Geste oder ein Kunststück, die vor erwartungsvollen Zuschauern oder draußen in der Arbeitswelt vorgeführt werden – die Behauptung, dass man solche Schöpfungen als Kunst bezeichnen kann, soll die Macht und die Mobilität der Kategorie beweisen, eine Geste, die zugleich idealistisch und zynisch ist. Kunst kann alles sein, überall, aber diese unbestimmte, grenzenlose Identität kann dazu führen, dass sie sich nicht weniger, sondern in höherem Maße exklusiv anfühlt. Das Banale wird in das Besondere verwandelt. Was wie Wahnsinn oder willkürliche Verdrehtheit ausgesehen hatte, erweist sich als Inspiration. Der Katalysator für diese Alchemie ist oft wirkliche oder angenommene Verblüffung. Irgendwer muss sagen – oder man muss sich vorstellen, dass er das sagt – *Ich verstehe das nicht.*

Abramović steht in mancher Hinsicht exemplarisch für diese Tendenz. Ein großer Teil ihrer Arbeit in den 1970er Jahren bestand darin, dass sie in einem Wohnwagen mit ihrem

Geliebten und Mitarbeiter, einem deutschen Künstler, der sich Ulay nannte, in Europa umherfuhr. Gemeinsam inszenierten die beiden Performance-Stücke – manchmal gewalttätig, manchmal stumm, manchmal zärtlich –, aber beide haben gesagt, dass die wirkliche Schöpfung, das wirkliche Kunstwerk die Reise selbst war. Sie teilten eine offensichtliche Verwandtschaft mit anderen Künstlern, die aus dem kreativen Ferment der 1960er Jahre, einer Zeit von Happenings, prozessgesteuerter Kunst und den Anfängen des Konzeptualismus, hervorgingen. Anstatt sich auf die Herstellung von Dingen zu konzentrieren, konzipierten, entwarfen und registrierten diese Künstler (unter ihnen als bekannteste Bruce Nauman, Vito Acconci, Yoko Ono und Adrian Piper) Episoden und Erfahrungen. Bei dem »Werk« konnte es sich um eine Idee handeln, um die Aufzeichnung oder Ausarbeitung dieser Idee oder ihre ephemere Darbietung, um eine Audio- oder Video-Aufnahme oder einfach um die Gefühle, die bei Anwesenden hervorgerufen wurden. Das Wesen des Werkes war vielleicht alles das und nichts von dem – eine unwiederholbare, nicht auf etwas anderes zurückführbare Kollision von Intention, Körper und Publikum, eine geplante Eruption von Sein.

Kehren wir aber zu der Performance »Die Künstlerin ist anwesend« zurück, die mittlerweile ihren Platz in der Kunstgeschichte eingenommen hat, um dort analysiert und in einen Kontext gestellt und als Gegenstand der Erinnerung ihrer Unmittelbarkeit entkleidet zu werden. Ebenso wie viele Zeugnisse zeitgenössischer Kunst war (und ist) dies eine hochgradig intellektuelle Unternehmung, die aus einer Reihe von theoretischen Annahmen über Gender, den Körper und (wie ich auszuführen versuchte) das institutionelle und ontologische Wesen der Kunst selbst zurückgeht. Eine der Weisen, auf welche »Die Künstlerin ist anwesend« die Frage beantwortet, ob dies Kunst sei, ist die, dass sie zu einem gewissen Maß an kritischer Aufmerksamkeit auffordert und sie belohnt und sich einem potentiell unendlichen Kreislauf von Interpretation und Gegeninterpretation öffnet. Dies ist nur ein Teil der Art und Weise, in der Kunst und Kritik zusammenarbeiten, durch eine Form von Symbiose, die ein Publikum nichtprofessioneller, unspezialisierter, absichtsloser Zuschauer häufig zu marginalisieren – oder entbehrlich zu machen – scheint.

Ein derartiges Publikum gewöhnlicher Menschen war nun auch im Frühjahr 2010 im MoMA sehr stark präsent. Und als dieses Publikum an Zahl und Inbrunst zunahm – viele Besucher warfen sich Tag für Tag in den Massenansturm, um erneut persönliche Begegnungen mit der ständig anwesenden, ständig stummen Künstlerin zu erleben –, lieferte es seine eigene Antwort auf die Frage »Wieso ist das Kunst?«, eine Antwort, die den intellektuellen, wissenden Reaktionen, welche Kritiker und Kuratoren hätten geben können, nahezu diametral entgegengesetzt war. Es war Kunst, weil es sie bewegte.

Marina Abramović hat mich zum Weinen gebracht ist der Titel eines Foto-Blogs auf Tumblr, der in der Zeit der MoMA-Show aufkam, ein Schwall tränender Augen, zitternder Lippen und leisen Schluchzens, der eine gemeinschaftliche und vielleicht überraschende Reaktion auf »Die Künstlerin ist anwesend« registriert. Eine erhebliche Zahl von Zuschauern fing, sobald ihr Blick auf dem Bild ruhte, um dessentwillen sie gekommen waren, zu weinen an. Ein von Matthew Akers geschaffener Dokumentarfilm der Filmgesellschaft HBO über Abramović versammelt eine Fülle von Material zu diesem Phänomen und hält mehrere Fälle fest, in denen die teilnahmslose Künstlerin ebenfalls zu weinen scheint, wobei eine einzelne Träne den Weg hinab über die unergründliche attische Maske ihres Gesichts findet. Manche Zuschauer weinten nach ihrer Begegnung oder wenn sie eine besonders starke Verbindung zwischen der Künstlerin und einem anderen Besucher beobachteten. In Akers Film bricht die Mutter eines kleinen Jungen beim Verlassen der Galerie in Schluchzen aus. »Ich bin so stolz auf dich«, sagt sie und versucht damit vielleicht, der Emotion, die sie überwältigt hat, einen Namen zu geben und dies ihrem etwas verblüfften Sohn in einer Form zu erklären, die er verstehen kann.

Nicht dass ihr Stolz fehl am Platze gewesen wäre. Der Junge hatte schließlich soeben eine lange Wartezeit in einer Menge fremder Menschen durchgestanden und die Gegenwart einer Frau erduldet, die entfernte Ähnlichkeit mit der bösen Hexe aus einem Märchen hatte. Das ist eine Leistung. Und zum Teil war der Gefühlsüberschwang, der den Augen seiner Mitabenteurer all die Tränen entlockte, möglicherweise ein Gefühl der Erfüllung, ein Empfinden, etwas *getan* zu haben.

Doch es spielte sich in Gegenwart dieser Künstlerin auch noch etwas anderes, etwas Stärkeres und schwerer zu Identifizierendes, etwas Tiefgründiges ab. Was führte dazu, dass so viele Menschen weinten? Tränen sind natürlich ein traditioneller Maßstab für eine ästhetische Reaktion, ein handgreiflicher Beweis dafür, dass ein Kunstwerk aus der Schale seiner Existenz oder dem wolkigen Aufwallen der Intentionen seines Schöpfers herausgetreten ist und in der Welt eine Wirkung hervorgerufen hat. Das Interessante an den durch »Die Künstlerin ist anwesend« hervorgerufenen Tränen ist, dass sie anscheinend nicht von den üblichen emotionalen Auslösern inspiriert waren. Der naheliegendste und vielleicht verbreitetste Weg, auf dem wir eine Rührung erfahren, verläuft über die Darstellung von Pathos, über die stellvertretenden Erfahrungen von Trauer oder Freude, die durch eine Erzählung ausgelöst werden. Wir weinen aus Kummer über den Tod von Little Nell oder Hamlet oder Bambis Mama – oder wir weinen vor Freude über Szenen von Heldentum, von anständigem Verhalten oder schwer errungenem Glück –, weil ein bestimmtes Gefühl aus einer fiktionalen Welt in die unsere versetzt worden ist. Nicht dass dies der einzige oder auch nur der verbreitetste Grund für Tränen wäre. Unsere Gefühle können durch Bilder von Erhabenheit oder Meisterschaft aufgewühlt werden – durch die Großartigkeit oder Köstlichkeit von Musik, welche die Emotionen abstrakt und direkt anrührt, oder durch die technische Magie künstlerischer Leistung als solcher, wenn sich Talent und Disziplin zur Erschaffung von etwas Neuem verbinden. Doch so beeindruckend die Ausdauer gewesen sein mochte, die Abramović aufbrachte – sie tat im MoMA überhaupt nichts. Sie erzählte keine Geschichte und spielte auch keine Rolle. Sie war einfach da.

Die menschliche Gegenwart ist ein machtvoller Aspekt vieler Kunst; wir nehmen sie wahr im Lächeln der Mona Lisa, im Körper und in der Stimme einer Operndiva in voller Aktion, in überlebensgroßen Nahaufnahmen von Filmstars, in den flüsternden Zeilen von Gedichten. Hinter dieser Gegenwart erschließen (oder erfinden) wir eine spezielle Art von Aufmerksamkeit, eine unmögliche und daher besonders machtvolle Form der Kommunikation. Jene rätselhafte, längst verstorbene Dame im Louvre blickt und lächelt *mich* an. Es ist die Qual *meiner* Seele, die dem Mund der Sängerin entquillt, es sind *meine* innigsten Gedanken, die in dem Gedicht brodeln. Was Edmund Wilson als den Schock des Erkennens bezeichnete, ist zugleich der Reiz des Erkanntwerdens, ein unheimliches, auf unmögliche, aber unbestreitbare Weise wechselseitiges Band, welches Gräben von Logik, Geschichte und Kultur überspringt.

Klaus Biesenbach, der Kurator, der Abramović ans MoMA geholt hatte, sagte, dass die Besucher, die bei »Die Künstlerin ist anwesend« ihr gegenübersaßen, einer starken emotionalen Täuschung unterlegen seien – dass sich nämlich sie, die Künstlerin, in sie verliebte. Dies klingt wie eine Umkehrung der üblichen Dynamik. Wir sagen »Ich liebe dieses Lied« und nicht »Dieses Lied liebt mich«. (Biesenbach räumte diesen konventionelleren emotionalen Vektor ein, als er die vom Werk und von ihrer Persönlichkeit ausgehende Wirkung als eine Art von serieller Verführung beschrieb.) Wenn man glaubt, dass Filmstars oder Popsänger unsere Anbetung erwidern, dann ist das bestenfalls eine unreife Phantasievorstellung, schlimmstenfalls ein ausgemacht pathologischer Gedanke, etwas, was dazu führt, dass man Leute einsperrt und zusätzliche Bodyguards anheuert. Es gab im MoMA eine Sicherheitsvorschrift, die für die Einhaltung gewisser Grenzen sorgen sollte – Leute, die Abramović zu berühren oder abzulenken oder mit ihr zu sprechen versuchten oder die ihre

Gegenwart zum Vorwand nahmen, sich selbst impromptu zur Schau zu stellen, sollten aus dem Raum geführt werden. (Mehrere Leute wurden dazu veranlasst, ihre Kleidung abzulegen.) Derartige Ausbrüche waren zu erwarten gewesen, und sie entsprachen vielleicht einigen der Fragen, die Abramović aufwerfen wollte: etwa der nach dem Status des Individuums in einem Zeitalter der Prominenz oder nach dem veränderten Stellenwert eines Kontakts von Angesicht zu Angesicht in einer Welt, in der Beziehungen zwischen Menschen in zunehmendem Maße über Bildschirme und Netzwerke vermittelt sind. Die Anziehungskraft, die sie einfach dadurch ausübte, dass sie ihre Gegenwart ankündigte und durchhielt, war vielleicht ein Indikator für die tiefgreifende Entfremdung voneinander und von uns selbst, die wir empfinden – und ein zeitweiliges Mittel gegen sie. Wenn wir in ein Kunstmuseum gehen müssen, um eine Verbindung zu einer anderen Seele zu finden, was besagt das dann über uns?

Doch aus welchem anderen Grund würden wir denn hingehen? Aus welchem anderen Grund sind wir je dorthin gegangen? Es fällt nicht schwer, die atypischen und radikalen Aspekte des Werkes von Abramović hervorzuheben. Auffälliger ist aber vielleicht die grundsätzliche Kontinuität zu einer sehr alten Tradition. Es mag sein, dass sie einige tiefsitzende Vorstellungen von Kunst in Frage stellt, aber es gibt andere, vermutlich fundamentalere, die sie bestätigt. Die urtümliche, starke Verbindung, die Betrachter in ihrer Gegenwart empfanden, war möglicherweise nicht direkt das, was sie gesucht hatten. Die Motive, die uns an die Tore des Museums, an die Theaterkasse oder in den Buchladen oder an einen beliebigen anderen Ort führen, den wir aufsuchen, sofern wir über etwas Zeit, über das nötige Eintrittsgeld und hinreichende Neugier verfügen, sind oft nebensächlich, ja banal. Sie hatten Langeweile. Alle Ihre Freunde gingen hin. Sie haben eine Besprechung gelesen oder eine Anzeige gesehen. Das verwandelnde, elektrisierende Ergebnis war nicht gewollt oder vorhergesehen und konnte es auch nicht sein. Und doch geschieht es irgendwie: Ihre alltägliche Wahrnehmung wird durch das Gefühl einer Gegenwart unterbrochen, die sich nur schwer beschreiben, aber unmöglich leugnen lässt.

Wenden wir nun den Blick ab von der lebenden Marina Abramović, der Künstlerin, die ihr eigenes Kunstwerk ist, und lenken ihn auf eine andere menschliche Gestalt, eine, die in einem Museum sowie, berühmter noch, in den Zeilen eines Gedichts ausgestellt ist. »Archaischer Torso Apollos« ist ein Sonett von Rainer Maria Rilke, das vor allem durch seine letzten Worte bekannt ist: »Du musst dein Leben ändern.«

Besagten Befehl hat man in dem Jahrhundert seit der Veröffentlichung des Gedichts häufig als Schlagwort eingesetzt. Dies ist das Wort, das die Kunst an uns richtet; dies ist die Herausforderung, die durch die Ausstellungsräume hallt. *Es hat mein Leben geändert.* Leute sagen ständig etwas Derartiges. Zeitschriften veröffentlichen Umfragen, bei denen Prominente aufgefordert werden, das Buch, den Film oder den Song zu benennen, der ihr Leben geändert hat. Oft wirkt die Wahl einfallslos, oder sie scheint nicht so sehr mit den eigentlichen Qualitäten des betreffenden Buches oder Films oder Songs zu tun zu haben, sondern eher mit den Umständen der Entdeckung des Kunstwerks. Doch das Wesen und der Mechanismus der Verwandlung – Wie hat sich Ihr Leben geändert? Wie sah der Unterschied zwischen vorher und nachher aus? – werden selten eingehender analysiert. Es könnte einfach eine Redewendung sein, aber es ist auch ein hyperbolisches Verfahren, um die kurzfristig eingreifende Wirkung anzuerkennen, die durch Kunst auf das Gleichgewicht des alltäglichen Bewusstseins ausgeübt wird. Wenn jemand sagt, dass etwas sein Leben geändert hat, dann erklärt er damit auch, dass es die ihm zur Verfügung stehenden Erfahrungskategorien sprengte. Er befindet sich in einer Zone jenseits des Zaubers des Schönen oder gar des Schreckens des Erhabenen, auf einem Territorium, das sich nicht durch die üblichen Bezeichnungen wie *Hat mir gefallen* oder *Ey, das war toll* markieren lässt.

Das Sonett Rilkes bietet eine gedrängte, überaus suggestive Karte dieses Territoriums unter dem Deckmantel einer Beschreibung – nicht so sehr einer Schilderung der Statue selbst, sondern einer Wiedergabe der Wirkung, die ihre Betrachtung auslöst.

> *Wir kannten nicht sein unerhörtes Haupt,*
> *darin die Augenäpfel reiften. Aber*
> *sein Torso glüht noch wie ein Kandelaber,*
> *in dem sein Schauen, nur zurückgeschraubt,*
>
> *sich hält und glänzt. Sonst könnte nicht der Bug*
> *der Brust dich blenden, und im leisen Drehen*
> *der Lenden könnte nicht ein Lächeln gehen*
> *zu jener Mitte, die die Zeugung trug.*

Sonst stünde dieser Stein entstellt und kurz
unter der Schultern durchsichtigem Sturz
und flimmerte nicht so wie Raubtierfelle

und bräche nicht aus allen seinen Rändern
aus wie ein Stern: denn da ist keine Stelle,
die dich nicht sieht. Du musst dein Leben ändern.

Es fällt auf, dass das Gedicht mit der Nennung dessen beginnt, was wir nicht sehen, des Kopfes und insbesondere der Augen, die vermutlich zu Staub zerfallen sind, für immer verloren auf dem Abfallhaufen der Geschichte. Zusammen mit dem Wort »archaisch« im Titel signalisiert dieses Detail, dass wir mit etwas konfrontiert sind, das einer Vergangenheit entstammt, die wir uns nicht mehr vorstellen können. Es ist dies ein Fragment, und doch erahnen wir sogleich und mit Bestimmtheit seine verlorene Ganzheit. Wir sind in der Lage, uns das für uns Unsichtbare in lebhaften Details vorzustellen – und dabei muss man beachten, dass Rilke nicht das heranzieht, was er sah, sondern das, was wir alle nicht umhinkönnen zu sehen, sobald er es uns zeigt. Das Licht in den Augen, ihre befruchtende Reife: Diese Worte erwecken nicht nur den Stein, der vor uns steht, sondern auch, was noch bemerkenswerter ist, den Stein, der schon längst abgebrochen und verschwunden ist, zu warmem, sinnlichem Leben. Und es sind nicht die Schultern und die Brustmuskeln, die uns gestatten, uns ein Bild von den verschwundenen Augen zu machen, sondern vielmehr das Gegenteil: Erleuchtet wird der Körper, welcher da ist, durch unser implizites, abstraktes Gefühl für das Gesicht, das nicht da ist. Hätten wir nicht diesen Funken Licht – von etwas, bei dem es sich fast um eine lebendige Intelligenz zu handeln scheint und nicht um Züge, von einem Bildhauer gemeißelt und von der Zeit poliert –, dann wäre das, was wir anschauen, ganz und gar leblos, vielleicht nicht einmal als menschliche Gestalt zu erkennen.

Unsere Betrachtung dieser Gestalt ist kaum eine philosophische Übung. Sie ist eher ein erotischer Traum. Beim Beäugen jener Kurven, jener Lenden, der schwellenden Erhebung der Brust kann das Gedicht seine Wollust kaum zügeln. Verstärkt wird dieser Effekt durch das Spiel von Verschlusslauten und Liquidae in den Substantiven der zweiten Strophe: ... *könnte nicht der Bug der Brust dich blenden* ... löst sich auf in ... *der Lenden könnte nicht ein Lächeln gehen*..., wenn der Blick abwärts zum fehlenden, aber unvermeidlichen Thron der Libido gelenkt wird. Wie zahlreiche Leser bemerkt haben, ist diese sexuelle Hitze in einem Gedicht, das einem griechischen Gott gewidmet ist, der Beherrschtheit und Keuschheit verkörperte, mehr als nur ein wenig unpassend. Fast ist es, als habe der Geist des Dionysus – des olympischen Rivalen Apollos, des Gottes des Triebs und der Ausschweifung, der von seinen rasenden, sexbesessenen Verehrerinnen zerstückelt wurde – von Apollos Gedicht und sogar von seinem Leib Besitz ergriffen. Die Klimax des Gedichts scheint eine Explosion reiner dionysischer Ekstase zu sein oder zumindest eine solche zu beschreiben, eine Art synästhetischen Orgasmus, in dem eine kalte Statue mit einem wilden Tier und dann mit einem fallenden Stern verglichen wird, der »aus allen seinen Rändern ausbricht«.

Das Gedicht selbst hält sich jedoch sorgsam im Rahmen seiner formalen Grenzen. Das Sonett, wie Rilke es von italienischen und englischen Vorbildern übernahm, ist apollinisch im Gleichgewicht und im Dekorum seiner Zeilen und Strophen, auch wenn es häufig (bei Petrarca und bei Shakespeare) das Gefäß ungebärdiger Themen von Leidenschaft und Begehren ist. Anscheinend versucht dieses Gedicht eine Synthese entgegengesetzter künstlerischer Prinzipien, eine Infragestellung des Gedankens, dass ein einzelnes Werk entweder beherrscht, ordentlich und rational oder aber wild, sexy und gefühlvoll sein muss. Das Gedicht »Archaischer Torso Apollos« ist alles dies. Und Gleiches gilt für den in ihm enthaltenen archaischen Torso und infolgedessen auch für jeden anderen Kunstgegenstand. Zumindest müssen Sie Ihre Kategorien überdenken.

Das Gedicht ist um das Spiel von Gegensätzen herum strukturiert: Gegenwart und Vergangenheit, Blindheit und Sehen, Anwesenheit und Abwesenheit, Subjekt und Objekt, Ganzes und Teil. Die Statue erwacht für uns nicht trotz ihres Alters, nicht trotz ihres fragmentarischen Zustands, sondern wegen dieser Eigenschaften zum Leben. Ihre Vollständigkeit zu würdigen vermögen wir infolge des latenten Lichts jener fehlenden Augen, ohne das wir nichts als kalten, geborstenen Stein anschauen würden.

Aber ist das nicht tatsächlich buchstäblich das, was wir anschauen? Auch wenn der Torso, über den Rilke schreibt, ein wirklich vorhandenes Stück ist – er sah ihn im Louvre –, sagt das Gedicht nichts über seine Herkunft oder über die Identität oder die möglichen Intentionen des Künstlers. Dieser Torso ist in vieler Hinsicht das Gegenteil von »Die

Künstlerin ist anwesend«: ein Gegenstand und keine Person, ein Kunstobjekt und kein Ereignis, das Produkt von Anonymität und nicht von Prominenz. Seine Kraft, seine künstlerische Autorität leitet sich von seinem Status als Überbleibsel des Altertums her, während Abramović, ein lebender Mensch, ganz und gar ein Geschöpf der modernen Kunstwelt ist. Und doch ist die Wirkung, die Rilkes Gedicht im Jahre 1908 im Louvre ausübt, nahezu identisch mit derjenigen, welche die Menschen beschrieben, die ein Jahrhundert später im MoMA Marina Abramović gegenübersaßen. Es ist die unheimliche Erfahrung des Gesehenwerdens, des Gefühls, als sei der Vektor der Wahrnehmung umgekehrt worden.

»Denn da ist keine Stelle, die dich nicht sieht.« In diesen schwindelerregenden Wirbel von Negationen verpackt ist eine Empfindung, die nicht weniger real ist, auch wenn sie aller Logik zu widerstreiten scheint – das Gefühl, dass man plötzlich und auf unheimliche Weise sichtbar gemacht, entblößt, verstanden worden ist. Das Pronomen verschiebt sich in diesem Augenblick von der ersten auf die zweite Person, vom allgemeinen »wir« zum subjektiven »du«, so dass das Gedicht selbst das vorführt, was es sagt. Die Statue und das Sonett, das zumindest informell ihren Namen teilt, verschmelzen in diesem Augenblick in dem unmöglichen, unverkennbaren Akt, *dich* zu sehen, auch wenn es deine Augen sind, die auf den Stein oder die Seite des Buches gerichtet sind. Du wirst eröffnet, dem Universum ausgesetzt, das dir durch die Bauchrednerei von antikem Marmor und moderner Literatur eine Botschaft sendet. *»Du musst dein Leben ändern.«*

Die Botschaft ist laut und klar, aber sie bedarf auch einer gewissen Entschlüsselung. Sie könnten sie als eine Warnung vor der Art von Aktivität verstehen, die Sie an diesen seltsamen Ort geführt hat, an dem augenlose Statuen Sie anstarren und Sonette Ihnen sagen, wie Sie leben sollen. Es ist Zeit, die lüsternen Blicke auf nackte Torsos halbvergessener Gottheiten zu beenden. Zeit, sich von deutscher Lyrik zu verabschieden. Dem Louvre völlig fernzubleiben.

Doch das ist natürlich das Gegenteil von dem, was das Gedicht bedeutet. Seine letzten Worte verkünden ganz buchstäblich eine Berufung, sie rufen den Leser dazu auf, in den Bezirk des Gefühls – der Kunst – einzutreten, der in den vorausgegangenen Zeilen umrissen wurde. Das ist ein Reich, in dem die Logik durch einen Sinn anderer Art außer Kraft gesetzt wird, durch eine Wahrnehmungsweise, die weder völlig physisch noch völlig intellektuell ist. Das Gedicht und die Statue sind das Ergebnis disziplinierter, konzentrierter Arbeit, aber das Ergebnis dieser Tätigkeit ist eine Art von kognitiver und erotischer Ekstase, das, was wir ziemlich trocken als ästhetische Erfahrung bezeichnet haben.

Der archaische Torso (das Gedicht vielleicht noch mehr als die Statue) gleicht einer Einstiegsdroge, einer Initiation in eine Existenzweise, die vergeistigter und intensiver ist als der Alltag. »*Du musst dein Leben ändern.*« Aber wie genau, und mit welchem Ziel? Die Antwort ist eine sublime Tautologie: Das Ziel ist die Art von Leben, die den Geboten gehorcht, wie sie von Skulpturen, Gemälden und Gedichten ausgesprochen werden. Sie müssen der Mensch werden, der zu einer Veränderung des Lebens auf der Basis der Ermahnungen der Kunst bereit ist.

Dies ist offensichtlich nicht der Weg eines Kenners oder eines Touristen, der durch Ausstellungsräume wandert und antiken Marmorstatuen zulächelt, bevor ihn sein Weg weiter ins Café oder in den Souvenirladen führt. Und es ist auch nicht der Weg eines Kritikers, zumindest nicht im Sinne der Auffassung, die Rilke von Kritik hatte – von einer Aktivität, die er vorgeblich verachtete. »Kunstwerke sind von einer unendlichen Einsamkeit«, schrieb er 1903 an Franz Xaver Kappus, »und mit nichts so wenig erreichbar als mit Kritik.« Im Lichte des »Archaischen Torsos«, der einen Akt von sich selbst verhehlender Kritik, eine Bemühung um Interpretation, Beschreibung und Bewertung im Gewand des Verwerfens all dieser Dinge darstellt, mag uns dies ein wenig unaufrichtig vorkommen.

Darüber hinaus ist das Gedicht ein Akt einer extravaganten Aneignung, ein brillantes Beispiel für das vermeintliche kritische Laster, dass man zu weit geht und in einen in sich geschlossenen Gegenstand, der sich von selbst versteht, zu viel hineinliest. Angesichts einer kopflosen, nahezu geschlechtslosen menschlichen Gestalt erschließt dieser Dichter ein Lächeln, Augen wie Äpfel und potente Genitalien. Er findet in diesem Stück Marmor spezielle Bedeutungen – oder zwingt sie ihm auf. Was für ein Mensch tut dies? Eine bestimmte Sorte Kritiker: die Art, die eher dazu neigt, in Ehrfurcht zu erbeben, als eine Analyse zu versuchen. Solche Leute waren nicht selten in Rilkes Jugend, in einer Zeit, in der England den Aufstieg einer als Ästhetizismus bezeichneten kritischen Bewegung erlebte, die auf der äußersten Autarkie von Kunst beruhte. Dem Ästhetizismus ging es darum, die Unterscheidungen zwischen Schöpfer, Kritiker und Betrachter zu verwischen und die Vorstellung zu entwickeln, dass jeder von ihnen an der Verzückung von Kunst gleichen Anteil hatte.

Doch zumindest in der deutschen Fassung ist jeder im Grunde allein. Rilkes Briefwechsel mit Kappus erschien unter dem Titel *Briefe an einen jungen Dichter* in Buchform, und dieses Werk hat weitere Verbreitung gefunden und ist leidenschaftlicher zu Herzen genommen worden als alles andere, was er geschrieben hat, möglicherweise mit Ausnahme der letzten Zeile von »Archaischer Torso Apollos«. Dies rührt zum Teil daher, dass die biographische Identität des »jungen Dichters« irrelevant ist (alle Achtung gebührt Kappus, der die Briefe aufbewahrte und sie zum Druck vorbereitete). Nichts ist klarer als das, dass sie an *dich* gerichtet sind. Stephen Mitchell, der Übersetzer der populärsten englischsprachigen Ausgabe, berichtet in seiner Einleitung, dass er das Buch entdeckte, als er im Alter von 19 Jahren von einem Mädchen, in das er verliebt war, ein Exemplar der französischen Fassung erhielt. Eine Widmung auf dem Vorsatzblatt meiner leicht vergilbten alten Paperback-Ausgabe erinnert an einen ähnlichen Umstand. Ich bezweifle, dass Stephen Mitchell und ich in irgendeiner Weise einzigartig sind, sosehr es uns im Alter von 19 Jahren auch gefallen hätte, dies anders zu sehen. Was für ein besseres Geschenk kann es für einen verträumten Jungen geben, der sich unbestimmt zu Lyrik hingezogen fühlt? Seit dem Erscheinen des deutschen Originals im Jahre 1929 ist das Buch zu einem Prüfstein für jugendliche literarische Ernsthaftigkeit, zu einem Manifest künstlerischer Integrität geworden – und ich denke, das ist es immer noch, so wie es für Mitchell in den frühen 1960er

Jahren und für mich ein Vierteljahrhundert später der Fall war.

Als Rilke seine ersten Briefe an den damals 19-jährigen Kappus schrieb, war er 27 Jahre alt, hielt sich in Paris (der Heimat seines Idols Rodin wie auch des archaischen Apollos) auf und rang immer noch mit seiner Identität als Mann und als Dichter. Der nachhaltige Reiz dieser Dokumente – es gab zehn Briefe, die in einem Zeitraum von fünf Jahren an verschiedenen Orten in Europa entstanden – liegt zum Teil darin, dass sie die beispielhaften modernen Diskurse von Ratgeber und Selbstprüfung miteinander verbinden. Letztere betrachtete Rilke als die entscheidende Aufgabe eines angehenden Dichters. Er sah die Reise des Künstlers vor allem als eine nach innen gerichtete Suche an, bei der es weniger um die Beherrschung von Technik oder Tradition ging als um eine unerbittliche Seelenerforschung. »Sehr geehrter Herr«, schrieb er in seinem ersten Brief an Kappus, »[ich wusste] Ihnen keinen Rat als diesen: in sich zu gehen und die Tiefen zu prüfen, in denen Ihr Leben entspringt.« Falls er im Zuge dieser existentiellen Höhlenforschung entdeckt, dass er »berufen [ist], Künstler zu sein«, wird er eine heroische und einsame Berufung gefunden haben. Ein Schaffender »muss eine Welt für sich sein und alles in sich finden und in der Natur, an die er sich angeschlossen hat«.

Der wahrhaft schöpferische Mensch gehört einer winzigen Priesterschaft an, einem Orden der Erwählten, zu dem der Zugang äußerst eingeschränkt ist. Für einen gewissen Typ von jungem Menschen ist dieser Gedanke unwiderstehlich, und er ist vage genug, um zu einer träumerischen und introspektiven Lehrzeit zu berechtigen. In sich zu gehen und die tiefsten Quellen des eigenen Lebens zu finden mag keine Ähnlichkeit mit dem haben, was der Rest der Welt als Arbeit oder Ausbildung betrachtet. Es sieht mehr wie Müßiggang und Solipsismus aus, aber das sind Vorwürfe, die dem Gefühl der Besonderheit nur zusätzliche Nahrung geben. *Natürlich werde ich missverstanden; ich bin ein Künstler!* Und umgekehrt. Die fortgesetzte Beliebtheit, die Rilke – besonders in den *Briefen* – genießt, geht zum großen Teil auf seine extreme und leidenschaftliche Verteidigung des romantischen Bildes zurück, dass die schöpferische Seele etwas ganz Besonderes sei, ein einsamer, leidender und übernatürlich empfindsamer Organismus.

Die Pflege dieser Eigenschaften – oder vielmehr der Zustand, für ihre Äußerung offen zu sein – steht jedoch jedem zu. Das große Paradox, das Rilkes idealisiertem, gequältem Porträt des Künstlers innewohnt, besteht darin, dass es streng elitär und gleichzeitig zutiefst demokratisch ist. Nur wenige *werden* berufen werden, aber die Eintrittsbedingungen sind dergestalt, dass im Prinzip jeder berufen werden *könnte*. Es bedarf lediglich der Bereitschaft, sich als der Mensch, der in der letzten Zeile von »Archaischer Torso Apollos« angesprochen wird, oder als der Mensch, für den der Blick von Marina Abramović bestimmt ist, zu identifizieren. Du hast dein Leben schon geändert, du bist nicht wie alle anderen.

Kunst kann einem das Gefühl des Andersseins vermitteln. Indem sie die Aufmerksamkeit auf etwas anderes lenkt, kann sie einem ein Bewusstsein für die eigene Person vermitteln. Rilke beschreibt das mit schwungvollen, melodramatischen Worten. Der spirituelle Einsatz in seinen Gedichten und Briefen ist sehr hoch, und sein Ton ist entsprechend großartig und ernst. Das, was er beschreibt – die faszinierende, verwandelnde Begegnung zwischen einem Kunstwerk und seinem Betrachter –, beschränkt sich jedoch nicht auf Werke hohen Alters oder olympischer Ambition. Sie kann sich zufällig ereignen, vor einem anonymen Nachtclub an einem ganz gewöhnlichen Abend.

Das ist der Schauplatz des Gedichts »Gründe für Anwesenheit« von Philip Larkin, einem Lyriker, der dafür bekannt ist, dass er eine subtile romantische Sensibilität in einem herben, schroffen, einfachen Stil verbirgt. Auch wenn Larkin von seinem Temperament her gegen hochgestochene Worte und überschwengliche Empfindungen allergisch ist, ließe sich von ihm doch sagen, dass ihn mit Rilke ein starkes Gefühl für den Wert von Einsamkeit verbindet. Wie in vielen seiner besten Gedichte ist der Sprecher in »Gründe für Anwesenheit« allein. Er steht abseits von anderen in der Haltung eines spöttischen, halb mitfühlenden, ein wenig neidischen Beobachters, dem sich dieses Bild bietet:

> Die Stimme der Trompete, laut und streng,
> Zieht für Sekunden mich zum hellen Fenster,
> Wo Tänzer, unter fünfundzwanzig, eng
> Geschmiegt einander in den Armen liegen
> Und ernsthaft sich im Takt des Glückes wiegen.

In dem Gedicht geht es um den Unterschied zwischen diesem Passanten – der vermutlich über 25 ist, wenngleich Larkin beim Erscheinen des Gedichts gerade erst Anfang 30 war – und den erregten jungen Menschen im Club. Jeder hat andere Gründe für seine Anwesenheit. »Warum steh ich allein? / Doch dann: Was soll ich drinnen?« Die Antwort auf die zweite Frage scheint nur zu nahe zu liegen: »Sex, ja …« Man geht zum Tanzen aus und hofft darauf, in dem »Rauch und Schweiß, dem wunderbaren Gefühl von Mädchen« Sex – oder zumindest eine Chance dazu – zu finden. Unser Sprecher betrachtet das Ganze jedoch mit einer gewissen Skepsis.

> *Nun gut, man denkt, der Löwenanteil*
> *Des Glückes fällt den Paaren zu – ich meine:*
> *Das ist pure Ungenauigkeit.*

Er hat für seine Anwesenheit andere Gründe:

> *Mich ruft nur meiner Glocke grober Klang*
> *(Nennt's ruhig: Kunst), die individuell*
> *Besteht auf meinem individuellen Drang.*

Kunst schleicht sich zaghaft ein in das Gedicht, versteckt in Klammern und nicht von irgendwelchen großen Ansprüchen begleitet, sondern anscheinend nur in Ermangelung eines besseren Begriffs. Auf jeden Fall ist dies hier populäre Kunst und nicht die hochgestochene Variante, die Rilke oder Kant vielleicht zu Ausbrüchen von spirituellem Entzücken hätte hinreißen können. Der Trompeter und die Melodie sind namenlos, aber angesichts der Epoche (Nachkriegszeit, 1940er oder frühe 1950er Jahre, noch bevor der Rock 'n' Roll aufkam) und in Kenntnis von Larkins Vorlieben fällt der Schluss nicht schwer, dass wir hier Jazz hören und dass der

Hornist zu einer der Strophen einer bekannten Melodie ein Solo spielt. Die Anonymität des Musikers wie auch seines zufälligen Zuhörers verstärkt das Unverhoffte der Begegnung und auch ihre wesentliche Privatheit. Keiner von beiden ist dem anderen bekannt, und jeder von ihnen bekräftigt die Einzigartigkeit des anderen. Der Zuschauer hört in der Stimme, die ihn anruft, etwas Besonderes, etwas anderes, und die Besonderheit dieser Stimme »besteht« darauf – ein bemerkenswert starkes, kompromissloses Wort –, dass auch er besonders ist.

Nicht dass seine Besonderheit exklusiv wäre:

> *Sie spricht; ich lausche; andre hören* ihren *Klang,*
> *Nicht meinen, ich hör ihren nicht …*

Die Musik ist allgemein und öffentlich, an ihr hat ein Publikum teil – doch zugleich ist sie für jedes Mitglied dieses Publikums absolut spezifisch. Niemand kann das Hören eines anderen übernehmen. Es ist eine zugleich gemeinschaftliche und private Erfahrung, sowohl subjektiv als auch allgemein. Und auch etwas, über das man nicht streiten kann:

> *Und deshalb bleib ich vor der Tür*
> *Und glaube dies; und die dort schwanken vor, zurück,*
> *Sie glauben das; befriedigt bleiben beide wir …*

Ein Gedicht von Larkin wäre jedoch sich selbst untreu, wenn es auf solch einer harmonischen, toleranten Note endete. So spielt sich dieser glückliche Schluss – die Tänzer haben ihren Sex; der Mann vor der Tür hat seine Kunst – unter einem

Schatten ab. Diese wechselseitige, separate Befriedigung wird nur möglich, »wenn keiner sich verkannt oder gelogen hat«. Mit Hilfe eines einfachen Konditionalsatzes beseitigt das Gedicht den Zauber jener emphatischen Trompete, jenes verrauchten Raumes und führt uns in die Wirklichkeit der menschlichen Lage zurück, aus der sowohl Kunst als auch Sex vorübergehendes und illusorisches Entfliehen verheißen. Fehleinschätzung und Täuschung sind schwer zu vermeiden, ob in der Kunst oder in der Liebe, und so ist damit zu rechnen, dass die Befriedigungen des Abends kaum von Dauer sein werden, wenngleich man es – denn dies ist ein optimistisches Gedicht – aufs neue mit ihnen probieren kann. Doch der tiefere Sinn der letzten Zeile ist der, dass man, sosehr man es sich auch anders wünschen würde, sein Leben wahrscheinlich nicht ändern kann.

Larkins Sprecher ist gleichwohl mit ziemlichem Nachdruck daran erinnert worden, dass er lebendig ist. Und das ist der Aspekt, den sein Gedicht mit dem von Rilke gemeinsam hat: Beide versuchen, die fundamentale Kraft der Kunst in eine dramatische Form zu bringen, und dabei verwenden sie ein Vokabular, in dem es keinerlei Bezugnahme auf Geschmack, Schönheit oder irgendwelche anderen überkommenen ästhetischen Begriffe gibt. Sie bemühen sich, die gleiche urtümliche, unaussprechliche Erfahrung heraufzubeschwören, die Abramović in so vielen Betrachtern hervorrief, und wenn ich diese drei Beispiele nebeneinanderstelle, dann tue ich das zum Teil in der Absicht, ein zusammengesetztes Bild dieser Erfahrung zu skizzieren, ohne sie an bestimmte Stile, historische Epochen oder Arten von Werken zu binden. Der namenlose Trompeter, der kopflose Torso und die lautlose, affektlose Anwesenheit der Künstlerin haben abgesehen von einem Teil ihrer Wirkungen überhaupt keine Ähnlichkeit miteinander. Diese Wirkungen – die Illusion von Liebe zwischen Abramović und ihrem Publikum; die wechselseitige Erregung des archaischen Torsos und seines Gedichts; die erotischen Transaktionen, die Larkins Trompeter ermöglicht – haben etwas mit Sex zu tun, aber sie sind nicht direkt sexuell.

Kunst ist kein Sex, der mit anderen Mitteln ausgeführt wird, aber sie ist anscheinend ähnlichen Ängsten und Tabus unterworfen. »Reden im Bett, nichts jemals leichter war«, bemerkte Larkin in einem späteren Gedicht, und über Kunst zu reden sollte noch leichter sein. Oder es sollte möglich und hinreichend sein, überhaupt nicht zu reden, die Erfahrung für sich selbst sprechen zu lassen. Und doch gilt Larkin zufolge selbst in einem Zustand postkoitaler Seligkeit, in einem Zustand, der ein »Sinnbild für ein engvertrautes Paar« darstellt, dass

> Es immer schwerer wird, fast aussichtslos,
> Ein Wort zu finden, wahr und gut zugleich,
> Zumindest unwahr nicht, nicht liebelos.

So erhebt wiederum die Kritik ihr Haupt, die Schlange im Garten der Freuden, die unsere einfachsten sein sollten. Sie ist jedoch immer ein Teil der Landschaft gewesen, da sie unserem Begehren entspringt – das fast ebenso stark ist wie der Drang zur Lust selbst –, über unsere Freuden nachzudenken, sie zu rekapitulieren und mitzuteilen, sie zu etwas weniger Einsamem, weniger Flüchtigem zu machen. Der

Ursprung der Kritik liegt in einer Frage unschuldiger, aufrichtiger Art, einer, die alles andere als einfach ist und die ein enormes Risiko beinhaltet: *Hast du das gefühlt? Hat es dir gutgetan? Sag die Wahrheit.*

SELBSTKRITIK

(Ein weiterer Dialog)

F: Wie steht es mit dir?

A: Wie soll es mit mir stehen?

F: Was hast du gern? Du hast die ganze Zeit auf abstrakte, allgemeine Weise über Geschmack geredet, mit Beispielen, die anscheinend eher wegen des Gegenstands ausgewählt waren, den sie repräsentieren, als dass sich deine eigenen Leidenschaften oder Vorlieben darin widerspiegeln. Ich meine, na komm. Rilke? Stehst du wirklich so sehr auf Marina Abramović?

A: Vielleicht nicht. Ich bin aber ein großer Fan von Philip Larkin.

F: Das wundert mich gar nicht. Aber keiner mag alles, und niemand – am allerwenigsten ein Mensch wie du – läuft wie ein Schwamm herum und saugt wahllos Erfahrungen in sich auf. Du wählst aus, du suchst dir einige Dinge aus und meidest andere. Du verfolgst ein Muster der Beschäftigung. Du baust auf ersten Begegnungen mit den Dingen auf, die dein Leben geändert haben – dein eigenes spezifisches, subjektives Leben. Welche waren das also?

A: Das ist ein bisschen persönlich, oder?

F: Das mag schon sein, aber hast du dich nicht auf den Standpunkt gestellt – oder zumindest zu verstehen gegeben –, dass die Leiter der Kritik tief unten im schmutzigen Lumpenladen des Herzens beginnt, mit den spontanen Freuden und instinktiven Zurückweisungen des individuellen Geistes? Hat nicht Oscar Wilde gesagt: »Die höchste wie die niedrigste Form der Kritik ist eine Art Autobiographie«? Ist das, was du als Urteil oder Interpretation bezeichnest, nicht in Wirklichkeit einfach das Geständnis eines Liebenden?

A: Zugegeben. Aber womit sollte ich beginnen? Sollte ich Bücher nennen? *Hop on Pop? Catch-22?* Die für mein Alter ungeeigneten Filme, die ich mir angesehen habe, als ich zu jung war, um sie zu verstehen? Die Sitcoms zur besten Sendezeit, für die ich aufbleiben durfte, oder die verbotenen Shows zu später Stunde, die ich probierte, wenn ich bei Freunden übernachtete, deren Eltern großzügiger waren als meine? Den Rock der 1960er Jahre, den ich als Jugendlicher auf dem Plattenspieler meiner Eltern abspielte? Die Punk- und Post-Punk-Alben, die ich mir von dem Geld kaufte, das ich mit Gelegenheitsarbeiten verdiente, als ich in die High School ging? Die Neuauflagen von Blues und Jazz und Country and Western, die ich mir in meiner Zeit als Undergraduate – schäbige Kluft, Rotwein und Camels – schnappte? *London Calling? Sketches of Spain? Der Stadtneurotiker? Stranger Than Paradise? Less Than Zero?*

F: Meinst du den Song von Elvis Costello oder den Roman von Bret Easton Ellis? Schon wieder spuckst du deine eigenen Fragen aus, anstatt auf meine zu antworten. Aber alles, was du angeführt hast, würde vollkommen passen.

Tatsächlich musst du dich jedoch verständlich machen. Du verhältst dich so, als ob du eine Ansammlung beliebiger Phänomene abspulst oder mit einer kostbaren Sammlung protzt, wenn du eigentlich etwas oder jemanden ganz Bestimmtes und absolut Vertrautes beschreibst. Zeig mir, was du auf deinem iPod oder deinem digitalen Videorekorder oder in deinen Bücherregalen hast, und ich werde dir sagen, wer du bist. Leichter kann man nicht hellsehen.

Und es bedarf überhaupt keiner Anstrengung, mein Freund, dich als Kind der Generation X festzunageln, dem die Midlife Crisis zu schaffen macht, das zwischen den Kübler-Ross-Stadien Verleugnung und Annehmen schwankt, während du deiner verlorenen Jugend nachtrauerst. Du bist in der Zeit nach dem Babyboom aufgewachsen, als Kind gebildeter Eltern, die den *New Yorker* abonniert hatten und die zeitgenössische Romane kauften, welche gute Kritiken bekommen hatten. Gore Vidal. Erica Jong. *Watership Down*. Was Filme angeht, warst du für die Neuen Wellen der 1960er Jahre und für das New Hollywood der Siebziger ein bisschen spät dran: Deine Kriterien waren eher *Saturday Night Fever* und *Star Wars* als *Mean Streets* und *Nashville*. In vielen Fällen hast du die *MAD*-Satire gelesen, lange bevor du den Film gesehen hast, sofern du überhaupt je dazu kamst, dir den Film anzusehen. *À bout de souffle* hast du im College gesehen, wahrscheinlich für eine Lehrveranstaltung. Und *Bewitched* hast du bei Neuaufführungen gesehen.

Der Punkrock hat dich davor bewahrt, überall den Eindruck des Zuspätgekommenseins zu haben, und kurz danach befreite dich der Hip-Hop von dem nagenden Gefühl, dass du eine abgestandene, kleine Welt von provinziell weißer Prägung bewohntest. Du hast die Vintage Contemporary Paperbacks mit den blassblauen, quasi-surrealistischen Umschlägen gelesen, und dann bist du zu den leuchtend einfarbigen Literaturtheoriebänden der University of Minnesota Press übergegangen und konntest dich so cooler fühlen als deine Freunde. Das war auch der Grund, weshalb du in ausländische Filme gingst und dir ältere Musik anhörtest; denselben Grund hatte es, wenn einige deiner Altersgenossen einen Fetisch für Horrorfilme und Comics entwickelten; und der gleiche Grund war dafür verantwortlich, dass andere eine »ironische« Zuneigung zu dem Kitsch und dem Müll aus früheren Epochen der Popkultur entwickelten. Dein Leben besteht aus Collegeradio, literarischem Snobismus, einer Verschwörung des Hohen und des Niedrigen gegen das Mittelmaß; HBO und Adult Swim und die Criterion Collection; Graphic Novels und Alternative Country und *Seinfeld* – der Narzissmus kleiner Unterschiede, zu einem ästhetischen Prinzip erhoben.

A: Nun ja, wenn du das so siehst … ich kann nicht sagen, dass du da falsch liegst. Ich kann aber sagen, dass du vielleicht ein bisschen zu zynisch und viel zu soziologisch bist. Es wäre töricht, wenn ich die Fakten von Generation, Klasse, Ausbildung und Hintergrund bestreiten wollte, die für mich bestimmend waren. Ich mache nicht den Fehler anzunehmen, dass meine Gefühle und Wahrnehmungen entweder auf einzigartige Weise mir gehören oder irgendwie von Einflüssen und Umständen losgelöst sind. Niemand schwebt über der allgemeinen Mode von Geschmacksrichtungen und pflückt nur aufgrund von reiner Intuition die exquisitesten Sträußchen. Es ist immer kontingent, immer relativ, immer geht es um die Frage, wer und wo du gerade bist.

F: Aber hast du nicht gerade das Gegenteil behauptet? Gründet nicht deine Theorie des Geschmacks auf spontanen Begegnungen, auf der erotischen Seligkeit, welche ausbricht, wenn du Musik hörst oder einer Statue begegnest, wenn dich unvermittelt Schönheit packt?

A: Lass mich das aber noch abschließen. Natürlich sind wir alle determinierte Wesen, geschaffen durch Umstände, die nicht unserer Kontrolle unterliegen. Wir sind jedoch auch wandelbare Geschöpfe, die überaus empfänglich für das Wirken des Zufalls sind, freie Akteure mit der Macht, uns selbst zu erfinden. Manchmal sind unsere Reaktionen durch Geburt oder Konditionierung bedingt, ein andermal durch eine geheimnisvollere Kraft, dann wieder durch den Einsatz unseres eigenen Willens. Wir mögen nicht immer das, was wir mögen sollen, und wir bewegen uns auch in die andere Richtung, hin zu verbotenen oder nicht gebilligten Freuden. Im nächsten Kapitel. –

F: Dazu kommen wir noch. Aber du verlierst dich jetzt wieder in Abstraktionen. Vielleicht könntest du das, was du meinst, dadurch veranschaulichen, dass du auf deine eigenen Vorlieben und Interessen Bezug nimmst.

A: Ich will es versuchen. Alles, was du gerade über mich gesagt hast, ist wahr. Ebenso wie so ziemlich jeder andere, der in der Parade der amerikanischen Nachkriegsgenerationen mitmarschiert ist, bin ich in Verhältnissen eines erstaunlichen und beispiellosen kulturellen Reichtums aufgewachsen. Die Welt war so organisiert worden, dass sie eine überwältigende Vielfalt von Stimuli direkt in mein Hirn lieferte, das sich dann rasch mit Hooklines von Popsongs, mit Sitcom-Schlagwörtern, mit Filmmontagen und Bewusstseinsstrom-Monologen aus spätabends gesendeten Talkshows und experimentellen Romanen füllte.

Es ist keine Übertreibung, wenn ich sage, dass all dieses Material die Architektur und die Inneneinrichtung meines sich herausbildenden Ichs lieferte. Und so wollte ich es. Es ist allgemein anerkannt – tatsächlich ist es ein Klischee –, dass junge Leute über eine angeborene Neugier und eine instinktive Abenteuerlust verfügen, dass sie hungrig nach Wissen und Erfahrung sind. Aber ich glaube, das, wonach sie – wonach wir, jedenfalls wonach ich – sich vor allem sehnen, ist ein erweitertes Bewusstsein.

F: Das klingt, als ob du von Drogen redest.

A: Nein, aber beinahe. Ich rede ganz entschieden von einer radikal veränderten Wahrnehmung.

An einem bestimmten Punkt meiner Kindheit erhielt ich die schreckliche Nachricht von meiner Sterblichkeit. Das Beleidigendste am Sterben – das, was die größte Angst machte, der schlimmste Schlag – war, dass mein Denken aufhören würde. Es kam mir auch schrecklich unfair vor, dass ich im Laufe meines Lebens immer nur einen einzigen Geist würde bewohnen können. Ich würde immer nur in den willkürlich gezogenen Grenzen der Person, die ich war, denken und fühlen können. Es wäre so viel interessanter gewesen, wenn man der Reihe nach eine Vielzahl verschiedener Menschen hätte sein können, und ich bedauerte, dass ich nicht in einer Religion aufgewachsen war, in der es starke Vorstellungen von Wiedergeburt und Seelenwanderung gab.

Die Wirklichkeit, so wie ich sie kannte, entsprach in keiner Weise meinen Bedürfnissen, und meine Rastlosigkeit veranlasste mich zu dem Versuch, sie zu erweitern, überwiegend durch Bücher und Filme, aber auch auf andere Weise. Du könntest das als Eskapismus bezeichnen – und es stimmt, dass ich immer irgendwie ein Tagträumer und gelegentlich ein ausgemachter Phantast gewesen bin –, aber ich mag diesen Ausdruck nicht, weil er impliziert, dass der Trieb, über die Grenzen der eigenen prosaischen und unmittelbar gegebenen Verhältnisse hinaus zu reisen, trivial und unverantwortlich ist. Für mich ist das eine Art von Wissen.

F: Was für eine Art von Wissen? Wenn du einen Roman liest oder dir einen Film ansiehst, was lernst du da eigentlich?
A: Da gibt es tatsächlich keine Grenze. Die Welt ist enorm groß. Reisen sind anstrengend. Zeitreisen sind nicht möglich. Aber auf den Seiten eines Buches oder wenn du vor einer Leinwand sitzt, kannst du dich in jede beliebige Geschichtsepoche versetzen und dir ein intimeres, reicheres Gefühl für das verschaffen, was sich dort befindet, als du es durch Unterricht oder organisierte Reisen könntest. Du kannst dich in Empfindungen und Gewohnheiten einfühlen. Mittels der Magie der Empathie kannst du erfahren, wie es sich anfühlte, im alten Rom oder im ländlichen China der Neuzeit oder schließlich auch an einem ganz und gar er-

fundenen Ort wie Mittelerde oder Gotham City zu leben. Und das bewirken nicht nur narrative Genres, auch wenn für mich Filme und Romane wegen der Dichte ihrer Details und ihrer Absorptionskraft besonders wertvoll sind. Ein altes Gemälde ist ein Tor zu einem anderen Zeitalter und zu einem anderen Land; ein Musikstück kann dich nach Brasilien oder Salzburg oder zum Mississippi-Delta befördern und dich in die Gefühlswelt eines Menschen entführen, der an einem dieser Orte lebt.

F: Ehrlich gesagt, das macht auf mich einen sehr oberflächlichen Eindruck, es hat etwas von Tourismus, und die damit verbundenen ethischen Probleme sind zum Teil auch die gleichen. Du hüpfst auf der Welt umher und knabberst an den Dingen, die andere Leute geschaffen haben, und benutzt ihre harten Realitäten zu deinem Amüsement. Und du bist anscheinend blind für das Privileg, auf dem deine Abenteuer beruhen – die verfügbare Muße, das vorhandene Einkommen, die Bildungsmöglichkeiten, die Annahme, dass du zu all diesen coolen Dingen berechtigt bist, ohne dass du dafür wirklich arbeitest. Du redest davon, dass du dir Erfahrungen aneignest – oder sie zumindest entlehnst –, die dir nicht gehören, und sie zu den deinen machst. Ist nicht das, was du Empathie nennst, in Wirklichkeit eine Art Imperialismus?

A: Nun, es ist ja nicht so, als ob ich irgendetwas stehle. Ich gehe davon aus, dass alle diese Werke – Bücher, Filme, Lieder und so fort – Kommunikationsakte sind und dass ich ein ebensolches Recht habe, mir anzuhören, was sie sagen, wie jeder andere.

F: Aber kommst du denn nie auf den Gedanken, dass sie vielleicht nicht für dich bestimmt waren?

A: Was willst du damit sagen? Dass ich mich in den Grenzen meiner Identität hätte halten sollen? Dass ich mir meine Freuden näher der Heimat hätte suchen sollen?

Daran herrschte kein Mangel, und da bin ich reichlich tätig gewesen. In der amerikanischen Kultur – und ebenso an anderen Orten – waren die Jahrzehnte vor und nach meiner Geburt eine Zeit, in der weiße männliche Selbstsüchtigkeit und jugendliche Selbstbehauptung auf dem Wege von Rebellionen unterschiedlicher Art einen Höhepunkt erreichten. Dem konnte man kaum entkommen. In den Bücherregalen meiner Eltern standen *The Catcher in the Rye* und *On the Road,* sie lasen *Rabbit, Run* und *Portnoy's Complaint.* In meinen heißen kleinen Händen hielt ich *MAD* und den *National Lampoon.* Das Radio brachte eine Generation von Rock-'n'-Roll-Helden nach der anderen – die Poeten und die Punks –, die ihre patentierten Aggressionsstile ausagierten. Das alles waren für mich vollkommen plausible Persönlichkeiten, die ich erkunden konnte. Wenn nicht Identifikationsfiguren, dann heimliche Idole und Alter Egos. Aber warum musste ich mich denn in diesem Rahmen halten? Bei denen bleiben, zu denen ich angeblich gehörte?

F: Weil es sonst gierig ist, auf die Art und Weise, in der einige dieser Typen gierig waren. Du konntest dich nicht damit begnügen, Jack Kerouac oder Bob Dylan oder Johnny Rotten oder Spider-Man sein zu wollen. Du musstest Joan Didion und Patti Smith und Leadbelly sein wollen.

A: Zunächst einmal war es kein kleiner Sprung, wenn ich

mich mir als Kerouac oder Dylan vorstellte. Es ist nicht so, als hätte ich wirklich etwas mit ihnen gemeinsam gehabt, abgesehen von ein paar demographischen Merkmalen, über die auch noch Millionen anderer Menschen verfügen. Zweitens war eines der Verfahren, durch das Patti Smith zu Patti Smith wurde, dass sie Bob Dylan sein wollte – und auch Rimbaud und noch eine Masse anderer Kerle. Wer soll sagen, wo die Grenzen sind? Wer vermag sie festzulegen? Und ich habe den Verdacht, wenn es andersherum ginge, wenn ich ein bleichgesichtiges Pantheon von Typen mit Papaproblemen und Schwierigkeiten mit Mädchen als hauptsächliche Quellen für meine Ichfindung beschriebe, dann würdest du mir den Vorwurf machen, ich sei zu eng, zu provinziell und zu exklusiv, ich sei nicht in der Lage, Unterschiede zu würdigen, sei auf meine eigene kulturelle Komfortzone beschränkt.

F: Natürlich würde ich das. Und in beiden Fällen hätte ich recht.

A: Ich kann also nicht gewinnen.

F: Du Ärmster.

DRITTES KAPITEL

VERLOREN
IM MUSEUM

Nehmen wir an, Sie wollen sich irgendwelche Kunst ansehen. Das, was passiert, wenn Sie sie sehen, kann sich als
ein spannungsreicher und komplizierter Vorgang erweisen,
aber das Zeug zu finden ist sicher eine ganz einfache Sache.
Kunst lebt in Museen. Warum sollten wir also nicht Kurs auf
eines der größten und berühmtesten und bei weitem am
häufigsten besuchten Museen der Welt nehmen? Wir benö-
tigen etwas Kultur. Wir gehen jetzt in den Louvre. Vielleicht
erhaschen wir sogar einen Blick auf die zerbrochene Statue,
die Rilke zu derart lyrischen Ekstasen rührte.

Doch schon geraten die Dinge in Unordnung. Nicht die
Organisation der Reise oder die Planung der Besuche, sondern der begriffliche Rahmen, in dem sich die Reise vollzieht.
Das heißt, die ganze Vorstellung von »Kultur«. In *Keywords*,
seinem unentbehrlichen Glossar modernen Denkens, bemerkt der Literaturwissenschaftler Raymond Williams, »cul-
ture« sei eines der zwei oder drei kompliziertesten Wörter
der englischen Sprache. In einigen seiner frühen Bedeutun-

gen ist es nahezu synonym mit Bildung und bezieht sich auf das Wachstum und die Pflege des Geistes junger Menschen. Es erinnert an Landwirtschaft und Gartenbau – Agrikultur, Hortikultur, Kultivierung –, aber es trägt auch die Bürden der Zivilisation mit sich. Eine alte lateinische Wurzel verbindet es mit den Wörtern »Kolonie« und »Couture« und demnach indirekt mit Eroberung und Raffinement, mit modischer Kleidung und brutaler Ausbeutung.

Man muss sich aber nicht so stark in die Etymologie vertiefen, um auf Unannehmlichkeiten zu stoßen. Im modernen Wortgebrauch überschlagen sich die widerstreitenden Bedeutungen. Bei Zeitungen und Zeitschriften signalisiert das Kulturressort den Bereich der Künste. In der Geschäftswelt wie auch auf dem Gebiet der Anthropologie ist eine Kultur eine Menge von Gewohnheiten und Praktiken. Entwickeln sich diese auf natürlichem Wege, oder werden sie sorgfältig gehegt und gepflegt? Wird man in eine bestimmte Kultur hineingeboren, oder ist Kultur im allgemeinen etwas, was man sich aneignet, wenn man heranwächst? Sind einige Kulturen besser als andere? Und wenn ja …

Auf unserem Weg zum Museum sind wir in einen semantischen Sumpf geraten, und Sprachspiele reichen vielleicht nicht aus, um uns aus ihm herauszuziehen. Ist Kultur, ist »unsere« Kultur, wie immer man sie definieren könnte, das, was wir mitbringen, oder ist sie das, wonach wir suchen? Nehmen wir sie mit der Muttermilch in uns auf, als eine uranfängliche Identität, an der nicht zu rütteln ist und die alles bestimmt, was wir dann in Angriff nehmen, oder erwerben wir sie in einem späteren Stadium, durch die Schule oder die Rituale staatsbürgerlicher Zugehörigkeit? Wenn Kultur

Mitgliedschaft in einer Gruppe ist, wie groß ist dann die Gruppe? So groß wie eine Nation oder (da wir ja gerade von komplizierten Wörtern sprechen) wie eine Rasse? So klein wie eine Gemeinde, ein Nachbarschaftsviertel, eine Familie? Ist Kultur etwas, wozu wir verdonnert sind, oder etwas, was wir anstreben? Können wir Kulturen wechseln oder mehr als einer von ihnen angehören oder irgendwie mehr davon bekommen, so als sei sie eine Art Geld? Gängige Redewendungen und vertraute Sätze klären nicht viel: Kulturkriege, Populärkultur, Multikulturalismus, »Kultur und Anarchie«, »Kultur der Armut«, »es ist die Kultur, du Idiot«.

Da stehen wir also. Vielleicht sollten wir uns nicht so viele Gedanken machen. Vielleicht können wir einstweilen davon ausgehen, dass »Kultur« nicht mehr als das transparente, atmosphärische Medium, das Wasser oder der Sauerstoff ist, worin sich unsere Erfahrung, in diesem Fall unsere Erfahrung von Kunst, abspielt. Und vielleicht ist »Geschichte, ein weiterer problematischer Begriff«, einfach die Serie chronologischer Zufälle, die ein bestimmtes Kunstwerk in unser Blickfeld rückt. Schließlich können wir den Fakten von Sprache, Geographie, Klasse, Geschlecht und Religion, die das bestimmen, was wir sehen, ebenso wenig entrinnen, wie wir uns durch einen Willensakt in eine andere Zeit versetzen können. Unseren Weg zum Louvre könnten wir uns aussuchen, aber wir haben kaum eine Kontrolle über die Bedingungen oder den Anlass unseres Besuchs. Noch bevor wir eintreffen, könnten wir den Verdacht haben, dass wir uns weder aus freien Stücken noch durch Zufall hier befinden.

In einem beliebigen Jahr werden mehr als acht Millionen Menschen durch die Gänge des Louvre wandern. Er ist nicht nur das Museum mit der höchsten Besucherzahl, sondern auch ein Symbol und ein Schrein, die Verkörperung einer Idee von Zivilisation – von Kultur –, die so dauerhaft ist, dass man sie als Naturgegebenheit ansehen könnte. Der Louvre ähnelt mehr dem Grand Canyon als den Gemäldegalerien von Manhattan oder Peking: eine Pilgerstätte in einem Zeitalter zwanghaften internationalen Reisens, ein mächtiger, unerklärlicher Gegenstand, den man sehen muss, selbst wenn die Gründe dafür nicht völlig klar sind. Diese herausragende Stellung mag vom Erfolg einer jahrhundertelangen Werbekampagne zeugen: Paris und seine Museen sind der Welt als einzigartige Fundgruben von Schönheit und Raffinement verkauft worden. Von Bilbao bis nach Abu Dhabi und Bentonville, Arkansas, haben ehrgeizige Kuratoren, Architekten und Philanthropen den Versuch unternommen, ähnliche Triumphe in Szene zu setzen, Sammlungen und die Gebäude, die sie beherbergen, in unwiderstehliche Reiseziele zu verwandeln.

Nicht jeder, der die Säle des Louvre durchquert, ob in dem gemessenen Schritt, den die Stichwörter des Audioguides nahelegen, oder in der stürmischen Hast, die von mitgezerrten Kindern diktiert wird, welche kurz vor dem völligen Zusammenbruch stehen, wird innehalten, um einen Blick auf den archaischen Torso zu werfen, der angeblich Rilke dazu inspirierte, sein Leben zu ändern und sein Gedicht zu schreiben. Nur relativ wenige Menschen werden wohl den Anweisungen folgen, die Rilke in dessen Konturen erahnte. Um ehrlich zu sein, wer hat so viel Zeit? Schulkinder, Gruppenreisende, die von Bussen ausgespuckt werden, einsame Studenten, Flitterwöchner und die einigen wenigen echten Pariser, die durch die Gänge wandern, werden ohne Zweifel allesamt das Leben wieder aufnehmen, das sie geführt haben, bevor sie hierherkamen. Leidenschaftliche, romantisch gestimmte Leser deutscher Lyrik werden vielleicht eher Gefallen an dem Gedanken finden, ihr Leben zu ändern, als dass sie sich dazu veranlasst sähen, dem tatsächlich nachzukommen. Und selbst überaus empfindsame, ästhetisch empfängliche Seelen könnten den Eindruck gewinnen, dass sie zu verstört sind, um die Botschaft im Marmor zu hören. Es ist so voll hier. Die Schlange am Kartenschalter ist endlos, besonders in den Sommermonaten, und deshalb empfehlen die Reiseführer, im Voraus eine Wochenkarte zu erstehen, die einem den Zutritt zu den meisten wichtigen Museen und Attraktionen der Stadt eröffnet. Damit werden Sie auch an den Schlangen vor dem Musée d'Orsay und dem Centre Pompidou vorbeirauschen und sich mit allen anderen Besuchern Ihren Weg zu den Gauguins, Monets, Kandinskys und Warhols bahnen können.

Aber heute sind Sie, wohl oder übel, im Louvre. Wenn Sie aus Paris zurückkämen, ohne ihn gesehen zu haben, würden Sie sich wie ein Idiot fühlen. Und so durchqueren Sie seinen riesigen, schattenlosen, kiesbedeckten Hof, werfen einen Blick zurück über die Tuilerien auf die Place de la Concorde, wo ein aus Ägypten geraubter und von Napoleon nach Hause transportierter Obelisk heiter auf ein pausenloses Verkehrschaos herabblickt. In der Ferne, in einem Winkel von 60 Grad, wenn man nach Westen blickt, stehen zwei weitere Monumente aus dem hektischen Pariser 19. Jahrhundert: der Arc de Triomphe, den Napoleon 1806 zur Verherrlichung seiner imperialen Glorie in Auftrag gegeben hatte, und der Eiffelturm, dieses für die Weltausstellung von 1889 errichtete Wunderwerk der Ingenieurkunst, das sich selbst und die Stadt feiern sollte, war doch Paris, das es dann schon bald auf Postkarten und Schlüsselanhängern repräsentierte, jetzt, ein Jahrhundert nach der Erstürmung der Bastille, bereits zu einem Reiseziel für müßige, kultivierte Reisende geworden.

Mit anderen Worten, wenn Sie auf den Rolltreppen von I. M. Peis einstmals skandalöser Glaspyramide (die genau hundert Jahre nach dem Eiffelturm für die 200-Jahr-Feier der Revolution und zum größeren Ruhme von François Mitterrand, dem damaligen französischen Staatspräsidenten, fertiggestellt wurde) in den im Tiefgeschoss gelegenen höhlenartigen Eingangsbereich des Museums hinabfahren, dann werden Sie in den Kosmos des modernen weltweiten Tourismus eingesponnen. Wie die Füllung in einer Cremeschnitte werden Sie zwischen Schichten von Geschichte eingeklemmt, wozu natürlich auch die Kunstgeschichte gehört. Eine Treppe führt Sie hinauf von der griechischen und römischen Kultur zur europäischen Malerei, und eine Faltkarte wird Sie auf der Wanderung geleiten, die Sie von der Antike über China, Ägypten und Byzanz ins Mittelalter führt. Sie können an Altarbildern und Rüstungen, an Schreibpulten und Amphoren vorbeischlendern und einen von zahlreichen Abstechern machen, um sich das berühmteste Gemälde der Welt anzusehen – oder es zu meiden. Sie wissen natürlich, dass sie dort drin ist, und Sie haben ihr Abbild tausendmal gesehen. Vom französischen König Franz I. aus Italien mitgebracht, wurde die *Mona Lisa* im 19. Jahrhundert vom britischen Kritiker und Ästheten Walter Pater in den Rang eines überragenden Meisterwerks erhoben, ein schlichtes Porträt einer rätselhaften Dame, das zum Inbegriff der Herrlichkeit der Renaissance und zum Vorboten des modernen Lebens wurde. Was die moderne Phantasie beflügelt hat, ist nicht wirklich das Abbild der lächelnden Frau, sondern eher der Ruhm des Gemäldes selbst. Man hat es gestohlen und verunstaltet, von Sigmund Freud wurde es psychoanalytisch gedeutet, von Marcel Duchamp verspottet und in Dan Browns *Da Vinci Code* nach verschwörerischen Hinweisen durchsucht. Die *Mona Lisa*, die von Wächtern flankiert wird und mit Samtkordeln abgesperrt ist, kann man jetzt nur durch eine Reihe von Schirmen sehen: durch den Plexiglas-Schild, der sie schützt, durch die tausend Handys, die in jeder Minute der Öffnungszeiten des Museums auf sie gerichtet sind, und durch die unzähligen Reproduktionen einschließlich derjenigen auf der Eintrittskarte des Museums, die Sie zerknüllt in der Tasche tragen. Das ist nicht gerade die heitere Kontemplation unaussprechlicher Schönheit, aber es gehört zweifellos zu den zentralen Kunsterfahrungen unserer Zeit.

Bleiben Sie in Bewegung. Wo wohnen Sie? Mit wem sind Sie gekommen? Was hat der Eintritt gekostet? Das sind genau die Erkundigungen, welche die Reinheit der Erfahrung, um die es Ihnen ursprünglich zu tun ist, die abstrakte, aber auch höchst besondere Begegnung mit etwas Einzigartigem und Zeitlosem, wohl bedrohen dürften. Soziale und ökonomische Erwägungen werden unseren Blick nur verdüstern und unser Gewissen belasten. Dennoch müssen wir zugeben, dass weder wir noch die schönen Gegenstände unserer Betrachtung durch Zufall oder infolge natürlicher Prozesse hierhergelangt sind. Wir kamen mit dem Flieger und dem Bus oder der Metro, betankt von Kreditkarten und günstigen Wechselkursen sowie angelockt durch Marketing, Gruppenzwang, Mundpropaganda und den Überdruss der spätkapitalistischen Müßiggängerklasse. Alles andere als unschuldig, bringen wir es fertig, Dingen nahezutreten, die auf heitere Weise schuldig sind. Die Schätze der Zivilisation, die in diesem gargantuesken Haufen von Mauerwerk untergebracht sind, wurden erworben, gestohlen, in Auftrag gegeben oder abgepresst, damit wir in Ausübung einer Freiheit, die sich wie eine Verpflichtung anfühlen kann, einen Blick auf sie werfen und ein billiges Souvenir, das an einem weit entfernten Ort für einen Hungerlohn hergestellt wurde, mitnehmen können. Unter den stetigen Schritten von Touristenfüßen kann man ein schwaches Echo von urtümlicher Gewalt hören – Ausbeutung, Aneignung, Verdinglichung. Dazu schrieb Walter Benjamin: »Es ist niemals ein Dokument der Kultur, ohne ein solches der Barbarei zu sein«, und auch wenn dies melodramatisch klingen könnte, lässt sich nicht leugnen, dass die Artefakte, die wir schätzen und hüten – die Dinge, die wir mit dem Namen Kunst auszeichnen –, wenn sie auf uns kommen, die verräterischen Spuren von Geld und Macht tragen und von Herrschaft gezeichnet sind.

Das bedeutet nicht unbedingt, dass Kunst eine List oder eine Verschwörung ist – ein Streich, den unsichtbare Kräfte oder intrigierende Herrscher uns anderen spielen, die wir so leichtgläubig sind, unseren Augen zu trauen, oder so zynisch, die Regungen von Schuldgefühl oder Empörung zu unterdrücken. Es gibt eine Schule der kritischen Interpretation, die sich darauf spezialisiert, verborgene Absichten zu enthüllen, welche überhaupt nie wirklich verborgen sind, und die schon ganz offensichtlich schuldigen kulturellen Autoritäten zu verfolgen. Die Kunstwelt befindet sich, das werden Sie mit Entsetzen erfahren, in den Händen von Bankiers und Industriellen. Die Hollywood-Studios sind Treibhäuser von Unternehmergier. Die Meisterstücke der Malerei und der Bildhauerei der Renaissance verdanken ihre Entstehung der Patronage korrupter Päpste und grausamer Fürsten. Der europäische Roman entstand als Spiegel und Spielzeug einer eitlen und ermächtigten Bourgeoisie in einem Zeitalter brutalen kolonialen Abenteurertums. Die antiken Wunderwerke, mit denen die westlichen Museen von Berlin bis Los Angeles vollgestopft sind, wurden armen oder militärisch erfolglosen Ländern mit Hilfe von kriegerischen Plünderungsaktionen entrissen, und die Schätze selbst waren überwiegend Artefakte des Despotismus und des Aberglaubens. Die Verdinglichung von Frauen, die Verherrlichung illegitimer Macht, die Entmenschlichung des Anderen – all das hängt verführerisch und giftig vor unseren Augen. Wenn wir unsere Perspektive anpassen oder unsere naive Sicht mit angemessen skeptischen Linsen korrigieren, dann werden wir sehen, dass das, was wir für Schönheit hielten, in Wirklichkeit das Nachbild von Grausamkeit, Ungleichheit, Intoleranz, Sexismus und Gier ist.

Dies ist der längste, dogmatischste Zugang zum Museum, aber hier befinden wir uns nun einmal. Die Mauern des Louvre gehören in den umfangreichen und zur Zeit relativ gutartigen Zuständigkeitsbereich des französischen Staates, der die Anlage zu einem gewissen Teil als mahnende Erinnerung an die barbarische, zivilisierende Bestie betreibt, die er früher einmal war. Dieses Gebäude, das sich über mehrere Straßenzüge hinweg zwischen den Ufern der Seine und den Arkaden der Rue de Rivoli erstreckt, entstand als eine von einem absoluten Monarchen errichtete Festung und wuchs zur administrativen Heimat eines aggressiven und tyrannischen Ancien Régime heran. Schon damals, während der Herrschaftszeit Ludwigs XIV., war es ein Ort, der zum Teil dazu bestimmt war, schöne Gegenstände auszustellen, ein Schaufenster der kosmopolitischen Einstellung und der Kultiviertheit des Monarchen und seines Hofes. Es beherbergte auch eine Reihe der Akademien, die dem Engagement seiner Regierung für Kunst, Wissenschaft und die Produktion von Erkenntnissen feste Form gaben.

Die Ära des Sonnenkönigs, der Frankreich von 1643 bis 1715 regierte, war auch *l'âge classique*, ein Höhepunkt französischer Leistungen auf dem Gebiet von Musik, Architektur, Philosophie und Literatur. Molière führte seine Farcen am Hof und in öffentlichen Theatern auf. Racine verfasste die tragischen Hexameter, die jedem französischen Lycée-Schüler von da an jahrhundertelang in die Ohren gebohrt wurden. Reich geschmückte Gärten und anmutige Springbrunnen zierten das Gelände großartiger, symmetrisch angelegter Schlösser, darunter auch Versailles, das 1682 den Louvre als königliche Hauptresidenz ablöste.

Dies war, und das nicht zufällig, auch ein goldenes Zeitalter der Kritik, in dem Beobachtungen und Muster, die man aus der Antike und der italienischen Renaissance bezogen hatte, zu Systemen und Regeln formalisiert wurden. Die im Grunde deskriptiven, historisch orientierten Impulse, die der *Poetik* des Aristoteles, der *Ars poetica* von Horaz und Vasaris *Leben der ausgezeichnetsten Maler* zugrunde lagen, wurden zum Ausgangspunkt für präskriptive Theorien und normative Argumentationen. Ideen wie die Einheit von Zeit, Ort und Handlung, die Aristoteles aus den Theaterstücken seiner Zeit erschlossen hatte, wurden von Kritikern wie Boileau und La Rochefoucauld zu Gesetzen für eine angemessene dramatische Komposition umgearbeitet. In den bildenden Künsten wurden klassische Ideale von Harmonie und Gleichgewicht, die auf griechische, römische und italienische Vorbilder zurückgingen, an die Einsichten zeitgenössischer Wissenschaft, Philosophie und Mathematik geheftet. Die Form eines gelungenen Bauwerks oder die Komposition eines guten Gemäldes verstand man als etwas nicht nur Angenehmes oder Praktisches, sondern auch grundlegend Wahrhaftiges, konzipiert und ausgeführt in harmonischem Einklang mit den Gesetzen des Universums.

Das Frankreich des 17. Jahrhunderts war kaum das einzige Land, welches sich der Idee hingab, dass die künstlerischen Produkte seiner spezifischen Kultur – geschmiedet aus nachreformatorischem Katholizismus, politischem Absolutismus, antikem gallischem Brauchtum und protomoderner wissenschaftlicher Methodik – auf Fundamenten universeller und objektiver Wahrheit errichtet waren. Viele, vielleicht die meisten Gesellschaften halten irrigerweise ihre lokalen Spielarten menschlicher Praxis für deren tiefes und dauerhaftes Wesen: Unser Verfahren des Umgangs mit den Dingen ist, soweit wir sehen können, das, was angewendet werden sollte. Und in den Annalen frühmoderner europäischer imperialer Arroganz hatte Frankreich ernsthafte Konkurrenten. Italien und Spanien waren eher da gewesen, England machte seine Vorherrschaft auf dauerhafte Weise geltend, und die deutschsprachigen Länder, späte Teilnehmer am Spiel der Weltkultur, betrieben es im späten 18. und frühen 19. Jahrhundert mit beispielloser Heftigkeit und Verfeinerung.

Aber schweifen wir noch nicht von dem in Aussicht genommenen Weg ab. Über Beethoven und Goethe und Hegel – oder über Dante, Velázquez und Milton – können wir ein andermal reden. Einstweilen können wir uns, während wir hier sind, der angenehmen Einbildung hingeben, dass Paris der Mittelpunkt des Universums sei, dass Frankreich die universelle Nation sei und dass der Louvre eine zentrale Agentur ferner und entschwundener Zivilisationen und daher die architektonische und kuratoriale Verkörperung von Zivilisation als solcher darstelle.

Diesen Status hat das Museum zum Teil dadurch erlangt, dass es die gesellschaftliche und politische Ordnung überdauerte, die zur Zeit seiner Geburt herrschte. Die Revolutionäre, die 1789 die Monarchie zu Fall brachten, versuchten eifrig und gewaltsam, alle Spuren des alten Regimes auszulöschen: Sie nannten die Monate um, ließen den Kalender noch einmal mit null beginnen und schickten Tausende von verdächtigen Royalisten ins Exil oder auf die Guillotine. Doch alle Versuche, das kulturelle Erbe der Bourbonenkönige zu beseitigen, erwiesen sich als kurzlebig und wirkungslos; anstatt den Louvre abzureißen und seinen Inhalt zu verbrennen, öffneten die führenden Vertreter der neuen Republik seine Tore und erklärten das darin Gesammelte zum Eigentum des Volkes. Er wurde zu einem demokratischen Ort, und als solcher hat er sich mehr oder weniger über alle Wechselfälle hinweg erhalten, ganz gleich, ob der Staat kaiserlich, restaurativ-royalistisch, republikanisch, kollaborationistisch oder gaullistisch war oder nunmehr in die Eurozone eingebettet ist.

Ob wir es erkennen oder nicht, bis zu einem gewissen Grade sind wir, die buntscheckigen Scharen des 21. Jahrhunderts, die durch den Louvre latschen, während uns Kopfhörer auf Koreanisch, Deutsch, Englisch und Spanisch Unterweisung zuteil werden lassen, die Nutznießer eines kurzzeitigen, hochgradig örtlich begrenzten Phänomens, die zufälligen Erben eines hektischen Aktivitätsschubs, der ein paar Jahrhunderte eine zwischen Nordatlantik und Mittelmeer eingezwängte felsige Landmasse dominierte. Die Bedingungen für das Antreten des Erbes sind sowohl großzügig als auch anspruchsvoll, ihre Durchsetzung so wohlwollend, wie sie einst brutal war. Diese Kunst samt dem Denken, das sie umgibt und trägt, gehört uns allen, aber sie beharrt auch darauf, uns nach ihrem Bilde zu schaffen, wobei sie fordert, dass wir die Macht ihrer Ideale anerkennen und uns ihren Lehren unterwerfen.

Das tun wir, und wir tun es auch wieder nicht. Wir sind auf der Suche nach einer Erfahrung, die zugleich einsam und sozial, privat und allgemein, zeitgenössisch und an die Vergangenheit gebunden ist. Deren Wert versteht sich von selbst – Das ist der Louvre! Das ist Paris! Wie kann es sein, dass du das *nicht* sehen willst? –, und zugleich ist er geheimnisvoll, ja fremdartig. Was bedeutet uns dieses ausladende Lagerhaus mit seinem antiken, gewissenhaft angeordneten Inhalt? Die Tatsache, dass die Institution jetzt allen offen steht, lässt ihre wesentlichen Widersprüche in vieler Hinsicht schärfer hervortreten – sie macht sie tatsächlich zu so etwas wie einem Denkmal für den paradoxen Status der Kunst in der modernen, verflachten, theoretisch egalitären Welt. Wir betreten das Gebäude unterschiedslos, wir kommen von allen Kontinenten und aus sämtlichen Gesellschaftsschichten, und wir überlassen unsere Individualität der nivellierenden Anonymität der Masse. Doch Distinktion, die Aristokratie der künstlerischen Leistung oder zumindest die zufällige Gnade des Überdauerns, ist genau das, was diese Gemälde und Skulpturen verheißen. Sie sind einzigartig, wichtig, von Zeit und Tradition zu Meisterwerken erklärt.

Was sollen wir mit ihnen anfangen? Was sehen wir, wenn wir sie anblicken? Manchmal wird unterstellt, die heutige Generation habe die Fähigkeit verloren, solche Werke zu würdigen; ein merkwürdiger, aber überraschend mächtiger Gedanke, denn rein quantitativ betrachtet wird die große Kunst der Welt heute gründlicher gewürdigt als je zuvor. Mehr Menschen sehen und studieren sie, sei es an Originalen oder mit Hilfe von mechanischen und digitalen Reproduktionen. Dennoch ist es möglich, auf die Horden von Menschen zu schauen, die mit ihren Handys Bilder von der *Mona Lisa* knipsen und von denen Sie selbst ein Teil sind, und zu dem Schluss zu gelangen, dass sie die Sache ganz falsch anfangen, dass sie sich die Portion von Erhabenheit versagen, die im Eintrittspreis inbegriffen ist.

Man kann jedoch auch den Verdacht hegen, dass das Museum selbst an der Versagung eben der Erfahrung, zu deren Vermittlung es vorgeblich da ist, eine Mitschuld trägt, dass die Rilkesche Anwandlung von Begeisterung oder selbst ein flüchtigerer Schauder des Entzückens nur als Ausreißer vorgesehen ist. Wenn jeder hier auf Selbstverwandlung gestimmt herauskäme, wo kämen wir da alle hin? Ästhetische Seligkeit, im Prinzip universell verfügbar, muss in der Praxis gezügelt, beschränkt, ja sogar minimiert werden. Die gewöhnlichere Reaktion auf den Louvre, welche die meisten von uns eher zur Regel als zur Ausnahme haben machen müssen, ist diejenige, die Christopher Newman auf den ersten Seiten des Romans *The American* von Henry James überkommt.

Ein möglicher Name dafür ist Langeweile. Wir begegnen Newman »an einem strahlenden Maitag des Jahres 1868«, an dem er sich auf einem Sofa niedergelassen hat und in tiefer Zufriedenheit über seine Stellung »auf Murillos schöne mondgeborene Madonna« starrt. Das Gemälde, eine Darstellung der unbefleckten Empfängnis, ist ein eigenartiges Beispiel katholischer Ikonographie des spanischen Barocks, das die Jungfrau zeigt, wie sie auf einer Mondscheibe hockt, die etwa die Größe eines Yogaballs hat, und ruhig im Raum schwebt, von nackten Cherubim umflattert und angestarrt. Doch deren Babyspeck und Marias himmelwärtsgerichteter Blick beschäftigen Newmans Gedanken nicht so sehr wie seine schmerzenden Füße und müden Augen. James' Amerikaner ist zwar in guter körperlicher Verfassung – »hochgewachsen, schlank und muskulös sah er eher aus, als verfüge er unbewusst über ein beträchtliches Maß an Widerstandskraft« –, aber die Mühen touristischer Kunstbetrachtung machen ihm doch zu schaffen. »[S]eine Aufmerksamkeit war auf eine harte Probe gestellt worden, und seine Augen waren geblendet; er hatte sich mit ästhetischen Kopfschmerzen niedergelassen.«

Das ist James' anatomisch präzise Wiedergabe der exemplarischen modernen Krankheit, die man Museumsmüdigkeit nennt. In Newmans Fall wird sie durch die Anwesenheit hübscher junger Frauen gemildert, welche die aufgehängten Bilder kopieren, ein Schauspiel, das er ansprechender findet als die Meisterwerke selbst. »[U]m die Wahrheit zu sagen«, schreibt James, »oft hatte [Newman] die Kopie viel mehr bewundert als das Original«, eine kleine Information, die seinen verhängnisvollen Flirt mit einer besonders attraktiven Kopistin einleitet.

Dies ist natürlich eine andere Variante ästhetischer Erfahrung, zu deren Vermittlung öffentliche Museen schon seit langem existieren. Da Kunst beständig in der Nachbarschaft von Sex schwebt – all dieses leidenschaftliche Schaffen; all das nackte Fleisch, in rosigen Ölfarben gemalt und in seidenweichem Marmor wiedergegeben –, kann es kaum überraschen, dass sich der Louvre dem Blick von James als so etwas wie ein Ort darstellt, von dem man jemanden abschleppt. Er ist für ihn auch ein perfekter Ort, um das Thema des Romans einzuführen, das nicht zum ersten und nicht zum letzten Mal in seinem Werk die spannungsreiche Begegnung eines Amerikaners mit Europa ist.

Die Bedingungen dieser Begegnung sind nur zu vertraut, und sie waren auch schon 1877, im Erscheinungsjahr von *The American*, auf dem besten Wege, zu Klischees zu werden. Newman, gutaussehend wie ein Filmstar, mit einem offenkundig allegorischen Nachnamen, ist ein praktischer Mann, der in eine fremde Sensibilitätswelt versetzt worden ist. Als ganz deutliche männliche Entsprechung zu Isabel Archer in *The Portrait of a Lady* (*Bildnis einer Dame*) ist er nicht so sehr ein weltfremder Unschuldiger, sondern eher ein Mensch, den seine frische Wahrnehmung und sein offenes Wesen bei den zynischen Aristokraten und Abenteurern der Alten Welt in große moralische Gefahr bringen. Die Herablassung, mit der James seinen Helden Newman wie auch seine anderen vitalen und leichtgläubigen Amerikaner im Ausland behandelt, wird durch eine echte Bewunderung, ein patriotisches Interesse am Anfeuern gemildert, das Jahrzehnte eines Lebens fern der Heimat und eine lebenslange Verehrung für die Überlegenheit der europäischen Kultur überdauert hat. Newman ist nicht einfach ein amerikanischer Bauer, der durch einen geschichtsträchtigen Ort stapft, für dessen Verständnis es ihm an Kultur mangelt, oder ein neureicher Yankee auf der Suche nach einer Ehefrau vom Kontinent – auch wenn er das eine wie das andere ist.

Vor allem ist er ein Geschäftsmann, eine Verkörperung des Kapitalismus, ein Mann, der sich mit anderen, geheimnisvollen Arten von Werten konfrontiert sieht:

Schon seine Gesichtszüge hätten gezeigt, dass er ein scharfsinniger, fähiger Mensch war, und tatsächlich hatte er oft eine ganze Nacht über einem mit Schwierigkeiten gespickten Bündel von Konten gesessen und den Hahn krähen hören, ohne zu gähnen. Aber Raffael, Tizian und Rubens bedeuteten eine neue Art von Arithmetik für ihn. Zum ersten Mal in seinem Leben wunderte er sich über seine Unsicherheit.

Newman versucht dieses Gefühl dadurch zu vertreiben, dass er anbietet, von Noémie Nioche, deren Gönner er später werden wird, ein reproduziertes Meisterwerk zu erstehen, aber überlassen wir die beiden ihrer Transaktion, und beschäftigen wir uns noch für einen Moment mit dem eigenartigen Gefühl, das im Salon Carré herumgeistert, in dem sich unser Amerikaner rekelt.

Seine »Unsicherheit« angesichts der Werke der Renaissancemeister ist nicht so weit von der seelischen Erschütterung entfernt, die dann Rilke eine Generation später aus dem zerbrochenen Torso unter demselben Dach intuitiv erschließen sollte. Newmans Denkweise ist in Frage gestellt worden, seine Selbstwahrnehmung hat sich verändert, wenngleich eher in entfremdeter als in ekstatischer Richtung. Hier ist ein Mann, der gewohnt ist, mit Quantitäten zu arbeiten, und der sich jetzt mit Qualitäten konfrontiert sieht, die sich einer Aufzählung entziehen. Diese Gemälde lassen sich einfach nicht addieren. Anstatt sie jedoch abzutun oder ihren Wert zu bestreiten, zieht er sich selbst in Zweifel. Wir können seine Ehrlichkeit nur bewundern und, wenn wir aufrichtig sind, eingestehen, dass auch wir hier gewesen sind – vor etwas stehend, dessen Bedeutung wir anerkennen können, ohne das zu empfinden, was wir empfinden sollen. *Ich verstehe es einfach nicht. Was stimmt nicht mit mir?*

In Newmans Fall, so wie er dargestellt wird, könnte die Antwort lauten, dass er zunächst einmal einen Fehler gemacht hat, als er die überschaubare Welt der Rechnungsbücher verließ. Seine Verwirrung über den Louvre ist das erste Anzeichen dafür, dass er auf feindlichem, fremdem Boden agiert und dass die Rationalität und die Selbstsicherheit, die ihn in seiner Heimat, wo er ein wohlhabender Industrieller ist, der mit der Herstellung von niemals näher beschriebenen Gütern befasst ist, zu einem Gewinner machten, ihm hier in der Fremde nichts nützen werden. Für uns andere sind die Schlussfolgerungen vielleicht prosaischer, aber dennoch folgenreich.

Ebenso wie Newman befinden wir uns am falschen Ort, einer Umgebung entfremdet, die mittlerweile allen und keinem gehört. Und wir könnten das Element von Zwang, das uns durch die überfüllten Gänge treibt, erkennen und uns darüber ärgern. Ein Museum wie der Louvre ist das ultimative Beispiel für eine Argumentation, die auf Autorität basiert. Seine institutionelle Urteilskraft, die über lange Zeit hinweg unsichtbar ausgeübt worden ist und die den kollektiven Geschmack so prägt, wie der Wind die Berghänge aushöhlt, ist weit größer als unsere winzigen, zögernden Gesten des Mögens und Nicht-Mögens. Wir sind hier, weil wir hier sein sollen, und auf unsere Reaktionen kommt es nicht so sehr an wie darauf, dass wir uns unterwerfen. Wenn wir vor den fleischigen Allegorien von Tizian oder Rubens oder den großartigen kinematographischen Historienmalereien von David oder der stummen Seltsamkeit roher Steine stehen, die man der Vergessenheit antiker Gräber entrissen hat, dann sind unsere Ansichten noch nicht einmal trivial. Sie werden kaum auch nur zur Kenntnis genommen; das Werk der Bewertung ist schon vorab vollzogen worden. Unsere Aufgabe ist es, zu akzeptieren und, sofern wir das wie Newman nicht können, an uns selbst zu zweifeln.

Oder aber wir können ein Argument gegen die Autorität geltend machen und uns weigern, dem, was wir sehen oder lesen oder hören, die Zustimmung zu erteilen, die es als ewiges Geburtsrecht für sich beansprucht. Unsere Rebellion kann eine mürrische, passive, zaghafte Form annehmen, wenn wir über Tolstoi einnicken, uns in der Oper Tagträumen hingeben, höflich lächeln, wenn ein Freund Aufnahmen von Charlie Parker oder Bob Dylan auflegt, oder durch die Ausstellungsräume eilen, um die Snackbar und den Andenkenladen zu erreichen. Wenn wir wollen, können wir mit unserem Dissens trotziger und widerlicher sein, indem wir etablierte Meisterwerke als überbewertet attackieren und das korrupte, verschwörerische Denken geißeln, das sich hinter dem Konsens verbirgt. Mit dem Pantheon, dem Kanon, dem Curriculum von Klassikern und »Großen« konfrontiert, können wir ein Gähnen unterdrücken, eine lange Nase machen und fragen: *Wer sagt das?*

Das ist in der Tat eine interessante Frage und eine, die in den letzten Jahren besonders im höheren Bildungswesen der USA gebührende intellektuelle Aufmerksamkeit auf sich gezogen hat. In den 1990er Jahren kam es hier zu einer Auseinandersetzung, einer Episode in einer anscheinend unendlichen ideologischen Identitätskrise, die man kollektiv als die Kulturkriege bezeichnet. Dabei ging es um die Frage, welche Bücher als Lehrmaterial für Collegestudenten verwendet werden sollten. Wie gewöhnlich in einem derartigen Streit wurde eine ganze Reihe von Nuancen geopfert, besonders wenn in den Nachrichtenmedien über die vorgeblichen Kämpfe zwischen toten weißen Männern und den Kräften von Feminismus, Multikulturalismus und anderen neumodischen Bewegungen berichtet wurde. Häufig nahm die Debatte die Form eines besonders lautstarken Dialogs zwischen Gehörlosen an. Auf der einen Seite standen diejenigen, welche Festlegungen von kulturellem Wert – den Vorrang von Shakespeare oder Beethoven; die zentrale Stellung von Denktraditionen und schöpferischen Bemühungen, die sich von der mediterranen Antike bis zur euro-amerikanischen Moderne erstrecken – als selbstverständlich und als etwas, was ständiger Verteidigung bedurfte, ansahen. Ihnen gegenüber standen die, welche die Ansicht vertraten, solche Hierarchien seien im Grunde immer politischer Natur, sie wurzelten in der Ausschließung anderer Traditionen und Standpunkte und dienten den Interessen der Mächtigen. Die Schriftsteller und Künstler, die Generationen von jungen Menschen in der Schule als verehrungswürdig vorgesetzt worden waren, entpuppten sich, ob sie sich dessen bewusst waren oder nicht, als die Werkzeuge des Patriarchats, der westlichen Hegemonie, der Herrschaft des Kapitals und anderer schlimmer Dinge. Wenn man ihre Unschuld, ihre unpolitischen Qualitäten geltend machte, dann schien das bestenfalls naiv zu sein, schlimmstenfalls war es Komplizenschaft mit Rassismus, Sexismus und Snobismus.

Niemand sprach sich ernsthaft dafür aus, dass bewährte Stützen des Lehrplans auf den Müll geworfen werden sollten, gefordert wurde vielmehr eine Ergänzung, damit die Geisteswissenschaften dem in ihrem Namen angelegten Pluralismus gerecht werden und eine gesellschaftliche Wirklichkeit widerspiegeln konnten, die ständig vielfältiger wurde. Es ging nie darum, zwischen Shakespeare und Toni Morrison zu wählen, auch wenn einige Kommentatoren aus ihren eigenen dubiosen Gründen die Sache so darzustellen beliebten, sondern darum, Platz für beide zu schaffen. Ob dieses Projekt nun lobenswert, naiv oder insgeheim totalitär war (wie einige von den hysterischeren Rechten warnten, bevor sie die Sache vollständig fallenließen und der Evolutionsbiologie und der Umweltwissenschaft den Krieg erklärten), es war überhaupt nicht neu.

Beide Seiten machten den Fehler anzunehmen, der Kanon sei ein uraltes, unwandelbares Verzeichnis von Weltweisheit und nicht eine beständig neu ausgehandelte, häufig improvisierte Liste, ein Barometer schwankender Geschmacksrichtungen, verzweigter Vorurteile und nicht überprüfter Gewohnheiten. Gewisse Bücher werden im Unterricht verwendet, weil man das immer so gemacht hat, andere deshalb, weil sich die Interessen von Professoren und Studenten in ihnen widerspiegeln, und wieder andere kommen außer Gebrauch, ohne dass davon viel Aufhebens gemacht wird. Von Zeit zu Zeit stößt eine Forderung nach etwas Neuem – nach einer relevanteren oder eingängigeren Menge von Texten – auf Skepsis und Widerstand. Das geschah in Großbritannien in den 1930er Jahren, als gelehrte Kritiker wie F. R. Leavis den radikalen Gedanken propagierten, dass man relativ neue (d.h. nachmittelalterliche) englische Literatur auf der gleichen Ebene unterrichten könne wie die griechischen, lateinischen und angelsächsischen Klassiker. Ein Jahrzehnt später ereignete es sich in den Vereinigten Staaten, als die Erweiterung des Lehrplans durch Hinzufügung der amerikanischen Literatur, die für ihre Verfechter eine patriotische Notwendigkeit darstellte, den Verteidigern der Tradition als zweifelhafte Neuheit, als Zugeständnis an intellektuelle Trends auf Kosten ewiger Werte erschien.

Mit anderen Worten, die Barbaren stehen stets und ständig an den Toren. Tatsächlich sind sie bereits eingedrungen und unterwandern die Stadt von innen her. Doch das bedeutet natürlich, dass diese Barbaren – die Anderen und die Außenseiter, die lautstark für Einbeziehung plädieren – schon einen Teil der herrschenden Werte, die sie zu entthronen gedenken, in sich aufgenommen haben. Sowohl die Kräfte der Revolution, die eine Wiedergutmachung langanhaltenden Unrechts fordern, als auch die Kräfte der Reaktion und des Beharrens, die den Fortschritt aufhalten und die Zeit anhalten möchten, gehen mit ihrem Kriegsgeschrei an der Sache vorbei. Ihr Kampf mag in Institutionen wie Museen und Schulen ausgefochten werden, die Schutz vor den Anforderungen des Marktes zu bieten scheinen, aber es ist gleichwohl die Logik des Marktes, die dazu tendiert, die Friedensbedingungen zu liefern. In demokratischen Konsumgesellschaften ist die Lösung immer die gleiche: mehr. Mehr Diskurs, mehr Unterricht, mehr Zugang, mehr Meinungen. Anstelle von Hierarchie bekommen wir Pluralismus; anstatt uns auf dem schmalen Pfad des »oder« abzumühen, werden wir auf den weiten Wiesen des »und« herumtollen. Warum sollte jemand gezwungen sein, sich zwischen Klassikern und Moderne, zwischen hohen und niederen, zwischen toten weißen Männern und mit Bindestrich versehenen Regenbogen-Menschen zu entscheiden? Wir können alles haben.

Anstelle von Kanons und Pantheons und anderen höchst exklusiven, sogleich veraltenden Fundgruben von Wert werden wir Umfragen, Listen und Menüs haben. Auf die im Hintergrund lauernde philosophische Frage, die unsere früheren Ausflüge ins Museum überschattete – *Wer hat darüber entschieden, was an diesen Wänden hängen solle? Wer hat uns dazu aufgefordert, uns dieses Bild anzusehen?* –, lässt sich jetzt die glücklichstmögliche Antwort geben. *Das waren wir!* Jene immer zahlreicher werdenden Listen der unentbehrlichen Bücher, die wir lesen, der Filme, die wir uns ansehen, der Alben, die wir herunterladen, und der Orte, die wir besuchen sollen, sind das Resultat unserer gemeinschaftlichen Aktivität. Wir votieren online oder an der Kasse, und unsere Schwarmtendenzen werden kollationiert und abgepackt und uns wieder zurückgeliefert.

Wenn sie überleben und relevant bleiben wollen, anstatt zu verblassen und zu zerfallen, dann werden ehrwürdige Institutionen wie Museen, Symphonieorchester, Opernhäuser und Theater kuppeln müssen. Der Louvre mag ein Palast, eine Reliquie, ein Archiv und ein Basar sein, aber er ist auch und vielleicht in erster Linie eine Marke. Warum sind wir hier und stolpern einen von Meisterwerken gesäumten Korridor entlang zu dem Raum, in dem das berühmteste Gemälde der Welt hinter schützendem Plexiglas und mit einer samtenen Kordel abgesperrt hängt? Die Antwort ist eine perfekte Tautologie: Wir sind hier, weil alle anderen auch hier sind und schon hier gewesen sind.

Diese Art von Populismus, dieser erfreuliche Rückkopplungsprozess einer sich selbst verewigenden Popularität, in der gemeinschaftliche Beurteilungen durch das Publikum und seine Vertreter bestätigt und modifiziert werden, sieht vollkommen und auf glückliche Weise demokratisch aus. Die pädagogischen und bürokratischen Bosse einschließlich der Kritiker, die uns früher vielleicht durch das Tor des Museums geschoben oder uns vom Eintritt abgehalten hätten, haben ihre magische Kraft verloren. Ihre einschüchternde,

Zwang ausübende Kraft ist durch eine wohltätige Form von Gruppendruck ersetzt worden, die durch soziale Netzwerke, Algorithmen und die tatsächlichen Empfehlungen tatsächlicher Freunde wirkt. Niemand wird Ihnen sagen, dass Sie dazu verpflichtet sind, bestimmte Dinge zu mögen oder auch nur sie sich anzusehen, und jeder, der den Versuch unternimmt, Ihnen auf diese Weise Schuldgefühle einzureden, kann als Snob oder als Zankteufel abgetan werden. Und niemand wird Ihnen auch den Eintritt in den Zauberkreis der Würdigung versagen. Die Welt ist nicht länger in Aristokraten und Bauern, in Priester und Laien oder gar in deutlich voneinander unterschiedene Traditionen geteilt. Wir sind allesamt Konsumenten. Es gibt jetzt eine Wunderkur gegen ästhetische Kopfschmerzen. Sie können tun, was Sie wollen. Sie können zugreifen oder es sein lassen.

Doch die Nivellierung alter Geschmackshierarchien löst nicht das Problem kultureller Autorität und macht uns nicht zwangsläufig irgendwie freier. Die Konsumwirtschaft ist zutiefst ungleich, sie errichtet Barrieren für den Eintritt, die nicht durch Abstammung, sondern durch Einkommen und Zugangsberechtigung geregelt sind. Und die Geschichte von menschlichem Fortschritt, von zunehmender geistiger Offenheit und immer stärker kosmopolitischen Freuden ist auch eine Geschichte des Verlustes, der Standardisierung und Homogenisierung. Die moderne Welt, die auf den Horizont der Globalisierung zueilt, die dem mediengesättigten, verdrahteten Dorf zustrebt, das Marshall McLuhan und andere in den 1960er Jahren prophezeiten, kehrt die biblische Geschichte von Babel um. Diesem Mythos zufolge wurde die Welt einst in eigenständige, lokale kulturelle

Enklaven geteilt, von denen jede über ihre eigene Integrität verfügte. Die Menschen besaßen das, was T. S. Eliot, eine der großen Stimmen rückwärtsgerichteten Wunschdenkens, die das 20. Jahrhundert hervorgebracht hat, als einheitliche Sensibilität bezeichnete. Bedeutungen und Werte waren transparent, in einer gemeinsamen Sprache, einer gemeinschaftlichen Tradition und einer vereinbarten Menge von Glaubensvorstellungen verankert. Die Kräfte der Globalisierung, der imperialen Eroberung, des Handels und des Kapitalismus haben diese lokalen Kulturen ausgehöhlt und sind darangegangen, sie durch billige Unterhaltung und kommerzielle Produkte zu ersetzen, verkörpert durch Hollywoodfilme, die ihr Projekt der Welteroberung in nachhaltiger Weise in der zweiten Hälfte des 20. Jahrhunderts begannen und die im 21. nur noch größer, lauter und aggressiver geworden sind.

Aber ist es nicht einfach so, dass die Menschen diese Filme wirklich mögen? Und bringt nicht die Auflockerung lokaler Traditionen und Bräuche, weil sie die Menschen freier und mobiler macht, neue und aufregende hybride Ausdrucksformen hervor? Authentizität ist mit Sicherheit ein zweifelhafter und sentimentaler Begriff, der zumeist herablassend und aus der Distanz verwendet wird. Ist es nicht besser, in einer Welt endloser Neuigkeiten und überreicher Auswahl zu leben, in der wir die Möglichkeit haben, uns aus einem ständig nachgefüllten Füllhorn exotischer und heimischer Freuden etwas auszusuchen, als in einem Zustand der Langeweile und Entbehrung wie unsere jämmerlichen Vorfahren zu verharren?

Vielleicht ist das so, und ohnehin sieht es so aus, als hätten wir in dieser Angelegenheit keine nennenswerte Wahl. Die Kultur lebt heute fast vollständig unter der Rubrik Konsum. Christopher Newman mag sich zwar in den heiligen Hallen des Louvre fehl am Platz gefühlt haben, von einem unsichtbaren und unbegreiflichen Geschmacksregime unterdrückt, aber in Wirklichkeit stand er an vorderster Front moderner ästhetischer Erfahrung. Seine Muttersprache war das Geld, und seinem Beruf und seinem Temperament nach gehörte er in die Welt der Transaktionen und Waren. Wenn er in *The American* von der alten, seltsamen Welt der europäischen High Society mit ihren elaborierten Verhaltensregeln und okkulten Wertvorstellungen besiegt wurde, dann war das nur ein vorübergehender Rückschlag. Zu Beginn des darauffolgenden Jahrhunderts sollten seine reichen Landsleute in Scharen zurückkehren, um kistenweise europäische Gemälde aufzukaufen und sie nach Detroit, New York und Philadelphia zu verfrachten. Ihnen folgten in gebührendem Abstand die polyglotten Horden von Mittelschicht-Reisenden, deren Auftreten den weltumspannenden Triumph von Newmans kapitalistischen Werten amerikanischen Stils signalisiert.

Und es signalisiert auch den Aufstieg einer neuartigen Macht. Die Kommodifizierung ästhetischer Erfahrung hat zur Folge, dass alte Hierarchien ausradiert werden – mein Genuss ist schließlich ganz genauso gültig wie der Ihre; das Gemälde, das Sie an der Wand des Louvre anschauen, ist funktional gleichwertig mit dem Film, den Sie sich beim Rückflug in die Heimat auf dem winzigen Bildschirm im Vordersitz ansehen – und zugleich neue Abgrenzungen errichtet werden. Die Kräfte des Marketings, welche die Konturen der Kultur gestalten, sortieren uns erbarmungslos nach allgemeinen demographischen Kategorien und fein abgestimmten algorithmischen Nischen. Man geht davon aus, dass sich in Ihren Konsummustern die Kategorien Altersgruppe, Rasse, Geschlecht, Sexualität, Religion, politische Überzeugungen, Bildungsniveau und so fort widerspiegeln. Mehr noch, diese mutmaßlichen Identitäten sagen Ihnen, was Sie mögen sollen, und zwar auf aggressivere und überzeugendere Weise als jeder rechthaberische Kritiker.

Können Sie dem jemals entrinnen? Sollten Sie das auch nur wollen? Wir sind hier schließlich im Museum, in dem wir die Menschenmengen erdulden und uns auf den Andenkenladen und auf ein ruhiges Café freuen, wo wir uns in der Zufriedenheit sonnen können, dass wir einen bedeutenden Posten auf der Liste abgehakt haben. Unser Leben hat sich wirklich überhaupt nicht geändert.

Ist das alles, was es gibt? Schließt die allgemeine, undifferenzierte Verfügbarkeit von ästhetischen Stimuli, von Geschichten und Spielen, von Bildern und Gestalten, bei denen es sich fast ausnahmslos um Markenware, um vermarktete Güter handelt, die Art von Verzückung aus, die Rilke pries und bis zu der es der arme Christopher Newman nicht ganz schaffte? Diese Frage beinhaltet eine noch düsterere Implikation: dass es die Ekstase nie wirklich gab, dass sie vielmehr lediglich eine kontingente Begleiterscheinung von größeren, tieferen, machtvolleren Kräften war. Kunst – ihre Erschaffung ebenso wie ihre Rezeption – lässt sich immer in einen anderen Kontext auflösen. Es gibt immer Geld, Politik, Technik oder Gesellschaft, die erklären können, warum gewisse Dinge selbst Ihnen schön erscheinen. Wer sind Sie schließlich? Einfach die Art von Person, die darauf konditioniert ist, auf eine gewisse Weise zu reagieren, da sie von der Geschichte zu ebendiesem Zweck ins Sein geworfen worden ist.

Doch selbst wenn Sie das wissen, dann wissen Sie auch noch andere Dinge. Ihr Leben ist mehr als nur Kontext: Es ist eine Ansammlung von Wünschen und Empfindungen, und wenn auch die meisten zur Banalität verdammt sind, müssen einige doch darüber hinausreichen. Ihre Sinneswerkzeuge sind auf einzigartige Weise die Ihren, und ebenso ist es das damit verknüpfte Bewusstsein, und Ihre Reise durch die Welt lässt sich nicht völlig programmieren oder nachzeichnen.

Das werden wir vielleicht leichter einschätzen können, wenn wir einem zweiten Pilger in ein anderes Museum folgen. Ebenso wie Christopher Newman ist Julius, der Icherzähler von Teju Coles Roman *Open City*, ein Mann, der aus seiner angestammten Umgebung herausgerissen wurde. Oder besser wäre es vielleicht zu sagen, dass Herausgerissensein seine angestammte Umgebung *ist*. Als Sohn einer deutschen Mutter und eines nigerianischen Vaters wuchs Julius überwiegend in Lagos auf und wohnt jetzt in New York, wo er als Assistenzarzt in der psychiatrischen Abteilung einer Klinik in Manhattan arbeitet. *Open City* ist die Chronik seiner Wanderungen durch New York, unterbrochen von Erinnerungen an sein früheres Leben und einen kurzen Aufenthalt in Brüssel. Julius hat ein klares Bewusstsein für das Spiel von Identitäten und Kontexten in der entwurzelten, multikulturellen modernen Welt. Er hat komplizierte Begegnungen mit Immigranten, die wie er aus Afrika stammen und über deren Solidaritätsvermutungen er sich manchmal empört, deren Empathie er aber gelegentlich auch schätzt. Er katalogisiert seine Lektüre, seine Liebesaffären, seine Freundschaften und seine zufälligen Konversationen, wobei er immer ein Gefühl für die politischen Implikationen menschlicher Kontakte in der imperialen Metropole der Zeit nach 9/11 hat.

Julius ist das, was Baudelaire einen *flâneur* hätte nennen können: ein ungebundener, gleichgültiger Pilger, der ständig in Bewegung ist, der verweilt, um einen interessanten Anblick in sich aufzunehmen, der in Fenster lugt und vorsichtig Gespräche mit anhört, gefangen in seiner Einsamkeit und doch den Menschen und den Dingen seiner Umgebung mit eifriger Aufmerksamkeit zugewandt. Eines Tages führen ihn seine Wanderungen in das Amerikanische Volkskunstmuseum, wo er auf eine Ausstellung von Gemälden John Brewsters, eines amerikanischen Porträtmalers des 18. Jahrhunderts, stößt.

Julius, kulturell ein gebildeter Allesfresser und in dieser wie auch in anderen Hinsichten seinem Schöpfer sehr ähnlich, liefert einige skizzenhafte Angaben zum biographischen und historischen Kontext von Brewster, der ebenso wie die meisten Menschen, die er malte, stocktaub war. Nach einigen interessanten Gedanken darüber, wie Taubheit und Blindheit in Kunst und Kultur dargestellt werden, und über die Stille, die auf manchen Gemälden schwebt, verliert sich Julius in Betrachtung des Bildes eines jungen Mädchens, das den Titel *Ein Schuh fehlt* trägt. Er verliert sich und findet sich auch, nicht als Angehöriger irgendeiner demographischen Gruppe oder Nation oder Zeit, sondern als ein Instrument reiner Wahrnehmung:

Tief versunken in der Welt dieser Bilder, verlor ich jegliches Zeitgefühl, so als wären Vergangenheit und Gegenwart in eins gefallen, und als mich schließlich der Wächter ansprach, um mir zu sagen, das Museum würde jetzt schließen, war ich verstummt und starrte ihn nur an. Als ich die Treppen hinunterging und das Museum verließ, fühlte ich mich wie jemand, der aus großer Entfernung auf die Erde zurückkehrte.

Dies ist das, wonach wir suchen.

VIERTES KAPITEL

DAS PROBLEM
MIT DEN KRITIKERN

Kritik ist nicht nett. Kritisieren bedeutet, dass man etwas auszusetzen hat, dass man das Negative betont, den Spaß verdirbt und sich weigert, auf empfindliche Gefühle Rücksicht zu nehmen. Natürlich ist jeder ein Kritiker, zumindest zeitweise, denn keiner von uns ist völlig frei von dem Impuls, darauf hinzuweisen, auf welche Weise die besten Bemühungen unserer Mitmenschen das intendierte Ziel verfehlen. *Die Pasta war irgendwie gummiartig, muss ich sagen. Ja, in diesem Aufzug siehst du wirklich fett aus. Es war so nett von dir, »Happy Birthday« zu singen, aber mal ehrlich: F-Dur ist nicht deine beste Tonart.*

Meistens hüten wir uns, solche Dinge laut zu sagen. Es ist allgemein anerkannt, dass die Unterdrückung des Kritikinstinkts einer der Schlüssel zur Aufrechterhaltung von Harmonie, Höflichkeit und einer anständigen Gesellschaftsordnung ist. *Wenn du nicht etwas Nettes sagen kannst …* Gleichzeitig legen wir jedoch großen Wert auf Wahrhaftigkeit und begründetes Urteil, auf das Streben nach Vortrefflichkeit und die Wahrung anspruchsvoller Maßstäbe (oder zumindest leisten wir all diesen Dingen gewohnheitsmäßig Lippendienste). Und diese beständige Ambivalenz – wollen wir ehrlich sein oder möchten wir lieber freundlich sein? Möchten wir *wirklich* wissen, was unsere Freunde *wirklich* über uns denken? – spiegelt sich in einem kulturellen Diskurs wider, der zugleich ätzend streitsüchtig und entsetzlich verschwommen wirkt. Betrachten Sie die Welt aus dem einen Blickwinkel oder durch die Linse gewisser Medien, dann ist das, was Sie sehen, nichts als Aggression und Feindseligkeit, ein täglicher Kreislauf von Demütigungen, Erniedrigungen und abfälligen Bemerkungen. Wenn Sie aber zu einem anderen Kanal umschalten oder sich das anhören, worüber sich einige dieser zornigen Schreihälse beklagen, dann gibt es da nichts als Einhörner und Regenbögen, Gruppenumarmungen und idyllische Bekräftigungen von Einmütigkeit. Wir sind alle Gewinner, wir sind alle besonders, und niemand kann die Souveränität unserer Ansichten oder die Integrität unserer Träume in Frage stellen. Oder aber – und gleichzeitig? – sind wir faul und korrupt, verflacht und voller Selbsttäuschungen, hoffnungslos passiv, bis wir dann plötzlich gewalttätig werden.

Das ist nicht wirklich eine Sache von unterschiedlichen Vorlieben, Temperamenten oder politischen Überzeugungen. Die Welt ist nicht in rivalisierende Stämme von Emoticons, die Smileys und die Frownies, aufgeteilt. Und unser ziviles Leben ist auch kein Kampf zwischen den Ekelhaften und den Netten oder eine ordentliche Dialektik von Konflikt und Konsens. Stattdessen tobt in jedem Hirn und in jedem Herzen ein Bürgerkrieg – ein Kulturkrieg, könnte man sagen. Jeder von uns beherbergt eine innere Kindergärtnerin, die Lächeln und Goldsterne und sanfte Mahnungen verteilt, und auch einen inneren Moderator einer Radio-Talkshow, der Häme und Gift verspritzt. Wir sind zutiefst gespalten und innerlich polarisiert, unsere Wünsche befinden sich im Konflikt mit unserer Vernunft, unsere Emotionen begehren gegen unsere bessere Einsicht auf, unser Geist kann sich nie ganz entscheiden. Wir bemühen uns um den schuldbewussten Nervenkitzel der Verachtung, aber wir lieben auch die warme Glut der Scheinheiligkeit. Wir sehen uns konkurrenzorientierte Reality Shows an, um die träumenden, bemühten Sänger, Köche und Modedesigner anzufeuern, die in dem Glauben an ihre eigenen Fähigkeiten, den sie zum Ausdruck bringen, so rührend standhaft sind. Aber wir genießen auch die brutalen Szenen der Demütigung, mit denen ihre ernsthaften Bemühungen konfrontiert werden, wenn die versammelte Jury von Experten diese Träume im Säurebad der Wahrheit auflöst. Jedes kleine Mädchen möchte hören, dass seine Fingermalerei ein Meisterwerk ist, das mindestens einen Platz auf dem zeitweiligen Pantheon der Kühlschranktür verdient hat. Aber jedes Kind weiß auch, dass manche Dinge besser sind als andere, dass es ein untrennbarer Bestandteil jeder öffentlichen und lohnenden Bemühung ist, in eine Rangordnung gebracht und einsortiert zu werden.

Eine der hauptsächlichen Verkörperungen dieses Zustands von innerem Antagonismus – Sündenbock und Vorbild, Kritikaster und Heiliger, Es und Über-Ich – ist der Kritiker. Und der Kritiker ist daher ein paradoxes Geschöpf, zugleich überflüssig und allgegenwärtig, unentbehrlich und nutzlos, einer, dem man vertrauen kann und den man beschimpfen muss. Von dem Augenblick an, in dem sich die urtümlichen menschlichen Aktivitäten der Anfertigung von Bildern, des Geschichtenerzählens, des Tanzens und der Hervorbringung von organisierten Klangmustern von magischem oder religiösem Ritual lösten, wurde es erforderlich, zu beurteilen, zu vergleichen und die Ergebnisse zu interpretieren. Zu einem bestimmten Zeitpunkt, irgendwann nach der Eröffnungsausstellung in den Höhlen von Lascaux und lange Zeit vor den ersten Voraufführungen der heißesten neuen athenischen Tragödie, kam es dazu, dass die Pflicht, diese Beurteilungen zu vermitteln, künstlerische Maßstäbe zu wahren und das Geschehen zu erklären, einer bestimmten, höchstwahrscheinlich selbsternannten Gruppe von Experten zufiel. Die Substanz ihres Sachverstands war einst genau wie jetzt etwas schwer zu fassen. Sie waren offenbar nicht in der Lage, selbst Jagdszenen an die Höhlenwände zu schmieren, und sie konnten auch keine poetischen Rekonstruktionen des entsetzlichen Todes von Königen aus alter Zeit verfassen, aber sie hatten der Sache anscheinend genügend Aufmerksamkeit gewidmet, um etwas darüber sagen zu können, wie solche Dinge gemacht worden waren und wie sie gemacht werden sollten. Oder vielleicht waren sie einfach die Großmäuler, die am Feuer saßen oder auf der Agora umherschlenderten und die sich äußern mussten. Manche ihrer Mitbürger wünschten, diese lärmenden Alleswisser sollten den Mund halten und verschwinden, während andere zuhörten und sich dann mit erneuertem Interesse und bereicherter Einsicht wieder den Bildern und Theaterstücken zuwandten.

So geht es seither ständig. Die Geschichte der Kritik, ein Kompendium aufgezeichneter Meinungen, Analysen und Debatten, ist darüber hinaus auch, was vielleicht noch auffälliger ist, ein endloser Kreislauf von Beschwerden und Vorwürfen, eine Serie von Protesten gegen die Betätigung der Kritik selbst und insbesondere gegen die Blindheit, die Dummheit und die destruktive Aggression derer, die sie praktizieren. Es gibt zwar keine Aufzeichnungen darüber, wie die prähistorischen Kritiker empfangen wurden oder was sie sagten – keine von Rotten Tomatoes erstellte Aggregation, die sich auf einer Keilschrifttafel erhalten hätte, keine Charlie-Rose-Tischrunde, die man in Hieroglyphen aufgezeichnet hätte. Eine knappe frühe Anklage können wir jedoch in den letzten Abschnitten der uns erhaltenen Teile der *Poetik* des Aristoteles finden, in einer mürrischen Feststellung, die dem Glaukon zugeschrieben wird (der übrigens der ältere Bruder Platons war): »Es gehen«, sagt Glaukon (Aristoteles zufolge), »[die Kritiker] manchmal von einer unverständigen Auffassung aus, und nachdem sie diese gleichsam dekretiert haben, ziehen sie ihre Schlüsse daraus; wenn sich nun ein Widerspruch mit ihrer Willkürmeinung ergibt, dann tadeln sie den Dichter, als ob er eben das, was ihnen gut dünkt, wirklich gesagt habe.«

In unserer Zeit kommt es vor allem in der Welt der Buchrezensionen immer wieder zu Anfällen von Beklemmung bezüglich der Manieren von Kritikern und der Gefühle von Autoren und Lesern. Vor einigen Jahren führte Jacob Silverman in *Slate* Klage darüber, dass die literarische Welt von einer »Epidemie der Nettigkeit« unterminiert werde, so dass an die Stelle der überzeugenden Beurteilung eine Atmosphäre von »Geselligkeit und Einschmeichlung« trete, die ihren Ursprung in der klebrigen, ständig lächelnden Etikette der sozialen Medien habe. Dwight Garner, mein Kollege bei der *New York Times*, flüchtete sich in das Sonntagsmagazin, um das Thema zu vertiefen, wobei er sich auf den Standpunkt stellte, in der Bücherwelt wimmle es von »jasagenden Kritikern«. Gebraucht würden seines Erachtens vielmehr »ausgezeichnete und maßgebende und harte Kritiker – klarsichtig genug, um die wichtigen Stimmen, die berechtigtes Lob verdient haben, ausfindig zu machen, beleidigend genug, um uns daran zu erinnern, dass nicht jeder einen goldenen Stern bekommt oder ihn verdient hat«. Dann aber erschien in den Buchbesprechungen eine von William Giraldi verfasste Rezension, in der die Bücher *Inside* und *Signs and Wonders* von Alix Ohlin behandelt wurden. Nach Auffassung einiger Kommentatoren schien sie die Grenze zwischen Härte und totaler und unfairer Brutalität zu überschreiten. Es war nicht nur eine gründliche, schonungslose und sarkastische Herabsetzung der Bücher, sondern der Sensibilität der Autorin schlechthin, und nicht nur ihre Bewunderer schrien auf.

Die Buchbesprechungen sind zu nett? Wovon reden Sie? Sie sind viel zu fies! Sind sie jemals genau richtig gewesen? Im Jahre 2003 feuerte Heidi Julavits im ersten Heft der Zeitschrift *The Believer*, die dann zu einer Bastion häufiger journalistischer Exzellenz und gelegentlich irritierender literarischer Wunderlichkeit heranwuchs, eine Breitseite gegen die kleinliche »abfällige Bemerkung«, die ihres Erachtens die Schlange im Garten des modernen literarischen Lebens war. Über 40 Jahre früher hatte Elizabeth Hardwick in einem

Essay in der Zeitschrift *Harper's*, der dann als so etwas wie ein Manifest für die bald darauf herausgebrachte *New York Review of Books* diente, den entgegengesetzten Standpunkt verfochten. »Ein Buch«, schrieb sie, »wird in einer Pfütze von Sirup geboren«, und das Resultat war ein zerrütteter, schwammiger Diskurs. Im Jahre 1959 tätschelte man Büchern, so Hardwick, den Kopf, man verhätschelte sie und pries sie für die Aufrichtigkeit ihrer Bemühungen – mehr oder weniger auf die Art und Weise, die Heidi Julavits dann später forderte und die Jacob Silverman und Dwight Garner danach von neuem beklagten.

Es wäre verfehlt, anzunehmen, dass sich Hardwicks Position für eine Zeitlang durchsetzte und die Buchkritik Zähne bekam, bis dann Julavits kam, um sie wieder abzufeilen, von neuem gefolgt von den raschen Zuspitzungen durch Silverman und Garner, die danach durch die Freunde von Alix Ohlin abgewatscht wurden. Kritik ist (wenn ich zu einer anderen Metapher übergehen darf) kein Pendel, das von der einen Epoche zur anderen zwischen Barbarei und Sanftmut hin- und herschwankt. Sie ist vielmehr ein Kampfplatz widerstreitender Impulse, der sich beständig in einem Zustand von Verwirrung und Selbstzweifeln befindet. Zu jedem beliebigen Zeitpunkt der Geschichte und somit in jedem einzelnen Heft einer Publikation, die auch nur eine Handvoll Besprechungen enthält, könnte man sowohl entsetzliche Grausamkeit als auch bescheuerte Nettigkeit ausfindig machen und die dementsprechenden Alarmrufe ausstoßen. *Auf die Barrikaden! Gruppenumarmung!*

Es gibt wirklich nichts Neues unter der Sonne. In jeder beliebigen Woche kann man in einem Tweet oder im Feuilleton einer Zeitung auf einen gekränkten Filmemacher, Pop-sänger, Autor oder Restaurator stoßen, der unwissentlich seinen Tribut an Glaukon entrichtet. *Der Rezensent hat nicht verstanden, was ich gemacht habe. Ich mache es sowieso nicht für die Kritiker, sondern für meine Fans und für mich selbst. Und außerdem gebe ich nie etwas auf Besprechungen.* Die Erbsünde des Kritikers oder, gewöhnlicher, der namenlosen »Kritiker«, die zumindest rhetorisch als Raubtierrudel auf-treten, ist der Mangel an Verständnis für den Künstler. Die Kritiker verfolgen ihr eigenes Programm, sie machen ihre Ideologien und Vorurteile geltend, und so können oder wol-len sie nicht sehen, was ihnen vor Augen steht.

Im besten Fall ist das eine Störung und ein Ärgernis, ein Umstand, den geduldige Künstler und ihre treuen Bewunde-rer auszublenden lernen. Im Zeitalter der Massenkultur, in dem Verkaufsziffern und Ranglisten von Besucherzahlen die unfehlbare Autorität des Publikumsgeschmacks widerspie-geln, lässt sich Entlastung in Popularität finden. *Diese groß-kotzigen Kritiker wussten meinen Film oder meine Memoi-ren oder mein Liebeslied vielleicht nicht zu schätzen, aber die einfachen Menschen haben mich verstanden.* Und wenn sie es nicht taten, dann wird es vielleicht die Nachwelt tun. Unterdessen können sich die Kritiker schlimmstenfalls ei-nes ästhetischen und sogar buchstäblichen Mordes schuldig machen. Sie verfügen über die Macht, Theaterstücke mit schlechten Besprechungen auszusperren und wertvolle Bü-cher samt ihren Autoren einer grausamen und ungerechten Vergessenheit zu überantworten.

Als Herman Melville, ein populärer Verfasser von exoti-schen Reisebeschreibungen und Geschichten über Seeaben-

teuer, seinen großartigen, tragischen, philosophisch am-
bitionierten Roman *Moby-Dick*, die Geschichte einer vom
Unglück verfolgten Walfangfahrt, veröffentlichte, reagierten
die britischen und amerikanischen Rezensenten teils lau,
teils abschätzig, herablassend und sarkastisch. Die Besprechungen für seinen nächsten Roman, *Pierre, or The Am-
biguities*, waren noch schlimmer. »HERMAN MELVILLE
CRAZY« lautete die Schlagzeile zu der Rezension in den
New Yorker *Daily News*, und danach zog sich der Autor ver-
bittert aus dem öffentlichen Leben zurück, hielt sich mit
langweiligen bürokratischen Tätigkeiten über Wasser und
veröffentlichte seine späteren Werke, oft auf eigene Kosten,
ohne mit ihnen nennenswerte Wirkung zu erzielen. Im Jahre
1891, 40 Jahre nach dem Erscheinen von *Moby-Dick* und
mehrere Jahrzehnte bevor der kanonische Status dieses
Werkes endlich anerkannt wurde, starb er praktisch in Vergessenheit.

Diese verspätete Anerkennung war ebenfalls das Werk
von Kritikern, aber wir sind nicht so ohne weiteres bereit,
ihre konstruktiven Beiträge anzuerkennen oder zu entscheiden, ob diese die Ausnahme oder die Regel darstellen. Das
Sündenregister, das man Kritikern vorhält, ist lang, und die
vermeintliche Logik der Kritik selbst, von der man annimmt,
dass sie immer das Negative vor das Positive stellt, erfordert
es, dass die Anklage ihre Sache vorträgt, bevor die Verteidigung gehört werden kann. Als Kollektiv, als eine nur möglicherweise imaginäre, anonyme Verschwörergruppe, die
durch die Generationen hindurch giftigen Zynismus verbreitete, müssen sich die Kritiker immer noch und auf ewig
für den Tod von John Keats verantworten. Es geht die Sage

(und es finden sich zumindest einige medizinische und biographische Hinweise, welche die Sage stützen), dass Keats, erst 24 Jahre alt und an Tuberkulose leidend, dadurch in sein letztes, tödliches Stadium der Krankheit gestoßen wurde, dass seine lange, ehrgeizige »poetische Romanze« »Endymion« in zwei der führenden Zeitschriften der damaligen Zeit, der *Quarterly Review* und dem *Blackwood's Edinburgh Magazine*, eine brutale Behandlung erfuhr. In der letztgenannten Publikation schrieb John Gibson Lockhart mit Blick auf Keats' Ausbildung als Apotheker eine besonders giftige Variation über das Thema »Gib deinen Brotberuf nicht auf«: »Zurück in den Laden, Mr. John«, schrieb er, »zurück zu Pflastern, Pillen und Salbentöpfen.« Stattdessen ging Keats nach Rom und starb.

Die Freunde des Dichters klagten Lockhart an, er habe Keats umgebracht. Er war ein Opfer im Krieg des literarischen Establishments gegen die »Cockney-Schule«, deren bescheidenes Milieu, radikale politische Ansichten und poetische Innovationen die konservativen Geschmacksrichter bei *Blackwood's* und beim *Quarterly* verachteten. Doch wenngleich sich diese Streitigkeiten seither längst gelegt haben, bleibt Keats' Martyrium ein wichtiger Aspekt seines postumen Ruhms. Auf seinen Grabstein wurde eine zerbrochene Lyra gemeißelt, und sein Dichterkollege Percy Shelley war dermaßen empört und inspiriert, dass er die Schrift »Adonais« verfasste, eine lange Elegie (allerdings nicht so lang wie »Endymion«), über die er in vorauseilender Selbstkritik befand, sie sei vielleicht »die am wenigsten unvollkommene meiner Dichtungen«.

In der 37. Strophe wettert Shelley gegen die Mörder seines Freundes – »der du nur Fleck auf seinem Namen bist«, sagt er zu einem von ihnen – und prophezeit ihnen, vielleicht vergeblich, dass sie schließlich wegen ihrer eigenen Gehässigkeit Gewissensbisse plagen werden, bevor sie zu Recht dem Vergessen der Nachwelt anheimfallen. Zu wahrer Beredsamkeit läuft seine Invektive jedoch in dem Vorwort auf, das er zu »Adonais« veröffentlichte und das einige der zentralen Themen des antikritischen Diskurses anklingen lässt. Shelley zieht den Geschmack der Kritiker in Zweifel: Wie, so fragt er, können wir Angriffe auf den »Endymion« gutheißen, die von Spießern kommen, welche so wertlose Werke wie »*Paris* und *Weib* und eine *Syrische Erzählung*« gefeiert haben? Dass diese Werke heute nahezu vergessen sind, zeigt, dass Keats und Shelley langfristig die Oberhand behalten haben, aber zur damaligen Zeit ließ ihre offensichtlich schlechte Qualität (wie sie sich jedenfalls Shelley darstellte) die Ungerechtigkeit des Angriffs auf Keats umso beklagenswerter erscheinen.

Warum soll man dann die Kritik überhaupt ernst nehmen? Wenn Shelleys Indigniertheit irgendein Gewicht haben soll, dann muss sein Vorwurf, die Kritiker seien keine gerechten Richter, Hand in Hand mit der Anerkennung der Kraft ihres Urteils gehen, genau wie er die Empfindsamkeit seines Dichterkollegen für den Zorn von Kritikern in eine Stärke eigener Art verwandeln muss. »Das Genie des elegisch Beklagten, dessen Andenken ich diese unwürdigen Verse gewidmet habe«, behauptet er, »war nicht weniger feinsinnig und fragil, als es schön war; und wo es von Raupen wimmelt, was Wunder, wenn seine junge Blüte in der Knospe befallen wurde?« Wo es von Raupen wimmelt! Der

Kritiker und der Künstler sind natürliche Feinde, der eine ein Parasit, dessen Existenz ausschließlich darauf gerichtet ist, den anderen zu zerstören. Und je empfänglicher der Künstler für eine solche Zerstörung ist, desto reiner und zarter muss sein Genie sein.

Natürlich liegt im Fall von Keats und auch in dem Gebrauch, den Shelley von ihm machte, um die Sache seines eigenen Werkes zu fördern, ein Element von romantischer Übertreibung. (Selbst ein flüchtiger Leser der »Adonais« wird bemerken, dass es am Ende lediglich um deren Autor geht, etwas, was seiner Ehefrau Mary sogleich ins Auge fiel.) Schlechte Rezensionen verletzen, aber selten töten sie, und der unsichere Künstler kann gewöhnlich auf ein gewisses Maß an Lob aus anderer Quelle zurückgreifen, um selbst für die bösartigste Schmähung einen Ausgleich zu finden. In der britischen literarischen Presse mangelte es kaum an Unterstützern für »Endymion«. (Heutzutage wird das Werk im Gegensatz zu den kürzeren Gedichten des Autors eher geringgeschätzt.) Exemplarische Qualität nimmt die Geschichte von Keats jedoch durch ihren schaurigen Extremcharakter an. Sie ist weniger eine Anomalie als vielmehr ein aus dem Leben gegriffenes Gleichnis, verankert in der Art von Natursymbolik, welche die romantischen Dichter schätzten.

Die Kritiker sind Ungeziefer, und ihr Opfer ist eine Blume. Nicht der Dichter selbst, sondern vielmehr – in der etwas überhitzten Logik der Shelleyschen Anklage – die Dichtung, die seinem Genius entsprang. Die Metapher des Gedichts als Blüte ist im Englischen alt, und der Gedanke, dass Gedichte wachsen könnten, »so wie Blumen blühen« (um ein

Wort von Heinrich Heine abzuwandeln), war ein fester Bestandteil der Ästhetik des späten 18. und des frühen 19. Jahrhunderts. Die Angemessenheit des Bildes mag zweifelhaft sein und sein Sinn ein wenig verschwommen, aber der Effekt und vielleicht die Intention, Kunstwerke als Naturerscheinungen zu deuten, geht dahin, sie dem Zugriff der Kritik zu entziehen. Wer anders als ein Irrer oder ein Idiot würde eine Rose oder einen Berg oder einen Sonnenuntergang oder auch ein Erdbeben oder ein Gewitter kritisieren? Der Reiz und die Kraft solcher Gegenstände und Ereignisse verstehen sich von selbst, und sie entziehen sich jeglicher Argumentation, Analyse oder Beurteilung. Und wenn Gedichte ebenso eingestuft werden, dann erstreckt sich diese Quarantäne auch auf sie.

Oder, um es entschiedener zu sagen: »Ein Werk der Schönheit ist ein Glück für immer« – und so lautet nun gerade die erste Zeile von »Endymion«. An dieser Stelle macht Keats keine näheren Angaben darüber, was für eine Art von »Werk« er meint, aber es besteht kein Zweifel, dass er sein Gedicht als ein Beispiel verstanden wissen will. In der schön gestalteten, kunstvoll musikalischen Einleitungspassage, die sich, ausgehend von dieser emphatischen Einleitung, entfaltet, geht er einen Katalog irdischer Schönheiten durch (»Sonne und Sterne ... / Der Mond und all die Bäume alt und jung, / Narzissen«), welche allesamt, so behauptet er, nicht vergänglich, sondern dauerhaft sind in ihrer Schönheit. Und in die Liste fügt er fast beiläufig »die Macht der Poesie« ein, eine Quelle tiefer Freude, die so urtümlich und wesentlich ist, dass sie immer bei uns sein muss, »denn sonst stürben wir«.

In diesem Fall gibt es wirklich nichts, was sich diskutieren ließe. Wenn die Poesie, die für jede erhabene, in vollem Umfang künstlerische menschliche Schöpfung stehen kann, vom Werk der Gottheit funktional ununterscheidbar und darüber hinaus zum Leben unentbehrlich ist, dann würde wohl nur der niedrigste Wurm den Wunsch haben, ihre Schönheitsfehler ausfindig zu machen. Und in seinen Dichtungen behauptet Keats immer wieder, dass ästhetische Artefakte und Erfahrungen über eine selbstgenügsame Integrität verfügen, dass sie nicht nur gegen Kritik, sondern auch gegen den Ablauf der Zeit und die zersetzenden Wirkungen des Denkens immun sind. Die am häufigsten zitierte derartige Aussage findet sich am Schluss der »Ode on a Grecian Urn«, und diese Deklaration wird häufig als ein Motto für Kunst um ihrer selbst willen gepriesen (und manchmal auch verspottet).

Schönes ist wahr und Wahres schön – dies ist,
Was ihr auf Erden wisst, mehr hilft euch nicht.

Solch eine Gewissheit! Solch eine Endgültigkeit! »Dies ist, was ihr auf Erden wisst.« »Ein Glück für immer.« Wenn die Erfahrung von Schönheit ewig ist und wenn die Schönheit selbst identisch mit der Wahrheit ist, dann sind die zeitlichen, investigativen Aktivitäten des Vergleichens und Interpretierens überflüssig, wenn nicht gar ganz unmöglich. Dem kritischen Impuls ist endgültig Einhalt geboten.

Abgesehen davon, natürlich, dass die »Ode on a Grecian Urn« selbst ein Stück Kritik ist. In diesem Gedicht geht es um die Betrachtung eines Kunstwerks, eines antiken bemalten Kruges, und es kann kaum davon die Rede sein, dass es dieses Werk in seiner selbstgenügsamen, sich selbst enthüllenden Schönheit unangetastet lässt. Der Sprecher des Gedichts denkt gar nicht daran, in stummem, verzücktem Einvernehmen mit diesem faszinierenden alten Topf dazustehen. Vielmehr entlockt er ihm Geschichten, Bedeutungen und Kontexte, und er verleiht dem schweigenden Ding eine Stimme, die auch seine eigene ist. Jene berühmten letzten Verse, schicklich in Anführungszeichen gesetzt, sind nicht buchstäblich auf der Amphore eingraviert. Sie stellen die vom Dichter geschaffene Paraphrase dessen dar, was das stumme Tongefäß offenbar sagt, und als solche liefern sie Beispiele sowohl für die Hybris, welche die Kritik in den Augen ihrer Feinde verdammt, als auch für die Demut, die sie nach Ansicht ihrer sorgsamen Verteidiger rechtfertigt. Alles, was der Poet und Kritiker tut, ist schließlich, dass er die Aufmerksamkeit auf die Herrlichkeit eines antiken Kunstwerks lenkt und es darüber hinaus in ein Reich ewiger, absoluter ästhetischer Vollendung versetzt, in dem es jeder Auseinandersetzung entzogen ist. Gleichzeitig aber verbirgt er die Urne, er löscht sie aus und lässt sie buchstäblich unsichtbar werden, wahrnehmbar allenfalls indirekt durch den Nebel seiner eigenen Sprache hindurch.

Es erscheint ganz klar, dass die »Ode on a Grecian Urn«, wenn sie ein Stück Kritik ist, auf einem Niveau agiert, das weit über dem Hohn und dem Gekritzel alltäglicher Rezensionen angesiedelt ist. Anders als die Giftfedern bei *Blackwood's* und dem *Quarterly*, die man als Keats' Mörder identifizieren würde, als die Raupen, welche die poetischen Knospen seines Genies zerfressen, ist Keats ein eindeutig erhabener gearteter Kritiker, einer, dessen Wahrnehmung eines Kunstwerks auf derselben Ebene angesiedelt ist wie das Kunstwerk selbst.

Über die Jahrhunderte hinweg und zumindest schon seit Aristoteles haben Verteidiger der Kritik die Kluft zwischen der Art und Weise, in der sie meist tatsächlich praktiziert wird – nämlich dumm, fies und launisch –, und den Idealen beklagt, denen sie nacheifern sollte. In jeder Generation ist damit zu rechnen, dass die Mehrzahl der Kritiker die Sache falsch anfasst, zumindest nach Ansicht des Kritikasters, der dann mit ebenso tödlicher Sicherheit aus ihren Reihen auftritt, um ihnen das mitzuteilen und ihnen den richtigen Weg zu weisen. Wenig mehr als hundert Jahre vor dem fatalen Zusammenstoß zwischen Keats und britischen Buchrezensenten unternahm ein anderer junger Dichter, Alexander Pope, der sich von dem antiken römischen Dichter Horaz sowie unmittelbarer von dem französischen *litterateur* Nicolas Boileau anregen ließ, in den 744 kraftvollen gereimten Versen seiner Dichtung »An Essay on Criticism« den Versuch, die Gebote und Verbote der literarischen Beurteilung darzulegen. Popes epigrammatischer Ratschlag richtet sich an diejenigen, »die Ruhm zu schenken und zu verdienen trachten / und die zu Recht den edlen Namen Kritiker tragen«. Viele Strophen des Gedichts bieten Miniaturvorlesungen über die schlechten Gewohnheiten, die den angehenden Kritiker in die Irre führen könnten: Unwissenheit, Vulgarität, protzige Zurschaustellung von Esprit, sklavische Modebeflissenheit. (In vielen Fällen handelt es sich hier auch um kaum verhüllte Angriffe auf Popes Vorläufer, Rivalen und Zeitgenossen.) Doch der Leser, der auf der Suche nach po-

sitiveren praktischen Tipps oder konstruktiven Karriere-
ratschlägen ist, wird in ein Reich von Abstraktionen und
Tautologien entführt, in dem er auf eine Reihe von blenden-
den, geistreichen und vielleicht überhaupt nicht nützlichen
philosophischen Aussagen stößt:

> *Als erstes folg du der NATUR, und form dein Urteil*
> *Nach ihrem rechten Maß, das immer noch das gleiche ist:*
> *Die sichere Natur, die stets noch göttlich strahlt,*
> *Das eine klare, bleibende und allgemeine Licht,*
> *Sie, welche Leben, Kraft und Schönheit ist, vermitteln*
>   *muss sie allen*
> *Die Quelle und das Ziel der Kunst und ihren Prüfstein.*

Auch wenn Pope im Zeitalter des englischen Klassizismus
lebte und für Geschmacksregeln und ideologische Vorschriften eintrat, die sich völlig von denjenigen unterschieden,
welche später Keats, Shelley und ihre Gefährten faszinier-
ten, berufen sich doch die klassische und die romantische
Sensibilität beide auf die Natur als Quelle und als Horizont
künstlerischer Vorzüglichkeit. Im Fall von Pope manifestiert
sich die Natur weniger in Gestalt von Blumen, Vögeln, zerklüfteten Landschaften oder meteorologischen Phänome-
nen (alles Prüfsteine der romantischen Lyrik) als durch das
Werk der großen Autoren der Vergangenheit: »Drum lern
gerechte Achtung für die alten Regeln; / Kopierst du sie, kopierst du die Natur.«

Ein Werk der Schönheit ist ein Glück für immer, könnte
man sagen. Die Prüfung von Kunstwerken, welche zeitlich,
säkular und von Menschenhand geschaffen sind, muss im

Ewigen, im Natürlichen und im Göttlichen verankert sein, wo sie der Schäbigkeit des Alltäglichen entrückt ist. Von gewöhnlichen Rezensenten kann man, »wenn sie ihrer ruhmlosen Tätigkeit nachgehen, nicht erwarten, dass sie in einer Geistesverfassung sind, die sehr günstige Voraussetzungen dafür schafft, sich durch die zarteren Einflüsse von etwas so Reinem wie echter Poesie affizieren zu lassen«. Mit diesen Worten formulierte William Wordsworth eine Klage, die schon vor 200 Jahren altbekannt war. Wordsworths Verurteilung der schändlichen Skribenten seiner Zeit – mehr oder weniger dieselbe Bande, an deren zynischen Händen noch das Blut von John Keats klebte – gab Anlass zu einer ungewöhnlich beredten und systematischen (wenngleich etwas verspäteten) Entgegnung von Matthew Arnold, die den Titel »The Function of Criticism at the Present Time« trug.

Dieser Titel, den man vielleicht ausgiebiger wiederholt und imitiert hat als irgendeinen anderen nach Swifts »A Modest Proposal«, atmet viktorianische Nüchternheit und Vernünftigkeit. Arnold, ein Dichter und Angehöriger der Bildungsverwaltung (von Berufs wegen trug er den Titel Her Majesty's Inspector of Schools), ist heutzutage vielleicht am bekanntesten als Verfasser von »Dover Beach«, einem großartigen und gequälten Gedicht über vereitelte Leidenschaft und historischen Pessimismus, das sich als fester Bestandteil von Collegekursen für englische Literatur erhalten hat, sowie auch als ein Name, der in den Kriegen über Kanonfragen Erwähnung fand, die in den 1980er und 1990er Jahren an amerikanischen Universitäten aufflackerten. Arnold versteht literarische und intellektuelle Tradition als »das Beste, das auf der Welt gewusst und gedacht wird«, und auf diese

Aussage hat man sich einerseits als energische Verteidigung der abendländischen Zivilisation berufen, andererseits hat man sie aber als Legitimation für die repressive kulturelle Autorität toter weißer Männer aufgefasst. In »The Function of Criticism« tritt die zitierte Wendung jedoch als Definition dessen auf, was Kritik sein und wie sie funktionieren sollte. Vor allem sollte sie die Einzelnen und die Gesellschaft, in der sie wohnen, von den engstirnigen, kleinlichen und parteilichen Belangen der Politik fernhalten. »Da sich die Kritik so wenig in der reinen intellektuellen Sphäre gehalten hat«, behauptet Arnold,

> da sie sich so wenig von der Praxis losgelöst hat und so direkt und polemisch kontrovers aufgetreten ist, hat sie in diesem Land ihr bestes geistiges Werk so mangelhaft erfüllt; welches darin besteht, den Menschen an einer Selbstzufriedenheit zu hindern, die lähmend und vulgarisierend ist, ihn dadurch zur Vollkommenheit zu führen, dass man seinen Geist auf das, was an sich vorzüglich ist, und auf die absolute Schönheit und Angemessenheit von Dingen lenkt.

Wie könnte irgendein Kritiker an einer derart hochgesinnten und schmeichelhaften Arbeitsplatzbeschreibung etwas auszusetzen haben, zumal man durch Einwendungen zu einem Teil des Problems und daher zu der falschen Sorte von Kritikern würde? Gleichzeitig könnten jedoch der Kritiker oder die Kritikerin, denen es darum zu tun wäre, eine plausible Darstellung seiner oder ihrer Funktion in der Welt, wie sie ist, zu finden, ein wenig verwirrt sein. Was Arnold als das

Ziel der Kritik ansieht, scheint durchaus klar zu sein: sie soll eine Wegbeschreibung zum Vollkommenen und zum Absoluten liefern. Wie man aber dort hingelangen soll, erschließt sich nicht so einfach. »Die absolute Schönheit und Angemessenheit von Dingen« erinnert an die unberührte Integrität der von Keats besungenen Urne oder an Popes Natur, aber in diesen Fällen besteht die angemessene Reaktion der Kritik darin, sich zurückzuhalten, ja zu schweigen, nichts zu sagen oder zu tun, was die friedliche Erhabenheit der Gegenstände stören würde.

Mit anderen Worten, das richtige Verfahren der Ausübung von Kritik besteht darin, sie nicht auszuüben. Das ist ein Paradox, das mit besonderer Strenge von Susan Sontag in ihrem Essay »Against Interpretation« entfaltet wird, der Arnolds Traditionalismus, der charakteristisch für Whigs war, als ein Manifest für die modernistische Avantgarde neu fasst. Sontag wendet sich nicht gegen das Abgeben von Urteilen, sondern das Ausgraben von Sinn, das ihrer Überzeugung zufolge in der Mitte des 20. Jahrhunderts zur allgegenwärtigen und toxischen Aktivität von Kritikern geworden war. In der Vergangenheit könnte das Ausgraben von Inhalt aus der Form nützlich, heilsam gewesen sein – oder jedenfalls nicht zerstörerisch. So liegen die Dinge jedoch ganz eindeutig nicht in der Welt, die Sontag untersucht:

Wie die Abgase der Autos und der Schwerindustrie, die die Luft unserer Städte verunreinigen, vergiftet heute der Strom der Kunstinterpretationen unser Empfindungsvermögen. In einer Kultur, deren bereits klassisches Dilemma die Hypertrophie des Intellekts auf Kosten der Energie und der sensuellen Begabung ist, ist Interpretation die Rache des Intellekts an der Kunst.

Mehr noch. Sie ist die Rache des Intellekts an der Welt. Interpretieren heißt die Welt arm und leer zu machen – um eine Schattenwelt der »Bedeutungen« zu errichten.

Als Shelley einer Handvoll von Rezensenten den Vorwurf des Mordes machte, mag sich das bereits extrem angehört haben, aber Sontag geht viel weiter, indem sie das gesamte Unternehmen der Kritik der Umweltzerstörung bezichtigt. Verbrechen gegen die Kunst sind zugleich Verbrechen gegen die Natur und gegen die Art von unmittelbarer, sinnlicher ästhetischer Erfahrung, die zumindest im Idealfall an unsere ekstatischen Begegnungen mit der Welt der Natur erinnert. Gegen den sterilen, destruktiven Imperialismus des Intellekts tritt Sontag für eine Kritik ein, die auf »Transparenz« basiert, welche sie als »die Erfahrung der Leuchtkraft des Gegenstandes selbst, der Dinge in ihrem Sosein« definiert. In der Praxis bedeutet das eine verstärkte Aufmerksamkeit auf Formanalyse oder auf »eine wirklich präzise, scharfsichtige und liebevolle Beschreibung der äußeren Erscheinungsform eines Kunstwerks«. Sontags Rhetorik entfernt jedoch ganz ähnlich wie diejenige von Arnold ihre Leser von programmatischen Vorschlägen und führt sie hin zu etwas, was zugleich unmittelbarer und abstrakter ist. Während die Zielsetzungen Arnolds moralischer und ethischer Natur waren – Kunst und Kritik im Dienste einer ruhigen, reifen und rationalen Bürgerschaft –, sind die Ziele Sontags viel fundamentaler: »Wir müssen lernen, mehr zu *sehen*, mehr zu *hören* und mehr zu *fühlen*.«

Aber wie? Sontag meint: »Statt einer Hermeneutik brauchen wir eine Erotik der Kunst.« Das ist ein anspruchsvoller und kühner Slogan, der aber eine unbequeme Konsequenz für berufsmäßige Kritiker enthält. Wenn Kritik ein Verfahren ist oder sein sollte, nicht bloß Liebe zur Kunst zu äußern, sondern auch eine Liebesbeziehung zu ihr zu pflegen, wozu macht das dann die Leute, die es für Geld tun?

»Wie ist das denn eigentlich als Beruf?« Die eine oder andere Fassung dieser Frage haben vermutlich schon die meisten Kritiker gehört oder sich selbst gestellt; an mich richtete sie eines Nachmittags im Sommer Max, der 13-jährige Sohn von Bekannten. Seine Eltern gehen beide einer respektablen und nützlichen Tätigkeit nach. Sein Vater ist Professor für Ingenieurwesen, und er weiß nicht nur, wie man schwierige Gleichungen löst und komplizierte Maschinen baut, sondern er bringt auch anderen Leuten bei, wie man so etwas macht. Die Mutter des Jungen ist Therapeutin, sie ist dafür ausgebildet, ihre Einsichten in die menschliche Verfassung in handhabbare Lösungen für individuelle Probleme zu übersetzen. Wie die meisten modernen Kinder ist Max überdies mit Bildern von Erwachsenenarbeit aufgewachsen, bei denen praktische, zupackende Aktivitäten im Vordergrund stehen – in einer idealisierten Welt von lächelnden, bemühten Ärzten und Lehrern, Feuerwehrmännern und Busfahrern, Astronauten und Tierdompteuren. Nun aber, an der Schwelle zum Jugendalter, warf er die ersten Blicke auf eine etwas komplexere Wirklichkeit, da er ein Alter erreicht hatte, in dem die Aufforderung, in der Schule gute Leistungen zu erbringen, mit vagen, aber gleichwohl drängenden Ambitionen für die Zukunft verknüpft wird. Was willst du werden, wenn du erwachsen bist? Wenn die verträumten kindischen Antworten nicht länger ausreichen, wird das zu einer schwierigen Frage, und eine Möglichkeit zu ihrer Behandlung besteht darin, dass man verschiedene Erwachsene fragt, was sie machen.

Was *ich* mache, ist also, wie ich meinem neugierigen jungen Freund gerade erklärt hatte, dass ich mir eine Menge Filme ansehe und danach aufschreibe, was ich von ihnen halte. Natürlich kommt dann noch einiges hinzu: um etwas über einen bestimmten Film zu schreiben, muss ich mir manchmal noch einige andere Filme ansehen; und manchmal muss ich, um meine eigenen Gedanken zu klären, etwas von dem lesen, was andere Leute denken. Von Zeit zu Zeit, nicht mehr so oft wie früher, lese ich auch Bücher und schreibe dann etwas über sie. Ich habe Kollegen und Freunde, die sich Fernsehsendungen ansehen oder in Konzerte oder Museen oder Theater oder sogar in Restaurants gehen und dann darüber schreiben. Ganz schön cool, was?

Aber auch, wenn man darüber nachdenkt, ziemlich bizarr. Ich kann nicht verhehlen, dass mich bei dem Gedanken, meine eigenen Kinder könnten mit der Vorstellung heranwachsen, es sei für einen Erwachsenen ein vernünftiges Verfahren, sich seinen Lebensunterhalt damit zu verdienen, dass man sich DVDs von sämtlichen *Star Wars*-Filmen hintereinander ansieht – zu Forschungszwecken, versteht sich –, immer wieder Anfälle elterlicher Angst überkommen. Was für ein erwachsener Mann lässt finster blickend *Kung Fu*

Panda am Bildschirm über sich ergehen und macht sich dabei Notizen? Ich bin auch, um ernster zu sein, besorgt, dass für meine Kinder die Freuden des Lesens und der Kinobesuche und die besonderen ästhetischen Herausforderungen, Kunstwerke in verschiedenen Medien zu betrachten, durch das Stigma der Pflicht beeinträchtigt werden. Selbst eine Arbeit, die man liebt, ist manchmal Fron. Sich aber darüber zu beklagen, dass man etwas tun muss, was für alle anderen Menschen eine Freizeitbeschäftigung, das glückliche Gegenteil von Arbeit, darstellt – das hat etwas absolut Irres an sich.

Die Tatsache, dass eine gewisse Anzahl von Leuten für diese Tätigkeit bezahlt wird, deutet darauf hin, dass die Kritik offenbar ein Beruf ist. Ob sie ein Beruf sein sollte und wie lange sie wohl noch einer bleiben wird, das sind durchaus völlig offene Fragen, und es lohnt sich, diese Zweifel ernst zu nehmen. Anders formuliert, es lohnt sich, die Frage des jungen Max – »Wie ist das denn eigentlich als Beruf?« – ernst zu nehmen, als Ausdruck von Unglauben ebenso wie als wörtlich zu verstehende Bitte um Informationen. Was für eine Erwachsenenkarriere besteht in einer Kombination von akademischer Plackerei und Unterhaltung – im gewissenhaften Ausstoßen von Buchbesprechungen über Sachen, die alle anderen zum Vergnügen tun? Was für ein Mensch macht so etwas?

Ein irrer Typ. Ein Snob. Ein Loser. Literatur und Populärkultur bieten einen reichen Schatz von Bildern, von denen kaum eines schmeichelhaft ist. Nehmen wir ein klassisches Beispiel:

In einem muffigen, kalten Wohn-Schlafzimmer voll von Zigarettenstummeln und halbgeleerten Teetassen sitzt ein Mann in einem von Motten angefressenen Hausrock an einem wackligen Tisch und versucht, zwischen Stößen von angestaubtem Papier Platz für seine Schreibmaschine zu schaffen.

Dieser Mann, der irgendwo zwischen dem bloß Bemitleidenswerten und dem völlig Verkommenen schwebt – »Normalerweise ist er entweder unterernährt, oder er hat einen Kater. Dies nur, falls er kurz zuvor eine Glückssträhne gehabt hat« –, ist die namenlose, archetypische Gestalt, die George Orwell in seinen »Confessions of a Book Reviewer«, einer brutal offenherzigen und komischen Reise durch die verkommenen Randzonen des Literaturbetriebs, beschreibt. Diese Karikatur eines vorzeitig gealterten Burschen mit Krampfadern, mangelhafter Hygiene, unbezahlten Schulden und einem Chaos von Ablenkungen ist auch ein humoristisches Selbstporträt, denn 1946, als dieser Text erschien, war Orwell einer von Englands fleißigsten Rezensenten. Und auch einer der Schriftsteller, die sich ganz besonders freimütig selbst geißelten: Im gleichen Jahr veröffentlichte er den Aufsatz »Why I Write«, eine bewegende Verteidigung des literarischen Lebens, die auch für romantische Mythen über dieses Leben eine kalte Dusche bereithält. »Alle Schriftsteller sind eitel, selbstsüchtig und faul«, erklärt Orwell in diesem Essay, aber der Kritiker ist ein Sonderfall. In den »Confessions« räumt er ein, dass »jeder Schriftsteller … mehr oder weniger meinem Mann [gleicht]« – und das heißt, er ist ein habgieriger, schludriger Schnorrer –, stellt dann aber fest, »dass gerade das unaufhörliche, wahllose Besprechen von Büchern eine besonders undankbare, entnervende und aufreibende Arbeit ist«. (Das einzige, was in Orwells schonungslos geäußerter Wertschätzung noch tiefer steht, ist Filmkritik.)

Hinzu kommt, dass das Besprechen von Büchern ein sinnloses Unternehmen ist, eine Belastung nicht nur für den Geist des Kritikers, sondern auch für die Vitalität der Kultur. Der unglückselige Kritiker wird in einer sich selbst zersetzenden Spirale gefangen, wird doch die Erreichung seines vorgeblichen Ziels, nämlich das Gute zu preisen und das Schlechte zu verdammen, schon allein durch die Masse von Mittelmaß vereitelt, gegen die er sich behaupten muss. Das Publikum wünscht sich, was ganz verständlich ist, »eine Art Hinführung zu dem Buch, das ihm angeboten wird, eine Wertung. Sobald jedoch die Frage der Wertung angeschnitten wird, brechen alle Maßstäbe zusammen.« Mit anderen Worten, das Austeilen von Ratschlägen für Konsumenten zerrt den Akt des Unterscheidens in den Sumpf des Relativismus. Das einigermaßen Gute – für den Scheck dieser Woche oder die morgige Zeitung – wird zum Feind des Besten, und die Chancen, die bleibenden Vorzüge eines bestimmten Buches herauszufinden und zu vermitteln, brechen unter dem Gewicht überflüssiger Meinungen zusammen.

Orwell übertreibt ganz eindeutig, um eine Wirkung zu erzielen, und seine Sicht wirkt unnötig fatalistisch. Mit Sicherheit hat es einen gewissen Nutzen, ja sogar eine Wirkung, wenn man das endlose Geschäft betreibt, die Spreu vom Weizen zu trennen. Irgendwer muss sich damit befassen, muss uns anderen dabei helfen herauszufinden, worauf wir unsere Aufmerksamkeit lenken und wie wir unser Geld ausgeben sollen. Die Frage, die in Orwells Text anklingt und die mit ein paar Abänderungen im Detail auch bis in die Gegenwart gestellt wird, bezieht sich weniger auf die Mühe der Kritik als darauf, ob der Kritiker der Aufgabe gewachsen ist. Warum sollten wir ausgerechnet diesem Kerl Vertrauen schenken? Wir können das Porträt aktualisieren, die Schreibmaschine durch einen Laptop und den kalten Tee durch Starbucks Latte ersetzen, aber der Kern ist derselbe. Woher sollte wohl dieses marginale Geschöpf, ob nun Blogger in einer Kellerwohnung oder Kritikaster aus der Grub Street, die Autorität nehmen, um uns zu sagen, was wir lesen oder uns ansehen sollten? Wie kann ein derart bedeutender kultureller Einfluss – oder überhaupt irgendeiner – in diesen nikotinbefleckten Händen mit ihren abgenagten Fingernägeln und ihrem Alkoholikerzittern liegen?

Eine Möglichkeit zur Beantwortung dieser Frage – oder vielleicht zu ihrer Umformulierung – besteht darin, dass man dem Kritiker ein anderes Kostüm verpasst und den schäbigen Morgenmantel durch einen schicken Smoking ersetzt. In der volkstümlichen Phantasie gehören Kritiker tendenziell entweder zu Orwells bemitleidenswertem Stamm von Kritzlern oder zu einer berechtigteren Kaste von Kulturmandarinen. Der anonyme Buchrezensent, der sich in seinem schmuddligen Zimmer zwischen ungelesenen Büchern und unbezahlten Rechnungen abrackert, ist eines der archetypischen Bilder, die uns in den Sinn kommen, wenn wir das Wort »Kritiker« hören. Ebenso leicht könnten wir aber auch ein entgegengesetztes Bild von Glamour und skrupelloser Gewandtheit heraufbeschwören, auf dem der Kritiker nicht erbärmlich, sondern despotisch, nicht feige, sondern mächtig wirkt.

Wir könnten jemanden abbilden, der einige Jahre nach dem Erscheinen von Orwells »Confessions« berühmt wurde, einen Burschen, der seiner eigenen Darstellung zufolge keiner Einführung bedarf (es sei denn vielleicht bei Leuten, »die nicht lesen, nicht ins Theater gehen, keine unzensierten Radioprogramme hören und auch nichts von der Welt wissen, in der wir leben«), der allerdings in Wirklichkeit nie existiert hat. Ich spreche von Addison DeWitt, dem Erzähler und Deus ex machina der unvergleichlichen Theaterkomödie *All About Eve*. Die Beschreibung, die er in diesem Film von seiner Rolle gibt, taugt als boshafte Zusammenfassung der Funktion des Kritikers: »Meine angestammte Lebenswelt«, sagt er, »ist das Theater; dort arbeite ich nicht, auch spinne ich nicht. Ich bin ein Kritiker und Kommentator. Ich bin für das Theater unentbehrlich – genau wie Ameisen für ein Picknick, wie der Baumwollkapselkäfer für ein Baumwollfeld.«

Die Worte wurden von Joseph Mankiewicz geschrieben und von George Sanders gesprochen, und in ihnen spiegelt sich eine verbreitete, nur zum Teil verfehlte Auffassung von der Rolle und der Persönlichkeit des Kritikers wider, zu deren Verewigung sie auch beigetragen haben. Da ist zunächst einmal die ausgesuchte Herablassung und Selbstgefälligkeit: »Vielleicht muss ich mich vorstellen«, seufzt Addison, dem völlig klar ist, dass jeder, der überhaupt irgendetwas weiß, etwas über *ihn* weiß. Er ist ein fester Bestandteil des Lebens des Theaters oder zumindest in dessen Umfeld unvermeidlich. Gleichzeitig ist er jedoch eine periphere, ja parasitische Gestalt. Das Theater, die Kunst, die Addison sich ausgesucht hat, oder die Kunst, die sich ihn ausgesucht hat, ist seine »angestammte Lebenswelt«, aber er übt dort keine produktive Tätigkeit aus. Im Gegenteil, seine Arbeit, wenn man sie so nennen kann, ist implizit zerstörerisch. Er ist Ungeziefer, ein Schädling. Er ruiniert anderen Menschen die Arbeit und verdirbt ihnen den Spaß, wie die Ameise beim Picknick oder der Käfer auf dem Baumwollfeld. Und doch kann man nun einmal kein Picknick ohne Ameisen haben. Der Baumwollkapselkäfer, den das amerikanische Volkslied besingt, ist ein Akteur der Zerstörung und auch eine Gestalt von hartnäckiger Unnachgiebigkeit, eine Art Trickster, der allen Versuchen trotzt, ihn zu vertreiben. Mit anderen Worten, Addisons Selbstironie ist mit schmeichelhafter Selbstachtung gewürzt. Er ist eine Plage, vor der man sich fürchten muss, aber auch ein feststehender Bestandteil der Landschaft.

Wie wir in dem Film nach und nach erfahren, besetzt er eine Zone von geheimnisvoller, vielleicht unbegründeter Autorität. Addison, dem die gefürchteten und fabelhaften Theaterkritiker von Tageszeitungen zum Vorbild gedient haben, die um die Jahrhundertmitte schrieben, kann veranlassen, dass ein Stück abgesetzt wird, er kann eine Karriere fördern oder zunichtemachen und das Schicksal der unglückseligen Sterblichen, die sich in seiner Umgebung abmühen, auf andere Weise beeinflussen. Er wirkt wie ein überaus giftiger Zyniker, der aber zugleich höchst aufrichtig ist. Handelt es sich bei ihm um einen grausamen und launischen Richter Gnadenlos, oder ist er ein Hohepriester der Kultur? Tatsächlich sieht es so aus, als stehe er über den kleinlichen Bestrebungen der Ensemblemitglieder, deren Intrigen und Träume den intendierten Fokus unseres Interesses an *All About Eve* bilden, aber es ist nicht klar, ob ihn diese Distanziertheit als Führer durch ihre Bestrebungen oder als Erklärer ihrer Motive mehr oder weniger vertrauenswürdig macht. Er ist keiner von ihnen und auch keiner von uns. Weder arbeitet er, noch spinnt er – aber ebenso wenig lacht und weint er, und er steht auch nicht auf und applaudiert.

Ohne Addison DeWitt wäre *All About Eve* ein erheblich langweiligeres und viel weniger treffendes Porträt des Broadways auf dem Höhepunkt seines Glanzes und seines Popkultur-Reizes. Springen wir etwas mehr als ein halbes Jahrhundert weiter vorwärts in eine Epoche, die von der Kunst, der Bedeutung und dem Schauspiel des Essens besessen war, dann finden wir eine hochgewachsenere, düsterere Version von Addison in der Gestalt von Anton Ego, dem gefürchteten und einflussreichen Restaurantkritiker in dem Pixar-Film *Ratatouille*.

Während Addison ein Bonvivant war – sowohl ein gesellschaftlicher Schmetterling als auch eine ästhetische Schmeißfliege – bringt Ego (niemand würde es wagen, ihn mit seinem Vornamen anzureden) seine Verehrung für die Kunst durch einen abschreckenden und mönchischen Asketizismus zum Ausdruck. Seine Verrisse schreibt er in einem düsteren Raum, der die Form eines Sarges hat, und in Restaurants sitzt er allein, so skeletthaft und trübselig wie der Schnitter Tod. Eine schlechte Kritik von ihm kann ein Todesurteil bedeuten, aber die Motive, die er hat, sind anscheinend nicht bösartig oder sadistisch. Vielmehr geht er an das Essen mit einer Strenge und Ehrfurcht heran, die ihm wohl eher

Schmerzen als Vergnügen bereitet. »Mögen Sie kein Essen?«, fragt ihn ein unschuldiger Gast. »Nein«, sagt er, »ich liebe Essen«, und dabei hebt er das Wort »liebe« hervor, das eher für religiöse Verehrung als für romantische Sehnsucht oder erotisches Vergnügen steht. Und diese Liebe, die auf einer idealen, platonischen Ebene existiert, führt in der aktuellen, säkularen Welt des gewöhnlichen Essens zu einer ständigen Diät der Enttäuschung.

Menschen gehen ins Restaurant, um sich zu amüsieren, und wie die unkultivierten Ratten in *Ratatouille* essen wir, um zu überleben. Und wenn auch der größte Teil der Kunst nicht so unmittelbar in biologischer Notwendigkeit verankert ist, wird die Wahrnehmung einer Kluft zwischen dem gewöhnlichen Appetit auf Kunst und dem Geschmack des Kritikers nur noch beherrschender, wenn die ästhetische Erfahrung in zunehmendem Maße mit Konsumentenverhalten verknüpft wird. Jeder berufsmäßige Kritiker erhält regelmäßig unterschiedliche, bald entschuldigende, bald feindselige Fassungen einer vertrauten Litanei von Klagen. *Ich will mich doch nur amüsieren. Warum müssen Sie das alles so ernst nehmen?*

Und das ist tatsächlich nur eine andere Form der Frage, wie das denn eigentlich als Beruf ist. Eine Antwort oder zumindest einen Hinweis auf eine Antwort könnten wir in einem Essay zu finden hoffen, den R. P. Blackmur 1938 unter dem Titel »The Critic's Job of Work« veröffentlichte. Blackmur, der von 1904 bis 1965 lebte, hat nie die Berühmtheit des fiktiven Addison DeWitt genossen, aber er war ein eindrucksvoller Analytiker von Literatur – insbesondere von Lyrik – sowie selbst ein schwieriger und zeitweise brillanter

Dichter. Und doch ist schon der allererste Satz seines Essays entwaffnend, wenn nicht gar entmutigend: »Unter Kritik verstehe ich den formalen Diskurs eines Amateurs.«

Also nicht wirklich ein Beruf im konventionellen Sinne. »Amateur« ist ein netteres Wort als »Parasit«, das Wort, das sowohl über dem Dandy DeWitt als auch über Orwells schäbigem Skribenten schwebt, aber die Stoßrichtung beider Ausdrücke ist gar nicht so verschieden. Wenn es eine berufsmäßige oder professionelle Welt künstlerischen Schaffens – ob Theater, Lyrik, Musik, Film oder Kochen – gibt, dann ist der Kritiker in ihr per definitionem eine Randfigur. Und er ist doch auch zentral, denn der Hauptgedanke von Blackmurs Essay ist, dass die Kritik einen Teil des Sauerstoffs liefert, der die Dichtung atmen lässt, und dass sie sie davor bewahrt, sich völlig an die weltlicheren, verantwortungsvolleren, professionelleren Diskurse von Politik oder Wissenschaft anzupassen. Etymologisch bedeutet »Amateur« »Liebender«, wenn auch in einem etwas neutralen, nicht sexuellen Sinn. Der Amateur ist ein Sammler, ein Dilettant, ein Fan, der sich an einem unbequemen Punkt zwischen der zeugenden Leidenschaft der Schöpfung, die den Künstler antreibt und ihn definiert, und der gleichgültigen Promiskuität des Konsumenten verfangen hat, der je nach momentaner Lust und Laune Kunstwerke oder kulturelle Erfahrungen aufgreift und wieder weglegt. Was hat Liebe damit zu tun, wenn wir wissen, was wir mögen?

Den Kritiker, einen Feind des Vergnügens, stellt man sich somit als keusch vor: asexuell, unproduktiv und mit Sicherheit unmännlich. Die verschiedenen Inkarnationen des Kritikers – der Fiesling, der Snob, der Zankteufel, die Xanthippe – sind Manifestationen eines Bedürfnisses, einen Sündenbock zu schaffen, in dem wiederum eine eigentümliche Angst zum Ausdruck kommt. In einer demokratischen Kultur steht der Kritiker häufig, vielleicht definitiv, im Widerspruch zum Publikumsgeschmack, und aus diesem Grund stellt man sich ihn normalerweise als seltsam vor.

Es gibt natürlich gegenteilige Behauptungen – Versuche, Kritik nicht in geheimnisvoller Autorität, in überirdischer Liebe oder neurotischer Besessenheit, sondern in allgemeiner Erfahrung zu verankern. »Im Mittelpunkt aller wahrhaft erfolgreichen Kritik steht immer ein Mann, der ein Buch liest, ein Mann, der auf ein Bild blickt, ein Mann, der sich einen Film ansieht.« Diese Worte, die Robert Warshow 1954 schrieb, fallen einem heute durch ihre Selbstverständlichkeit und ihren gedankenlosen Sexismus ins Auge. Sicher könnte es sein, dass an einigen erfolgreichen Kritiken auch eine Frau beteiligt ist, die etwas von diesen Dingen tut. Doch Warshows Beharren auf Männlichkeit ist kaum ein Zufall, wenn wir uns daran erinnern, dass die Kritik in den 1950er Jahren sehr stark von dem sexuell uneindeutigen Gespenst Addison DeWitt verfolgt wurde. Warshow unternimmt hier den Versuch, für die Kritik nicht nur eine starke Beziehung zu den kulturellen Gewohnheiten und Praktiken einfacher Menschen, sondern auch eine virile Normalität geltend zu machen. In der Machoatmosphäre der Literaturwelt der Nachkriegszeit hatte die Kritik eine ganze Menge zu beweisen, und Warshow wollte beweisen, dass sie sowohl unkompliziert als auch hetero sein konnte.

Das soll nicht heißen, dass Warshow, ein brillanter Filmkritiker, dessen Karriere 1955, als er 37 Jahre alt war, jäh durch seinen Tod beendet wurde, von offener oder auch nur unterbewusster Homophobie motiviert war. Gesagt sein soll damit vielmehr, dass ihm daran lag, die Kritik als eine demokratische Form des Schreibens zu verteidigen, und dass er diesen Impuls in der Sprache seiner Zeit zum Ausdruck brachte. Als ein Autor, der vor allem den Ehrgeiz hatte, die Popkultur ernst zu nehmen und sich nicht nur mit Hollywood und mit ausländischen Filmen, sondern auch mit Comics und Schundromanen auseinanderzusetzen, war sich Warshow völlig über die intellektuellen Vorbehalte im Klaren, die einem derartigen Unternehmen im Wege standen. »Ein Mann sieht sich einen Film an«, fuhr er fort, »und der Kritiker muss eingestehen, dass er dieser Mann ist.« Das ist natürlich eine Tautologie, aber es ist auch eine radikale Herausforderung für die Vorstellung einer bevollmächtigten, verwirrten kritischen Autorität. Mit anderen Worten, der Kritiker ist kein Hohepriester der Hochkultur und auch kein Soziologe, der die Freuden der niederen Stände auf Armeslänge betrachtet und zergliedert, sondern ein absolut typischer, ja durchschnittlicher Bürger.

Weder Warshow noch seinen Lesern, ob einstigen oder heutigen, erscheint die Behauptung seltsam, dieser Status sei etwas, was der Kritiker »eingestehen« müsse. Die Entfremdung vom Schicksal der Gemeinschaft ist so tief in der grundlegenden Vorstellung von dem verankert, was ein Kritiker zu sein hat, dass es immer wieder erforderlich wird, das Gegenteil zu behaupten. Warshows »Mann« ist eine Version von Blackmurs »Amateur« und ein Vorläufer des demokratischen (im Gegensatz zum königlichen) »wir«, das die Prosa der großen Filmkritikerin Pauline Kael belebte.

Und Kael positionierte sich genau wie Warshow, wenn auch mit erheblich geringerer Zurückhaltung, als gescheiter, leidenschaftlicher Antisnob, der der aufgeblasenen Autorität von Hochkunstkennerschaft oder hochtrabender Wissenschaft den Vorrang der unmittelbaren Erfahrung entgegensetzte.

Kael war aber kaum ein Cheerleader für die Volksmeinung, ebenso wenig wie Warshow – ebenso wenig wie es irgendein einzelner Kritiker sein kann. Kritiker arbeiten in Vereinzelung, mit einem tiefsitzenden und manchmal unbequemen (bisweilen allerdings auch selbstverherrlichenden) Gefühl von Eigenart, davon, anders zu sein als alle anderen. Und doch versucht der Kritiker gleichzeitig, zu jedem anderen und bis zu einem gewissen Grade *für* ihn zu sprechen, und darum empfindet er es als notwendig, so als gäbe es da einen Zweifel, eine gemeinsame Menschlichkeit zu erklären. *Ich bin ein umgänglicher Typ, genau wie ihr.*

Und tatsächlich *besteht* da ein Zweifel, wie die imaginären Beispiele von Anton Ego, Addison DeWitt und Orwells möbliertem Herrn nahelegen. Es ist jedoch nicht erforderlich oder auch nur möglich, zwischen dem autoritativen und dem populistischen Kritiker zu wählen: Meine Behauptung geht dahin, dass die Spannung zwischen beiden der Kritik als solcher innewohnt.

Der Gedanke einer kritischen Autorität und das Ideal eines gemeinsamen Wissens stehen nicht in Konkurrenz zueinander, sondern sie sind eher die einander entgegengesetzten Ausdrucksformen eines einzigen Impulses, der auf umfassende Beurteilung, auf eine ganzheitliche ästhetische Erfahrung zielt, deren Verwirklichung den Bedarf an Kritikern überhaupt beseitigen würde. Wir wandern durch einen Irrgarten von Geschichten, Bildern, Klängen und Geschmacksrichtungen, verfolgt von Zweifeln, die letztlich dem Wert unserer eigenen Erfahrung gelten. *Sollte ich das mögen? Habe ich das verstanden?*

Dieser alte Mythos birgt eine Wahrheit, die ewig neu und erhaben ist: Dass es *einen Menschen* gibt, der in jedem Menschen nur teilweise oder nur in einzelnen Aspekten anwesend ist, und dass man die ganze Gesellschaft betrachten muss, um diesen vollständigen Menschen zu erkennen. Dieser Mensch ist weder Bauer noch Professor, noch Ingenieur – er ist all das zugleich. Dieser Mensch ist Priester und Gelehrter, Politiker, Unternehmer und Soldat. Im *getrennten* oder sozialen Zustand sind diese Funktionen auf Individuen verteilt, von denen jedes danach strebt, seinen Teil der gemeinsamen Arbeit zu verrichten, während die anderen den ihrigen erledigen.

Das ist Ralph Waldo Emerson, der in seinem Essay »The American Scholar« wie gewöhnlich zum mystischen Kern der Sache vorstößt. Das Problem, das er benennt, ist nicht die Entfremdung des Intellektuellen von der Gesellschaft, sondern eher die Entfremdung des Denkens von der Totalität des menschlichen Lebens. Und die Folge dieses »getrennten oder sozialen Zustands« ist, dass die Menschen einander wie verkümmerte Geschöpfe erscheinen, die auf die Insel von Dr. Mabuse gehören: »Die Mitglieder der Gesellschaft, so wie sie existiert, gleichen amputierten Gliedmaßen, die als wandelnde Monstrositäten umherstolzieren – ein tauglicher Finger hier, ein Hals dort, hier ein Magen und dort ein Arm, doch nie ein ganzer Mensch.« »Der denkende Mensch«, klagt Emerson, entwickelt sich zum bloßen Denker, zu einem Spezialisten, dessen Beruf eine verzerrte, geschrumpfte Version eines Unternehmens ist, welches universal sein sollte. Der Kritiker wäre, um seine groteske Körperteil-Metapher auszuweiten, vielleicht ein wandelndes Paar Augen oder vielleicht eine Zunge, durch die die spezialisierte Funktion des Geschmacks gekennzeichnet wird.

Darauf können Sie aus praktischen Gründen antworten, dass eine Spezialisierung für das einfache und ordnungsgemäße Funktionieren einer Gesellschaft oder einer Kultur erforderlich ist. Wir haben alle eine Aufgabe, und deshalb sollte es ganz natürlich sein, dass einige von uns den Beruf des Kritisierens – den der Verwaltung des kollektiven Geschmacks sozusagen – ausüben. Solch eine Vorstellung widerstreitet jedoch dem Instinkt, den Emerson preist, und der wilde, prophetische Ton seines Essays zeugt davon, wie tief dieser Instinkt sitzt.

Im Idealfall sollten wir überhaupt keinen Bedarf an Kritikern haben, es sei denn insofern, als wir alle danach streben sollten, Kritiker zu werden. Das bedeutet aber nicht, dass wir es uns in unseren Vorurteilen bequem machen oder eine reflektierende Beurteilung für die Betätigung von Sensibilität halten. Wir brauchen Kritiker, die uns daran erinnern, dass die Unterscheidung und Bewertung, selbst – oder vielleicht gerade – die unserer erklärten Vergnügungen, eine Art von Arbeit ist. Kritiker übernehmen diese Aufgabe automatisch und vorläufig bis zu dem Tag, an dem wir sie endlich und in vollem Umfang selbst erfüllen können. Und das ist der Grund, weshalb die Argumente zur Verteidigung der Kritik auch Argumente gegen sie sind. Damit wahre Kritik, also die Wiedergewinnung einer unmittelbaren Erfahrung, die gleichzeitige Erfassung von Wahrheit und Schönheit, die ganz und gar erotische und spirituelle Liebe zur Kunst, beginnen kann, muss die Kritik, wie wir sie kennen, aufhören. Davon gibt es immer zu viel und niemals genug.

PRAKTISCHE KRITIK

(Noch ein Dialog)

F: Hier sind wir nun also wieder in der gefallenen Welt, in der wir infolge der Erbsünde oder der Arbeitsteilung oder des Zorns der Götter oder aus welchem anderen Grund auch immer berufsmäßige Kritiker am Hals haben. Und sosehr du anscheinend den Wunsch hast, dich um die Sache herumzumogeln und auf ein anderes Thema zu kommen, du bist einer von ihnen. Wie ist das passiert?

A: Wie passiert etwas? Schicksal. Zufall. Schlechte Entscheidungsfindung meinerseits und auf Seiten derjenigen, die mich eingestellt haben.

F: Unsinn. Du bist dazu geboren, das zu machen. Das ist der einzige Job, den du TATSÄCHLICH bewältigen kannst, ganz gleich, was Samuel L. Jackson sagen mag. Wie bist du dir über deine Berufung klar geworden?

A: Auf die übliche Weise. Zunächst einmal stellte ich, wie ich schon sagte, fest, dass ich mich zu Welten hingezogen fühlte, die andere Menschen sich ausgedacht hatten. Ich

war ein Fan, ein Amateur in dem schönen alten aristokrati-
schen Sinn, zu dessen Erkundung man in der an Nützlichkeit
orientierten modernen Welt nur Kinder ermutigt – auch
wenn dies heute nicht mehr so oft geschieht wie früher. Ich
las Bücher, ging ins Kino, hörte Platten, liebte Kunst. Infolgedessen kam ich dazu, Kritiken zu lesen. Oder vielleicht
nicht »infolgedessen«. Als ich im ersten Kapitel sagte, dass
Kritik nicht parasitär sei, sondern primär, dass sie das Ei
sei, das vor dem Küken Kunst kommt, da wollte ich nicht
nur provozieren. Ich sprach da aus meiner eigenen Erfahrung und formte aus meinen undeutlichen Erinnerungen ein
Dogma. Es ist durchaus möglich, dass ich beispielsweise mit
der Lektüre von Pauline Kael begann, bevor ich mir ernsthaft
Filme ansah, und dass ich lange vor der Zeit, in der ich mir
viele Platten kaufte, alte Hefte vom *Rolling Stone*-Magazin
durchackerte. Ich bin sicher, dass ich zahlreiche Besprechungen von Dingen las, lange bevor ich sie gehört oder gesehen
hatte, und in einer Vielzahl von Fällen war das Lesen einer
Rezension von etwas, was ich mir nie unmittelbar zu Ge-
müte führen würde, ein vollkommen adäquater Ersatz für
die Erfahrung selbst.

F: Weil das negative Besprechungen waren, die dich davon
überzeugten, dass die Sache sich nicht lohnte?
A: Manchmal. Häufiger aber deshalb, weil die Kritik für sich
genommen vollkommen zufriedenstellend war – so vollständig und erfüllend, dass alles Weitere überflüssig wirkte.
Häufig war, das sollte ich hinzufügen, das gerade besproche-
ne Objekt mir überhaupt nicht zugänglich. Kritik war eine
Möglichkeit, etwas von neuen Dingen zu erfahren. Ich habe

mir niemals ein Broadway-Stück angesehen und bin auch nie in den New Yorker Punkclub CBGB gegangen, aber jahrelang habe ich alle Theater- und Clubshow-Kritiken gelesen, deren ich habhaft werden konnte, und das führte dazu, dass ich ziemlich gut zu verstehen glaubte, was mir da entging – die Szene, die Ästhetik, die Auseinandersetzungen, die es da vielleicht über die eine oder andere Band oder Show gab.

Im College hatte ich einen Zimmergenossen, der in einer Siedlung von Auslandsamerikanern im Nahen Osten aufgewachsen war. Sein Vater, ein leitender Angestellter eines US-Unternehmens, abonnierte für ihn die *Sporting News*. Im Alter von zehn Jahren war mein Freund von Baseball besessen und wusste darüber phantastisch gut Bescheid, aber nur in der Form, wie sie sich aus der Prosa von Sportjournalisten und aus Tabellenstatistiken ergab. Er hatte noch nie ein Spiel gesehen. In der High School und auf dem College hatte ich eine ähnliche Beziehung zum Broadway und zum Punkrock und besonders zum experimentellen Theater. Das verdankte ich in den 1980er Jahren überwiegend der *Village Voice*, die ich Woche für Woche hingebungsvoll las, auch wenn ich Hunderte von Meilen von New York entfernt wohnte. In dieser Zeitschrift fand man damals eine Vielzahl von brillanten und bissigen Kritiken. Ich las Stanley Crouch über Jazz, Robert Christgau und Ellen Willis über Rock, J. Hoberman und Andrew Sarris über Film, Peter Schjeldahl über Kunst. Und auch C. Carr über Underground, avantgardistisches Theater und Performancekunst. Ich wusste nicht, dass das C. für Cynthia stand. Ich wusste nicht, ob die Verfasserangabe auf einen Mann oder eine Frau verwies. Und ich habe nie etwas von dem gesehen, worüber sie schrieb – habe nie einen Fuß in La MaMa oder das Ontological-Hysteric Theater gesetzt, kannte das Werk von Laurie Anderson oder David Wojnarowicz oder die Drag Performers von Alphabet City nicht aus eigener Anschauung.

Ich sage das nicht, um mich zu brüsten. Im Gegenteil, das ist mir ziemlich peinlich. Wenn ich zurückblicke, weiß ich nicht, warum ich nie den Nerv hatte oder das Geld sparte, um mir einen Bus in die Stadt zu nehmen und mir die Sache selbst anzusehen. Aber was ich sagen will, ist, dass die Darbietung, die mich wirklich interessierte, die von Carr war: das Schauspiel ihres Urteils; die Dramatik ihrer Argumente; die Art und Weise, in der sie ihre Beschreibungen verschiedener Künstler und Stücke mit Reflexionen über Sexualpolitik, AIDS, städtisches Leben und all die Dinge verknüpfte, die sich anscheinend direkt in meiner Umgebung und zugleich für mich gänzlich unerreichbar abspielten. Was mich endgültig überzeugte, war nicht die Kraft ihrer Ideen, sondern das Charisma ihrer Stimme.

F: Glaubst du, dass sie glücklich wäre, wenn sie das hörte? Meinst du nicht, dass sie den Versuch unternahm, ihre Leser zu überzeugen, sie auf der Ebene von Meinungen und Ideen für sich einzunehmen, und nicht, sie mit ihrer Prosa zu bezaubern und zu blenden?

A: Höchstwahrscheinlich ja. Argumentieren ist für die Kritik ebenso wichtig wie Volumen für die Skulptur und Farbe für die Malerei oder Gestik und Haltung für eine Darbietung auf der Bühne. Aber genau wie Skulptur und Malerei Künste der Hand sind und die Schauspielerei eine Kunst des

Körpers darstellt, ist die Kritik vor allem eine Kunst der Stimme.

F: Nicht was gesagt wird, sondern wie es gesagt wird? Das klingt nicht richtig.

A: So meine ich es nicht ganz: Die Kritik ist nicht so sehr eine Sache der Technik oder der Form wie eine der Persönlichkeit – es geht darum, wen du dir eigentlich als Sprecher vorstellst. Es hat mich immer geärgert, dass einige Publikationen, was früher üblicher war als heute, ihre Rezensionen anonym bringen, so als seien die Besprechungen nicht mehr als der Ausdruck einer institutionellen Sensibilität.

F: In gewissem Sinne sind sie das aber, so wie die nicht gezeichneten Leitartikel auf der Meinungsseite. Es ist völlig normal zu sagen, »Die *New York Times* fand es scheußlich« oder »*Entertainment Weekly* hat ihm eine Eins gegeben«. Im Internet geht das noch weiter in Richtung Unpersönlichkeit oder kollektives Urteil: eine 74 bei Rotten Tomatoes; von Yelp eine Punktezahl von 4,5. Die individuelle kritische Stimme könnte vielleicht keine so große Rolle spielen, wie du glaubst.

A: Ich finde es unverständlich und entsetzlich, dass Leute ein so blindes Vertrauen zu Meinungen haben, die man aggregiert hat oder deren Quelle zweifelhaft ist. Ganz abgesehen von einer persönlichen Beleidigung. Aber du hast völlig recht, dass es bei der Kritik immer ein gewisses Maß von Aggregation gegeben hat, auch wenn sie früher vielleicht weniger auf Daten beruhte als das, was wir heute bekommen. Wie anders nimmt die gängige Meinung Gestalt an? Wie anders kommt es zu der Möglichkeit, sich von der gängigen Meinung abzusetzen?

Doch ich spreche jetzt von einer etwas anderen Sache – nicht von Beurteilen und Einstufen, sondern von Lesen und Schreiben.

F: Okay.

A: Lesen ist eine zutiefst einsame Erfahrung. Die Schriftsteller, die mir etwas bedeuten, fühlen sich wie Menschen an, die ich sehr gut kenne. Ich glaube, ich verstehe, wie ihr Geist arbeitet. Ich nehme an, ich weiß, was sie glücklich oder zornig macht. Ich verinnerliche die Rhythmen ihrer Sätze. In meinem Fall könnte dies eher für Kritiker zutreffen als für irgendeine andere Art von Schriftstellern, und das ist vielleicht der Grund, weshalb ich gerade zu einem Kritiker herangewachsen bin.

In meiner Jugend waren die Autoren, die ich las, sowohl Quellen der Information als auch Lehrer und Vorbilder. Greil Marcus. Pauline Kael. C. Carr. Vincent Canby. Clive James. Susan Sontag. Ich finde in meiner Prosa immer noch Spuren von ihnen und ebenso auch von anderen, älteren, aber in neuerer Zeit aufgenommenen Einflüssen, etwa von Mary McCarthy und Randall Jarrell und James Agee. Von Hazlitt und Ruskin und Roland Barthes ganz zu schweigen.

F: Aber deine Stimme ist sicher deine eigene.

A: Nett, dass du das sagst. Aber das könnte einfach daher rühren, dass ein Chor von Stimmen keine Möglichkeit hätte, etwas Zusammenhängendes oder auch nur Verständliches hervorzubringen. Die Kakophonie in meinem Kopf ist völlig unkontrollierbar, und aus der Unmöglichkeit, all diese dissonanten Stimmen zu vereinheitlichen, konnte sich die Individualität herausbilden, die ich vielleicht besitze. Nachahmung ist die Vorbedingung für Originalität. Oder, um es anders zu sagen: Nachahmung ist der kürzeste Weg zur Fertigkeit und der beste Prüfstein für sie. Um einen Meister zu imitieren, braucht man Geschick und praktische Erfahrung, und die werden dann zu den Quellen der eigenen Meisterschaft.

F: Hast du wirklich Kritiken geschrieben?

A: Nicht direkt. Sicher plapperte ich in Gesprächen Meinungen und Ausdrucksformen nach, und ich vermute, dass mich das ziemlich unerträglich gemacht hat. Ich hatte aber den Ehrgeiz, Schriftsteller zu werden, und den fütterte ich damit, dass ich hartnäckig in der *Paris Review* Interviews mit berühmten Romanciers und Lyrikern las. Eigentlich träumte ich, glaube ich, nicht so sehr davon, Romane und Gedichte zu schreiben, sondern eher davon, darüber interviewt zu werden, wie es sich anfühlte, sie zu schreiben – *Schreiben Sie gleich am frühen Morgen oder in den späten Nachtstunden? Spitzen Sie zunächst einmal Ihre Bleistifte an? Sitzen Sie oder stehen Sie? Was für eine Schreibmaschine bevorzugen Sie?* Das ist ein Traum, der sich vielleicht erfüllt, während wir hier miteinander sprechen.

Ich wollte über das Schreiben reden, und die Gedichte und Geschichten, die ich dann zu schreiben versuchte, fielen irgendwie immer sehr geschwätzig, sehr kritisch für mich aus. Und dadurch wirkten sie schlechter, als sie wahrscheinlich waren, nicht nur unbeholfen, sondern irgendwie falsch. Die dominierenden Stile der Belletristik waren damals dem Denken strikt abhold. Man sollte wie Raymond Carver oder Ann Beattie schreiben, in dieser ausdruckslosen, antiinnerlichen Repräsentation von Fakten und Details. Oder aber wie Donald Barthelme, mit diszipliniertem und schrulligem Formbewusstsein.

F: Du solltest so schreiben? Wer hat das verlangt? Und warum musstest du dich daran halten? Es könnte sein, dass du ein kleines bisschen zu besessen von Imitation als kreativem Prinzip bist. Warum konntest du nicht einfach schreiben, wie du wolltest und was du wolltest?

A: Oberflächlichkeit, vielleicht. Mangel an Mut. Unzureichendes Talent.

F: Also ist der Kritiker vielleicht doch ein gescheiterter Schriftsteller?

A: Darüber werde ich mich nicht streiten. Aber es ist interessant, dass sich einige der erfolgreichen Verfasser fiktionaler Werke aus meiner Altersgruppe wieder einer intellektuelleren Schreibweise zugewandt haben, einer Literatur von Ideen, die (zumindest teilweise) die Kritik in das Gesamtgebiet der Belletristik einbezieht.

F: Du denkst an David Foster Wallace?

A: Unter anderem. Aber ja. All die Fußnoten. Der ganze Diskurs. Die endlose Selbstbefragung. Du hast vielleicht bemerkt, dass das Format von unseren kleinen Plaudereien seinen *Brief Interviews with Hideous Men* entlehnt ist.

F: Und da hatte ich gedacht, es wäre Oscar Wilde. Ich habe die ganze Zeit versucht, einen spätviktorianischen Lebemann zu verkörpern.

A: Ich auch. Aber bewegen wir uns jetzt nicht allzu sehr auf der Meta-Ebene.

F: Bitte nein. Diese Art von Befragung soll praktisch sein. Wie bist du dazu gekommen? Wie machst du das? Du siehst dir Filme an, und du schreibst etwas über sie. Das kann nicht so kompliziert sein.

A: Ich schätze nicht. Jeder geht ins Kino. Jeder hat eine Meinung. Die Herausforderungen, vor denen Filmkritiker stehen, sind Abwandlungen dessen, womit sich Kritiker in anderen Disziplinen auseinanderzusetzen haben. Jeder Kritiker muss mit den Kräften von Publicity und Hype ringen, mit einem Kulturapparat, der dazu da ist, kritische Stimmen zu dämpfen und an den Rand zu drängen.

F: Ach was. Du wirst in der Werbung zitiert! Du hast das Feuilleton einer großen Zeitung zur Verfügung. Du kannst sagen, was du willst. Du kannst Filmstars und Studiobosse ungestraft anpissen. Oder etwa nicht?

A: Sicher. Irgendwie. Aber diese Freiheit existiert in einer Welt, die von Werbung und Marketing beherrscht wird, von dem Imperativ, zu kaufen und zu verkaufen, und nicht, innezuhalten und nachzudenken.

F: Der alte Krieg zwischen Kunst und Kommerz.

A: Nicht ganz. Kunst und Kommerz haben immer zusammengearbeitet. Ihr Antagonismus ist zum Teil ein Märchen.

Das, wovon ich spreche, ist der Kampf zwischen Kritik und Werbung. Aus dem einen Blickwinkel ist die Werbung ja nun völlig wohltätig, und die Kritik ist ihre bereitwillige Magd. Im Prinzip ist nichts dagegen einzuwenden, dass man sich um die Aufmerksamkeit des Publikums bemüht, dass man für das, was man verkauft, ein Publikum sucht. Das hat eine gewisse Kunst und auch eine gewisse Wissenschaft. Viele ausgezeichnete Filme sind halb in Vergessenheit geraten, weil die Marketingkampagnen unzureichend konzipiert oder durchgeführt waren, und andere, gute wie schlechte, verdanken einen Teil ihres Erfolges der Intelligenz und der Intuition von Marketingspezialisten. – Dein Blick ist skeptisch.

F: Ich bin ein wenig überrascht, wenn ich höre, wie du deine natürlichen Feinde lobst. Und liegt die Herstellung einer Verbindung zum Publikum nicht eigentlich in der Verantwortung des Künstlers?

A: Das ist der digital-utopische Wunschtraum unserer Zeit, nicht wahr? Die Ökonomie des Teilens. »Macher« werden ihre Waren auf eine altmodische, handwerkliche Weise feilbieten, unterstützt von neuen Technologien. »Bring es einfach raus!« – was immer es ist. Dein selbstpubliziertes E-Book, deine Web-Serie, deine handgestrickten Schals und selbstgebrauten Liköre. Die Leute werden es finden.

Wie werden sie es aber finden? Wie werden sie wissen, was sie damit anfangen sollen? Und – das ist die wichtigste Frage – wessen Interessen wird mit diesem System gedient? Nicht denen der Künstler: Die Erträge ihrer Arbeit sind ständig geschrumpft, sieht man von einer Handvoll Superstars ab. Die anderen raufen sich um Pfennigbeträge.

F: Wie steht es aber mit dem Interesse des Publikums? Wir haben so viele Dinge, aus denen wir die Wahl treffen können, und so vieles davon ist billig oder umsonst. Und eine Menge davon ist besser als das, was es vorher gab. Größere Fülle, höhere Qualität, problemloser Vertrieb – warum soll man sich über einen von diesen Aspekten beklagen?

A: Das tue ich nicht! Aber es gibt verborgene Kosten und offene Fragen. Wie sollst du angesichts dieser Fülle auswählen? Was wird deine Wahl lenken? Es gibt wirklich nur zwei Optionen: Marketingvertreter, die die Aufgabe haben zu verkaufen – das heißt, in ein positives Licht zu rücken, hochzujubeln, zu *lügen* –, und Kritiker, die die Aufgabe haben, die Wahrheit zu sagen.

F: Wie kann das aber die Wahrheit sein? Es ist nur deine Meinung. Ich dachte, wir hätten das festgelegt: deine Stimme.

A: Du hast nicht hingehört. Die Stimme des Kritikers ist vor allem eine ehrliche Stimme, eine Stimme, der man vertrauen kann. Nicht gehorchen oder blind zustimmen, aber so vertrauen, wie man einem Freund vertraut.

F: Nun ja, Freunde können einen in die Irre führen. Und wie wird dieses Vertrauen verdient? Was ist, wenn es verraten wird? Was ist, wenn sich herausstellt, dass die Stimme in deinem Kopf unrecht hat?

FÜNFTES KAPITEL

WIE MAN SICH
IRREN SOLL

Jeder möchte gerne recht haben. Es vermittelt ein gutes Gefühl, wenn man in einer Auseinandersetzung Sieger ist, wenn man behaupten kann, man verfüge über die relevanten Fakten, und sagen kann: *Sehen Sie! Das habe ich Ihnen doch gesagt.* Die heilige Pflicht des Kritikers ist aber, unrecht zu haben. Nicht mit Absicht natürlich und nicht aus Faulheit, Unwissenheit oder Dummheit. Nein: der Kritiker hat die Aufgabe, einen gewundenen, in Schleifen verlaufenden, immer wieder neu ansetzenden, unabgeschlossenen Weg zur Wahrheit zu verfolgen und dabei einen endlosen Kampf gegen voreilige und permanente Gewissheit zu führen.

Der Drang zum Rechthaben, zur Beanspruchung des Rechts auf Prahlen, das man sich dadurch erwirbt, hat den Effekt, dass er das Streben nach Wahrheit in ein Spiel verwandelt, in dem der Irrtum paradoxerweise keine Folgen mehr hat. In der neueren Geschichte finden sich unzählige Fälle, in denen ausgewiesene Experten, Staatsmänner, Forscher, CEOs, Leute mit netten Anzügen und wichtiger Frisur, die im Fernsehen auftreten, bei Angelegenheiten von großer Bedeutung wie etwa Wahlen, Wirtschaft, Umwelt, Ratsamkeit eines Krieges mit unsicherem Ausgang im Nahen Osten absolut und krass danebengelegen haben. Fast ausnahmslos hat dieser Irrtum ihrem professionellen Ruf kaum ernstlich Abbruch getan. Im Gegenteil, den Demütigungen, die sie erlebten, schrieb man eine vermenschlichende Wirkung zu. Ihre Mea-culpa-Rufe wurden als Aufforderung verstanden, sich mit der Fehlbarkeit von Experten und der Vertracktheit der Wirklichkeit zu trösten. *Ich habe Mist gebaut! Mathe ist schwer! Niemand hätte vorhersehen können ...*

Ehrliche Fehler oder regelrechte Lügen? Die Unterscheidung ist schwierig, und Spekulationen hierüber sind unhöflich. Wirklich ärgerlich ist jedoch, wie häufig die achselzuckenden Schuldeingeständnisse auf unverfrorene Erklärungen von Gewissheit folgen, wie schon bald nach einer kurzen Phase der Zerknirschung wieder Erklärungen von ebensolcher Gewissheit folgen. Die Wahrheit erntet einen kleinen Lohn von vorübergehendem, fragwürdigem Ruhm, während der Irrtum munter unberichtigt bleibt. Das kommt daher, dass das herrschende Argumentationsklima klare und kategorische und häufig übertriebene oder geradezu aus der Luft gegriffene Unterscheidungen begünstigt und verewigt: zwischen links und rechts, zwischen der Regierung und dem Markt, zwischen Daten und Intuition, zwischen Wissenschaft und Glauben. Die Beteiligung an einer Debatte über so ziemlich jedes beliebige Thema bedeutet, dass man eine Loyalitätserklärung abgibt, sich zu einem Parteigänger erklärt, und die schwierige dialektische Arbeit der Identifizierung des Guten, des Schönen und des Wahren geht im Lärm widerstreitender Pseudoprinzipien unter. Polarisierung mag der Naturzustand des Gemeinwesens sein oder auch nicht, aber es besteht kein Zweifel daran, dass sie sich im Fernsehen gut macht und das Leben erleichtert, indem sie das Denken ächtet.

Ich will nicht behaupten, dass öffentliche Streitigkeiten, die zum Teil deshalb so lautstark sind, weil die erörterten Probleme wirklich wichtig sind, gegenstandslos seien. Und ich möchte auch nicht in einen seichten, lauwarmen Relativismus verfallen, der den Extrempositionen symmetrisch Schuld zuweist und die Tugend in der schwammigen, unbestimmten Mitte – beide Seiten haben bis zu einem gewissen Grade recht, beide Seiten sind schuldig – verortet. Kein Kritiker, der etwas auf sich hält, kann ein Apostel der Mäßigung sein. Ich würde vielmehr behaupten, dass das ermüdende Theater widerstreitender Gewissheiten, des Prahlens, der *Erwischt!*-Rufe und der lautstarken Unterstellung böser Absichten durch einen Relativismus ermöglicht wird, der sich weigert, zwischen Wahrheitsbehauptungen und Meinungsäußerungen oder zwischen Skepsis und Erfindung zu unterscheiden. Es fällt uns so leicht, uns zu irren und uns von der Schande des Irrtums wieder zu erholen, weil wir kaum glauben können, wie schwer es in Wirklichkeit ist, recht zu haben. Der Wunsch nach einer Abkürzung, ob in Gestalt einer unerschütterlichen Weltanschauung oder einer Menge flotter Algorithmen, nährt den Verdacht, dass jede Aussage betrügerisch ist und sich daher einfach entlarven lässt.

Die wesentliche Bescheidenheit und Strenge der wissenschaftlichen Methode wird weithin und billig karikiert und vorsätzlich missverstanden. Die Tätigkeit von Naturwissenschaftlern besteht bis zu einem gewissen Grade in dem mehrfach wiederholten Versuch, sich einen Fehler nachzuweisen. Eine Hypothese ist nur gültig, wenn man sie zum wiederholten Male dem Versuch einer Falsifizierung ausgesetzt hat, und erst dann trägt sie den trügerisch bescheidenen Namen Theorie. Die Feinde der Wissenschaft nehmen diese Bescheidenheit zum Anlass für strategisch hochgezogene Augenbrauen. Die Tatsache, dass sich wissenschaftliche Erkenntnis immer in einem Zustand der Unvollständigkeit und manchmal des regelrechten Irrtums befindet, liefert Munition zur Infragestellung wissenschaftlicher Behauptungen über Klimawandel, Evolution und öffentliches Gesundheitswesen, und Gleiches gilt für gelegentlich vorkommende, unvermeidliche Episoden von Betrug, schlechter Methodik oder anderen rechtswidrigen Handlungen.

Die fragile Autorität des Journalismus ist in ähnlicher Weise von innen und von außen erschüttert worden. Das Sammeln von Fakten ist eine tückische und verwirrende Tätigkeit, die ständiger interner und externer Kontrolle und Korrektur bedarf, ein Erfordernis, das zur Entstehung einer Heimindustrie von Verschwörungsvorwürfen, zweifelhafter Faktenüberprüfung und kurzschlüssiger Medienkritik geführt hat. Das Ergebnis ist ein fortwährender und sich selbst perpetuierender Zustand einer erkenntnistheoretischen Krise, in der die Grundposition nicht die ist, dass wir etwas *nicht wissen*, sondern dass wir etwas *nicht wissen können*. Im Besitz unserer eigenen Wahrheiten, die uns wie durch ein unantastbares Geburtsrecht zukommen, erhalten wir die

Erlaubnis, ja die Ermutigung zum Argumentieren. Aber wir dürfen nicht sagen: »Sie haben unrecht.« Das wäre unhöflich! Stattdessen greifen wir auf die Pseudoweisheit des Dude in *The Big Lebowski* zurück und sagen: »Das ist bloß deine Meinung, Mann.«

Während wir aber in einen Zustand eines antiwissenschaftlichen Pseudoskeptizismus abgleiten, verehren wir auch Idole eines vulgären pseudowissenschaftlichen Empirismus. Das Opium der halbaufgeklärten Massen im digitalen Zeitalter sind Informationen, Daten, »Mathe« – unpersönliche, unbestreitbare, aber nichtsdestoweniger geheimnisvolle Zahlen, die versprechen, unsere verzwicktesten und hartnäckigsten Probleme in Sudoku-Rätsel zu verwandeln. Die blühenden Industrien von TED-Talks mit ihrem Verramschen von Ideen, von populärwissenschaftlichen Publikationen und gewieftem »erklärendem« Journalismus bieten die ständige Verführung cooler, unerwarteter Einsichten und reibungsloser Lösungen. Angelegenheiten, über die man früher nachdenken und debattieren musste – tiefgründige Fragen von Politik, Sittlichkeit, Kunst und Gerechtigkeit –, lassen sich jetzt kartieren und quantifizieren.

Manchmal kann diese Denkweise, das, was Evgeny Morozov, ein erbitterter und wortgewaltiger Kritiker der modernen Technologie-Ideologie, als »solutionism« bezeichnet, zu neuen Perspektiven führen und ehrwürdige, als selbstverständlich angesehene Denkgewohnheiten verdrängen. Wissen ist immer besser als Aberglaube. Häufiger jedoch sucht sich der Datenkult, durch die Meinungskultur begünstigt, ein abgekürztes Verfahren zur Umgehung von Schwierigkeiten. Digitale Visionäre entwerfen erregt eine Zukunft, in der sich die tristen, unlösbaren Probleme der Geschichte durch den Fluss und die Organisierung von Informationen erledigen werden. Soziale Netzwerke werden sich in Träger menschlicher Freiheit verwandeln, genau wie Apps die Vehikel menschlicher Kreativität sein werden. Unterdessen werden Ideen, die man der Neurowissenschaft und der Evolutionspsychologie entlehnt hat, endgültig die Aufgabe lösen, zu erklären, warum wir so sind, wie wir sind. Sobald wir die Anpassungsstrategien und Gehirnfunktionen isoliert haben, die unseren Wünschen und Verhaltensweisen zugrunde liegen, werden wir mit beispielloser Entschiedenheit sagen können, was wir mögen und warum wir es mögen. Die Tätigkeit der Kritik wird obsolet werden, eine Form der Hexerei oder bestenfalls ein eigenartiges handwerkliches Überbleibsel aus den Tagen, in denen wir es alle noch nicht besser wussten. Dies ist eine weitere Version des mythischen Endes der Kritik.

Kritiker sind keine Wissenschaftler, und Reporter sind wir auch nicht, obgleich viele von uns professionelle Journalisten sind. Ebenso wie die Kritik als intellektuelle Aktivität leben wir nicht in der Welt von Fakten und Gesetzen und Axiomen, sondern eher in dem verschwommeneren Reich von Intuition, Beurteilung und Mutmaßung. Es gibt keine Datenmenge, die unsere Positionen bestätigen wird, ungeachtet der Mode, sie jetzt mit Zahlenwerten zu verknüpfen. Die Pseudowissenschaft der Aggregation, der die Darstellung von Yelp-Werten in Tabellen oder die Messwerte von Rotten Tomatoes entspringen, hat durchaus einen gewissen Nutzen, da sie manchmal ein statistisch zutreffendes Bild dessen liefern kann, was manche Leute denken, oder ein amüsantes Bild dessen bietet, was sie gesagt haben. Was sie uns nicht sagen kann, ist, ob sie recht haben.

Der einzelne Kritiker ist, das will ich zugestehen, nicht viel vertrauenswürdiger. Als statistisches Exemplar eines solchen kann er oder sie mit hoher Wahrscheinlichkeit damit rechnen, dass das Urteil der Geschichte, des Publikumsgeschmacks oder des gesunden Menschenverstands ihn oder sie zurückweist, korrigiert oder überstimmt. Das ist kein Zufall und auch kein Mangel in dem System, durch welches ästhetische Werte hervorgebracht und vermittelt werden, sondern vielmehr ein Aspekt, der für das Funktionieren dieses Systems unentbehrlich ist. Mit anderen Worten, Kritiker haben die Aufgabe, sich zu irren. Das ist das einzige, was wir tatsächlich, zuverlässig tun können.

Es gibt jedoch viele verschiedene Verfahren, mit dem Irrtum umzugehen. Die einzig wirklich hilfreiche Anleitung zur Praxis der Kritik wäre ein Kompendium von Irrtümern und unangemessenen Äußerungen. Das ist nicht gleichbedeutend mit einer Liste der Verfahren, wie man die Sache schlecht bewältigt. Ganz im Gegenteil: Das wesentliche Versagen der Kritik kann nur erreicht werden, wenn man es so gut wie möglich, mit aufrichtigem und hartnäckigem Bemühen, bewerkstelligt. Faule, schlampige oder widerliche Kritik nützt niemandem, und wenn es auch schwerfallen mag, sie zu vermeiden, ist es doch nicht schwierig, sie zu identifizieren. Es gibt Dinge, die man nicht tut – Laster und Tabus. Sie sind nicht deshalb weniger bedauerlich, weil sie vielfach praktiziert werden. Und sie lassen sich auch nicht durch Termindruck, Platzmangel, Gruppenzwang, Arbeitsplatzrücksichten oder irgendeinen anderen der kleinen Dämonen entschuldigen, die jeden bedrängen, der schreibt. Die schnelle Schreibe in unterschiedlicher Form ist unser Normalzustand, und die Frucht unserer Bemühungen ist größtenteils Mittelmaß. Unsere schlechten Gewohnheiten und beschämenden kleinen Sünden übergeht man am besten mit Stillschweigen.

Aber da Sie danach gefragt haben, und in keiner bestimmten Reihenfolge ... Die erste Gewohnheit höchst ineffektiver Kritiker ist das wahllose Hantieren mit Adjektiven. Einige von uns haben anscheinend an die Wand über ihrem Schreibtisch eine alphabetische Liste geklebt: Abscheulich Beeindruckend Charmant Dumm Erstaunlich Fesselnd Großartig Hinreißend Interessant Komisch Lustig Mitreißend Niederträchtig Optimal Peinlich Qualvoll Rasant Schrullig Toll Unnachahmlich Verblüffend Wertlos Zauberhaft ... Das sind alles nur Synonyme für »gut« und »schlecht«, und genau wie diese faden, kindischen Wörter stoßen sie einen Autor hinunter von den steinigen Hängen der Argumentation in den nasskalten Sumpf der Behauptung. Die Tatsache, dass sie von Werbeleuten geschätzt und bei Marketingkampagnen isoliert und unter überflüssiger Hinzufügung von Ausrufungszeichen verwendet werden, ist ein Beweis für ihre begriffliche Nichtigkeit. Natürlich sind diese Wörter unvermeidlich, aber das gilt für so vieles Unwürdige, und je weniger man von ihnen Gebrauch macht, desto näher wird man dem verheißenen Land des Irrtums kommen.

Ebenso ist es weise, ein Verfahren zu vermeiden, das man als den Trugschluss der ablenkenden Intransitivform bezeichnen könnte. Für das ungeübte Ohr klingt es smarter – mehr so, als sage man tatsächlich etwas –, wenn man behauptet, dass ein Buch oder ein Theaterstück oder ein Film »befriedigt« oder »frustriert« oder »enttäuscht«, ohne anzugeben, wer genau befriedigt oder frustriert oder enttäuscht wird. In jedem Fall sind Sie es (wer könnte es wohl sonst sein?), aber dadurch, dass man das »mich«, das logisch und grammatisch auf diese Verben folgen sollte, unter den Tisch fallen lässt, tut man so, als habe man nicht eine persönliche Reaktion, sondern ein universelles Urteil formuliert. Dieses Verhüllen der subjektiven Dimension nimmt auch noch andere Formen an, die fast alle auf eine versteckte Unsicherheit seitens des Autors hindeuten. Wenn man etwas als »anspruchsvoll« bezeichnet, dann heißt das, dass man in Sorge ist, man könnte es nicht verstanden haben. Tut man etwas als »albern« ab, dann verrät das den Verdacht, dass man keinen Sinn für Humor hat. Greift man zu dem überaus leeren Wort »bezwingend« – Wen bezwingt die betreffende Sache? Zu welchem Handeln zwingt sie? Warum ist das lobenswert? –, dann ist das ein Eingeständnis, dass man nichts zu sagen hat.

Natürlich hat man manchmal nichts zu sagen und muss trotzdem ein paar hundert Wörter ausstoßen. Zeitungen, Zeitschriften und das Internet sind voll von überhasteten, opportunistischen, konfusen Versuchen von Kritik, die meisten davon völlig aufrichtig, einige von ihnen vom Autor dieses Buches verfasst. Auch bei Amateuren kommt es vor, dass sie sinnlos herumschwafeln, wenn sie dem Druck nachgeben, eine Meinung zu haben, eine Position zu beziehen, eine Stimme abzugeben. Man kann nicht immer so ohne weiteres die Achseln zucken und sich sträuben, selbst wenn das die ehrliche Reaktion wäre, und so verliert man sich in ein

Dickicht von unverbindlichen oder unaufrichtigen Äußerungen.

Das ist Ihr Problem und Ihre Aufgabe. Der Krieg gegen schlechtes Schreiben ist letztlich ein privater Kampf, der im Geist und in den Fingern einzelner Autoren ausgefochten wird. Jeder Schlachtplan, den ich hier anbieten könnte, würde in eine schimpfende, heuchlerische Liste von Geboten und Verboten ausarten. Sei nicht dumm. Denk klar. Schlenkere nicht mit Beiwörtern oder gespaltenen Infinitiven. Mach wirksamen Gebrauch von Gedankenstrichen. Es ist nicht so schwer.

Das ist es in Wirklichkeit aber doch. Und einer der Gründe dafür, dass Kritik schwierig ist, liegt darin, dass die Gebote und Verbote, sieht man von technischen Daumenregeln im engeren Sinne oder übermäßig allgemeinen Ratschlägen wie den oben angeführten ab, austauschbar sind. Die besten Praktiken sind auch die schlimmsten Laster. Die offenkundigen und herausragenden Verbrechen von Hast und schlechter Schreibe, die aufgeplusterten Adjektive, die unbegründeten Behauptungen und die glitschige Syntax, die früher die Feuilletonseiten der Zeitungen füllten und die jetzt das Internet aufschwemmen, sind Symptome dafür, wie schwierig Kritik wirklich ist, wie schwer zu fassen ihre Ziele sind und wie paradox ihre Prinzipien. Dass diese eigentlich so elementar aussehen – beschreibe, was du siehst; sag uns, ob es gut ist –, begründet ihre Schwierigkeit. Wie beginnt man damit, eine Erfahrung oder einen Gegenstand in Worte zu übersetzen und zugleich eine Argumentation vorzutragen, ein Urteil abzugeben, Position zu beziehen? Die einzig verlässliche Anleitung wäre, die Karte einer *via negativa* zu

zeichnen, eines Weges der Dinge, von denen man sich fern-
hält, die man meidet und an denen man zweifelt. Im Geiste
von negativer Fähigkeit und vielleicht auch von verkehrter
Psychologie, da der kritische Geist ebenso pervers von Über-
tretungen angezogen wie von Regeln fasziniert wird, werde
ich hier also einige der Trugschlüsse, Platitüden, Fußangeln
und Versuchungen erkunden, um deren Vermeidung sich
jeder gewissenhafte Kritiker bemühen sollte. Was nun folgt,
ist auch eine Einführung in die höchsten Werte und die
edelsten Ziele der Kritik.

Die große Verfälscherin des kritischen Urteils ist die Zeit.
Das ist nur eine andere Form der Aussage, dass der sicherste
Weg zum Irrtum darin besteht, dass man überhaupt etwas
sagt. Ein Kritiker, der es sich zur Aufgabe macht, das Neue
zu wittern, wird per definitionem von der Gegenwart geblendet. Der grelle Glanz des frisch gesehenen Werkes kann
einen blind machen, und das, was schließlich wie eine billige
und geschmacklose Fassade von Novität wirkt, kann im Tau-
mel der enthusiastischen Entdeckung wie die revolutionäre
Offenbarung aussehen. Oder es wird sich umgekehrt die
scheinbare Monotonie des Werkes als eine zeitweilige Pa-
tina erweisen, die seinen wahren Glanz überdeckt, der sich
erst künftigen Blicken offenbaren wird.

Geschmacksrichtungen ändern sich, und auch wenn manche Kritik dem herrschenden Geschmack ihrer Epoche widerstehen, ihn in Frage stellen oder ihm nur beschränkt folgen mag, kann keine Kritik ihrer Zeit entrinnen oder frei
über ihr schweben. Und so läuft ein Kritiker immer Gefahr,
momentan eine falsche Beurteilung abzugeben, die nach-

folgenden Generationen unerklärlich erscheint. Für diese Kurzsichtigkeit gibt es berühmte und empörende Beispiele wie den Spott, mit dem *Moby-Dick* bedacht wurde, oder die pauschale Ablehnung einer Folge von Inkarnationen der Moderne in Malerei und Skulptur durch das französische kritische Establishment des 19. Jahrhunderts. Es gibt aber auch ein weniger dramatisches, alltäglicheres Muster von Missverstehen, von Überbewertung, Unterschätzung und hartnäckigem Verfehlen des Punktes, auf den es ankommt.

An der Sache vorbeischreiben ist natürlich genau das, was Kritiker tun. Doch wie die meisten Erscheinungsformen des Offensichtlichen verdient diese hier eine eingehendere Untersuchung. Die Geschichte der Kritik kann nicht einfach eine Serie von Fehlern sein, mit ein paar glücklichen Vermutungen oder Zufallstreffern als Dreingabe, um die Illusion von Glaubwürdigkeit aufrechtzuerhalten. Die Täuschung folgt einer Logik, der Irrtum hat ein Muster.

Auf der Suche nach einem Beispiel dafür, wie diese Logik funktioniert, wie sich ein offensichtlich korrektes Urteil in sein Gegenteil verwandeln kann, greifen wir zur *New York Times* vom 4. März 1938, in der sich eine von dem Filmkritiker Frank S. Nugent verfasste, vier Absätze umfassende flotte Abfertigung des Films *Bringing Up Baby* findet, der dann zu einer der geschätztesten Komödien der Studioära, zum Inbegriff von Screwball wurde.

Dazu kam es allerdings nicht sogleich. Bei seiner Erstaufführung erbrachte der von RKO herausgebrachte Film mittelmäßige Einspielergebnisse und gemischte Besprechungen, was dazu beitrug, den Karrieren des Regisseurs Howard Hawks und der Hauptdarstellerin Katharine Hepburn, die der Vorsitzende des Verbandes der Kinobesitzer bereits als »Kassengift« etikettiert hatte, einen Dämpfer aufzusetzen. Heute sind Hawks und Hepburn aus dem Pantheon der Legenden von Hollywood natürlich nicht mehr wegzudenken. Ihr kurzfristigeres Schicksal wurde in der Besprechung Nugents vorhergesagt, der das Spiel Hepburns »atemlos, sinnlos und schrecklich, schrecklich ermüdend« fand. Mehr noch, der Film selbst litt an begrifflicher Erschöpfung. Nach Aufzählung einiger seiner »überlegten Gags« – der Szenen mit den Leoparden und den Hunden, der betrunkenen Iren und der Männer in Frauenkleidung – gelangte er zu dem Schluss: »Wenn Sie noch nie im Kino waren, wird *Bringing Up Baby* Ihnen neu sein – ein clowneskes Produkt aus der Klamottenkiste. Aber wer war noch nie im Kino?«

Er hatte das alles schon einmal gesehen. Und alle anderen hatten es auch. Das mag jedem erstaunlich vorkommen, der das Glück gehabt hat, im Fernsehen, auf DVD oder in einem Revivalkino auf *Bringing Up Baby* zu stoßen oder das Werk bei einem Filmseminar zu sehen, wo man es dazu heranzieht, das Genie des alten Hollywood-Systems, die künstlerische Leistung von Howard Hawks oder die Dynamik von Gender und Wissen in der klassischen Ehekomödie der Studioära zu veranschaulichen. Von solchen Plattformen und Kontexten hatte man natürlich zu Nugents Zeiten noch nie etwas gehört. Im Jahre 1938 war es immer noch möglich, so zu tun, als ob manche Leute vielleicht *noch nicht* im Kino gewesen waren, und den Verdacht zu hegen, dass sich Kinobesuche eventuell als Modeerscheinung erweisen würden, als eine Novität, die sich schließlich totlaufen würde. Das

Kino als theatralisches Spektakel und als wirtschaftlich bedeutenden Industriezweig (der etwas anderes war als eine Attraktion von Rummelplätzen oder Spielhallen) gab es erst seit einer knappen Generation. Tonfilme existierten seit knapp zehn Jahren, und ungefähr ebenso lange konnte man in amerikanischen Tageszeitungen regelmäßige Filmkritiken lesen. Die mittleren Jahre der Weltwirtschaftskrise waren von hektischer Fruchtbarkeit gekennzeichnet, und in ihnen verfestigten sich Filmgenres zu Formen, die wir immer noch kennen: der Western, das Musical, der Gangsterfilm, die romantische Komödie. *Bringing Up Baby* passte in die letztgenannte Kategorie und hatte daher mit einem doppelten Vorurteil zu kämpfen. Zunächst einmal waren Filme überhaupt blöde, und das hier war ein besonders blödes Exemplar eines ausgesprochen blöden Genres.

Frank Nugent litt an einer Krankheit, mit der die Mehrzahl seiner Erben behaftet ist. Er hatte zu viele Filme, zu viele gleichartige Filme gesehen, als dass er in der Lage gewesen wäre, die charakteristischen Aspekte einzelner Exemplare zu identifizieren. Die Teile seines Gehirns, die vielleicht den Lachreflex hätten auslösen können, waren von oberflächlich ähnlichen Stimuli überfüllt worden. Ein heutiger Filmkritiker könnte in derselben Lage sein, wenn es um Action-Blockbuster geht oder um Komödien, die auf der Art von unverhülltem sexuellem und skatologischem Humor basieren, um deren Sublimierung sich *Bringing Up Baby* und seine Zeitgenossen in der Frühzeit des Production Code auf so elegante Weise bemühten.

Nugent war, so könnte man sagen, zu sehr damit beschäftigt, sich seinen Weg durch den Wald zu hacken, als dass er

Verständnis für die Qualitäten dieses bestimmten Baumes hätte aufbringen können. Nicht dass er in irgendeinem anderen als dem gehobensten Sinne ein mittelmäßiger Schreiberling gewesen wäre. In seinen Jahren als Zeitungsmann – er war bei der *Times* sowohl als regelmäßiger Rezensent als auch als Filmredakteur tätig – erwarb er sich die Schreibfertigkeit und das kinematographische Wissen, die ihm dann zu einer brillanten zweiten Karriere als Drehbuchautor in Hollywood verhalfen. Seine bemerkenswerteste Leistung auf diesem Gebiet war vielleicht das Drehbuch für *The Searchers*, einen Film, dessen Aufstieg in den Status eines Klassikers etwas müheloser verlief als der von *Bringing Up Baby*. Als ein erstklassiges Projekt eines bedeutenden Regisseurs (John Ford), in dem etablierte und aufstrebende Stars (vor allem John Wayne und Natalie Wood) eine Rolle spielten, wurde *The Searchers* von Bosley Crowther, dem Nachfolger von Nugent bei der *Times*, als »ein toller Western, so dreist unterhaltsam, wie man sich ihn nur denken kann«, begrüßt.

Im Lauf der Zeit kam es dazu, dass man an diesem Film noch einige andere Qualitäten wahrnahm, aber das ergab sich erst, nachdem sich die populären Vergnügungen der Nachkriegsjahre allmählich als Kunst etabliert hatten und man anfing, sie auf ihre soziologische Bedeutung hin zu untersuchen. Die kitschigen Elemente des Films – das schmalzige Lied am Anfang, die Karikaturen von schlichten Heimstattbesitzern und geschminkten Indianern, die (von Crowther registrierte) Absurdität der Idee, Monument Valley, mochte es auch noch so filmreif sein, als einen Ort zu behandeln, der sich für Ackerbau und Viehzucht eignen sollte – erwiesen sich als Teile eines genialen, wenn auch nur zum Teil mit Absicht verfolgten Plans. Im Rückblick steht *The Searchers* als eine machtvolle und komplizierte Allegorie für Amerikas tragische Geschichte da, in der Waynes Ethan Edwards als schreckenerregender nationaler Archetyp erscheint, als ein Mann, der zugleich ehrbar und hassenswert ist, ein Garant von Sicherheit, der in der Gesellschaft, deren Schutz er alles opfert, keinen Platz findet. Im Lauf der Zeit ist die Mythologie von *The Searchers* beunruhigender und vergänglicher geworden, da in ihr die rassistische Feindseligkeit und die patriarchalische Ideologie, die Gewalttätigkeit und die Paranoia zutage treten, die mit den tiefsten Quellen der Identität der Nation verknüpft sind.

Der Künstler, dem die Leistung zugeschrieben wird, dieses ganze kraftvolle Abenteuer samt instabilem Subtext auf die Leinwand gebracht zu haben, ist natürlich der Regisseur John Ford. (Armer Frank Nugent!) Dass man Ford für die Verdienste des Films lobt (oder ihn für dessen Versäumnisse tadelt), erscheint nur zu naheliegend, aber der Gedanke, dass der Regisseur eines Films dessen zentrale schöpferische Intelligenz, sein Autor ist, stellt eine Annahme dar, die zu einem späteren Dogma der Kritik gehört. Crowther spendet der Arbeit Fords zwar gerne Beifall, aber er beginnt seine Besprechung mit einem feurigen Loblied auf C. V. Whitney, den Produzenten des Films, einen Pferdezüchter, der neuerdings Filmimpresario geworden war. Die Pferdemetapher, die Crowther in den Sinn kommt, ist die, dass er Ford mit dem Jockey vergleicht, der das Werk, »Mr. Whitneys ersten Film«, als strahlenden Sieger durchs Ziel bringt. Wenn wir noch einmal einen Blick auf die Besprechung von *Bringing Up Baby* werfen, die der nachmalige Drehbuchautor von *The*

Searchers verfasst hatte, stellen wir fest, dass der Name von Howard Hawks zusammen mit denen der Drehbuchautoren (Dudley Nichols und Hagar Wilde) beiläufig erwähnt wird und dass ihm nur die Produktion, nicht aber die Regie zugeschrieben wird.

Hawks sollte dann schon bald neben Ford (sowie neben Alfred Hitchcock, Fritz Lang und noch einigen anderen) als einer der künstlerischen Giganten des klassischen Kinos dastehen. Ob er oder Ford eine derartige Beschreibung akzeptiert hätte, ist unerheblich. Ford hatte für die Behauptung, das, was er mache, sei Kunst, bekanntlich nur Verachtung übrig. Dass fast alle anderen, denen an Filmen liegt, diese Vorstellung heute als selbstverständlich betrachten, zeugt von der Kraft der Auteur-Theorie, wie man sie manchmal immer noch nennt, ein Begriff, der in den 1940er und 1950er Jahren von französischen Kritikern in Umlauf gebracht und etwas später von Andrew Sarris in der englischsprachigen Welt popularisiert worden war. Die grundlegende Annahme dieser Theorie ist, dass der Regisseur der Urheber des Films ist, dass jeder Film, der etwas mehr zu sein scheint als das gleichgültige Produkt eines industriellen Systems, bei näherem Hinsehen die Fingerabdrücke eines individuellen Künstlers erkennen lassen wird.

Für Sarris war in den 1950er und 1960er Jahren die Auteur-Theorie ein Zugang zur Filmgeschichte, ein Verfahren, um ein rasch anwachsendes Archiv von Werken zu organisieren und einzustufen, dem man bis dahin noch keine systematische Aufmerksamkeit gewidmet hatte. Heutzutage verwendet man den Begriff *auteurism* meist, um eine kritische Einstellung zur Vergangenheit zu beschreiben. Jeder gewissenhafte Kritiker lernt, bei der Beschäftigung mit einem neuen Film der Frage, wer ihn gemacht hat, eine gewisse Aufmerksamkeit – vielleicht den größten Teil seiner oder ihrer Aufmerksamkeit – zu schenken. In manchen Kreisen ist man gewohnt, Filme wie Gemälde mit dem Nachnamen ihres Regisseurs zu bezeichnen. Mischen Sie sich unter die internationale Horde von Schreiberlingen, die Jahr für Jahr im Mai nach Cannes strömen, dann werden Sie hören, wie sie über »den Tarantino«, »den Woody Allen«, »den Kiarostami« oder »den von Trier« zwitschern. Doch der Gedanke in seiner ersten starken Erscheinungsform stellte eine radikal revisionistische Haltung dar. Er sollte genau die Blindheit kurieren, die Nugent in seiner Besprechung von *Bringing Up Baby* an den Tag gelegt hatte und in der er die künstlerische Leistung nicht wahrgenommen hatte, die ihm so klar und doch irgendwie so unmerklich vor Augen gestanden hatte. Zu seiner Zeit mag *Bringing Up Baby* den Eindruck erweckt haben, als sei es ein Produkt der »schrägen Schule« oder eines der Filmfirma RKO, aber in Erinnerung bleibt es als »ein Film von Howard Hawks«.

Wenn wir die theoretischen Meriten und Beschränkungen des Auteur-Konzepts selbst beiseite lassen, könnten wir sagen, dass Nugents Fehler darin bestand, dass er *nur* das sah, was er vor der Nase hatte, dass er zu kurzsichtig in der Gegenwart lebte. Das ist vielleicht ein besonders akutes Berufsrisiko für Journalisten an Tageszeitungen, aber als solches ist es auch ein Aspekt der Moderne und vielleicht sogar der menschlichen Lage überhaupt. Die Zeitungen und andere periodische Veröffentlichungen zeichnen atemlos die Gegenwart nach, die endlose Abfolge von Jetztmomenten, die unsere Wahrnehmung von der Welt prägen. Sie und andere Medien – einschließlich der digitalen Medien mit ihrem Ethos von Unmittelbarkeit, Transparenz, Vollständigkeit und rapidem Veralten – verwandeln die Beteiligung an kulturellem Geschehen in eine Tretmühle. Wir jagen dem nach, was als nächstes kommt, bekommen es zu fassen und lassen es wieder fallen, und dabei verspielen wir die Chance, seinen bleibenden Wert zu bestimmen, es als das zu sehen, was es ist. Wir neigen dazu, entweder zu leichtgläubig zu sein, uns auf die kurzfristige Erregung einzulassen, die so oft die Geburt des Neuen ankündigt, oder aber die Sache übermäßig zynisch zu betrachten, von vornherein davon überzeugt, dass das, wonach alle anderen verrückt sind, in Wirklichkeit bloß wieder eine Neuauflage des Gehabten ist.

Wie fast jeder andere Aspekt der menschlichen Existenz – wie jede andere hartnäckige *Gegebenheit*, die uns durch Zufälle von Zeit und Ort aufgezwungen wird – ist unsere Gefangenschaft im Jetzt etwas, was wir überwinden wollen. Die Kritik bietet zwei unterschiedliche und gegensätzliche Korrektive für die einen Tag nach dem anderen, einen Gegenstand nach dem anderen abarbeitende Ad-hoc-Betrachtungsweise, die das Blickfeld Frank Nugents, unseres momentanen Sündenbocks (der seinerseits *Bringing Up Baby* als Sündenbock hatte), verengte. Wir können unseren Blick dadurch verstetigen, dass wir zurückblicken oder nach der Zukunft schielen, und in beiden Fällen nach einem Standpunkt suchen, von dem aus wir das Chaos der Gegenwart beurteilen können.

Die Korrekturlinse des Rückblicks, die es uns gestattet, die einstmals vernachlässigten Meisterwerke der Vergangenheit neu zu bewerten, kann ihre eigenen Verzerrungen hervorrufen. Tatsächlich beruht unsere Gewohnheit, das zu unterschätzen, was wir unmittelbar vor uns haben, auf einem Fundament von uneingestandener Nekro- oder zumindest Gerontophilie, einem Fetisch für die Alten und die Toten. Wenn wir durch den Spiegel der Zeit treten, werfen wir einen verzerrten Blick auf die groben und lärmenden Komödien, die jetzt gespielt werden, und fragen uns, warum man heute keine Filme wie *Bringing Up Baby* mehr macht.

Ungefähr seit dem Tag nach Beginn der Zeit hat sich die Kritik der Verehrung und Bewahrung von Meisterwerken und Traditionen gewidmet. Dass dies eine wertvolle Tätigkeit ist, versteht sich. Diejenigen von uns, die spät dazukommen, die auf der Suche nach Wissen und Unterhaltung in das Schatzhaus menschlicher Leistung stolpern, können immer Anleitung gebrauchen. Streng genommen ist selbst ein neues Werk insofern alt, als es uns in einem Zustand der Abgeschlossenheit erreicht. Stunden, Monate und Jahre des Planens, des Komponierens, des Revidierens und Erprobens liegen unsichtbar und verborgen hinter dem, was wir sehen. Je gründlicher die Spuren dieser Aktivitäten vergessen oder getilgt wurden, je weiter wir von den unmittelbaren Umständen der Herstellung entfernt sind, desto vollkommener, desto unangreifbarer wird der Gegenstand selbst wahrscheinlich aussehen. Und mit umso höherer Wahrscheinlichkeit wird er einen Schatten auf nachfolgende Bemühungen werfen, in einer Aura von Unübertrefflichkeit zu baden. So macht man sie heute nicht mehr, weil wir uns nicht wirklich erinnern können, wie man sie damals gemacht hat.

Es ist erstaunlich, wie oft man diese zutiefst subjektive und daher unangreifbar *wahre* Intuition in den Status einer empirischen Einsicht oder eines theoretischen Prinzips erhebt und wie regelmäßig sie auch durch spätere Entwicklungen falsifiziert wird. Wenn wir unsere Aufmerksamkeit auf die relativ junge, durch und durch moderne Kunst des Kinos beschränken, können wir beobachten, dass etwa zu der Zeit, in der Frank Nugent von einer Woge von schrägen Komödien überrollt wurde, andere Filmkritiker dem Lichtspiel die Sterbesakramente spendeten. Der deutsche Ästhetiker Rudolf Arnheim erklärte, mit dem Aufkommen des Tons, der das Kino seiner Einzigartigkeit beraubte, habe »die Filmkunst zu verdorren begonnen«.

Das war 1935, kaum 20 Jahre nachdem D. W. Griffith in *The Birth of a Nation* die Parallelmontage entdeckt hatte, und 40 Jahre nachdem Thomas Edison und die Brüder Lumière unabhängig voneinander dem Film zu seiner doppelten Geburt verholfen hatten. Das Begräbnis ist weitergegangen, es setzt sich während der gesamten bisherigen Geschichte des Films fort und verwandelt diese Geschichte in eine endlose Chronik des Niedergangs. Für Arnheim verdarb die Hinzufügung von aufgezeichneten Dialogen zu gefilmten Geschichten die künstlerische Reinheit und den eigentümlichen Charakter des Films und verwandelte ihn in eine kommerzielle Unterhaltung (sein prophetisches Wort hierfür war »Television«). Im Lauf der Jahre hat man weitere Schuldige identifiziert: die Antitrust-Abteilung des US-Justizministeriums, die der klassischen Studioära ein Ende bereitete, als sie die Studios im Paramount Consent Decree von 1949 dazu zwang, ihre Kinos zu verkaufen; etwa um dieselbe Zeit das

Fernsehen, das schöpferische Talente und öffentliche Aufmerksamkeit von Filmen abzog; Heimvideos; das Internet; digitale Technologie; die Globalisierung; George Lucas; Teenager; Videospiele; Gier.

Nicht dass nur ein einziger Täter angeprangert werden muss. In fast jedem Jahrzehnt der Geschichte des Films hat man entdeckt – hat man angenommen –, dass die Kunstform in eine Phase nicht mehr zu unterbietender Minderwertigkeit eingetreten sei, in der man gute Filme als Anomalien betrachten muss. Einige der geachtetsten und scharfsichtigsten Kritiker auf dem Feld haben diese Auffassung geteilt, in Augenblicken, die man dann später als Höhepunkte der Herrlichkeit hochhielt: James Agee 1941, Manny Farber 1962, Pauline Kael 1979, David Denby 2012. Denbys düstere Elegie für das Kino, sein Buch *Do the Movies have a Future?*, erschien in einem Jahr, in dem *Lincoln, Beasts of the Southern Wild, Django Unchained, The Master, Amour, Zero Dark Thirty* und noch mindestens ein Dutzend weitere Beweise für die Vitalität der Kunstform herauskamen. Der Glanz einiger dieser Filme mag mit der Zeit verblassen, und andere, die man gegenwärtig falsch beurteilt oder unterschätzt, mögen aufsteigen, aber 2012 ist kaum ein Sonderfall der Filmgeschichte, ebenso wenig wie Denby in seinem Gefühl für seine eigene Ära als einziger so bärbeißig ist. James Agees kurze Karriere als Filmkritiker – die erste große, die Amerika hervorgebracht hat – fiel mit der Blüte des Studiosystems zusammen und mit einer Reihe technischer Neuerungen (lichtempfindliche Linsen, mobile Kameras), die den Tonfilm zu neuen Höhen des Raffinements und der Flexibilität führten. Die frühen 1960er Jahre, die Manny Farber zur

Verzweiflung trieben, sahen das Aufbranden der französischen Nouvelle Vague; heroische Perioden des sowjetischen, schwedischen, japanischen und italienischen Kinos; und in den Vereinigten Staaten das Aufkommen einer kosmopolitischen Filmkultur (1963 durch die Gründung des New York Film Festival institutionalisiert), die sich eifrig bemühte, das in Augenschein zu nehmen, was der Rest der Welt zu bieten hatte. Die späten 1970er Jahre, die Pauline Kael zu der Frage provozierten: »Warum sind die Filme so schlecht?«, waren der Höhepunkt von New Hollywood, einer Zeit des einheimischen Autorenfilms, in der persönliche Sichtweise und kommerzieller Reiz auf verlockende Weise vereinbar zu sein schienen. Das konnte man bei *Der weiße Hai*, *Star Wars* und *Superman* sehen und ebenso auch im Werk von Robert Altman, Martin Scorsese, Brian De Palma und anderen Favoriten Kaels.

Wir wissen das jetzt natürlich alles, aber unser Wissen bremst nicht etwa unsere Neigung, die Vergangenheit zu verehren, die Gegenwart abzuwerten und an der Zukunft zu verzweifeln, sondern sie liefert uns eher Munition für die nächste Welle von Klagen und Attacken. Diesmal passiert es wirklich. Der Himmel wird schließlich doch gleich einstürzen.

Die moderne Kultur, wie sie sich in den Annalen der modernen Kritik darstellt, sieht wie eine Serie von Begräbnissen aus, in die Episoden von Zombietum eingestreut sind. All die Renaissancen, Revivals und Remakes bestätigen die vorangegangenen Todesfälle und bereiten der nächsten Welle von Abgängen den Weg. Malerei und Lyrik, der Roman und Rock'n'Roll leisten den Filmen auf dem Friedhof

Gesellschaft. Zivilisation, Kultur, Geschmack – wie auch immer wir die Zusammenfassung von Sensibilitäten und Praktiken nennen, die die Künste zusammenhält – werden ihnen schon bald nachfolgen. Einstweilen schleichen wir auf dem Friedhof umher, stauben die Grabsteine ab, zupfen Unkraut und legen frische Kränze nieder.

In Frage gestellt und auch ergänzt wird der Totenkult durch eine ebenso dogmatische Religion des Neuen. Der Leichenzug marschiert parallel zur Parade der Avantgarde – in umgekehrter Richtung. Jede Generation von Künstlern versucht, aus der Überschattung durch Meister der Vergangenheit herauszutreten, es besser zu machen als sie, ihre Autorität in Frage zu stellen oder einfach etwas anderes anzufangen, und dabei bemühen sie sich um Verbündete. Todesanzeigen konkurrieren um Aufmerksamkeit mit Geburtsanzeigen und Prophezeiungen des nächsten großen Dings, des einen Sehenswerten, mit Hymnen an die Revolution und die vorderste Front.

Gelegentlich kollidieren diese Impulse, und es kommt mehr oder weniger zu einem regelrechten Krieg. Frankreich wurde in den 1690er Jahren von der *Querelle des Anciens et des Modernes* elektrisiert, in der Verteidiger der Tradition – der klassischen Weisheit der alten Griechen und Römer und ihrer jüngsten inländischen Imitatoren – mit Aposteln der Moderne rhetorisch die Klingen kreuzten. Der führende Vertreter der Alten war Nicolas Boileau. Sein Rivale war Charles Perrault, ein Mann, an den man sich vielleicht nicht so gut erinnert wie an die Märchenfiguren, die er der Nachwelt schenkte, darunter Ma Mère l'Oye (Mother Goose) und Le Petit Chaperon rouge (Rotkäppchen). Boileau, zu dessen bedeutenderen Werken eine Übersetzung der *Ars poetica* von Horaz gehörte, empfahl, an den alten Vorbildern festzuhalten und die offenkundige Überlegenheit von Werken, die bereits alterprobt waren, zu respektieren. Perrault, in der Praxis ein Pionier beim Abstecken neuen Terrains für die Literatur, war in der Theorie ein Verfechter des Experimentierens, der Verwendung neuer Formen, die gewandelten Zeiten angemessen waren.

Der Kampf der genannten beiden Literaten ist in den darauffolgenden Jahrhunderten in regelmäßigen Abständen von neuem ausgebrochen, mit besonderer Häufigkeit und Heftigkeit seit der zweiten Hälfte des 19. Jahrhunderts, als der Gedanke einer oppositionellen, der Zukunft zugewandten künstlerischen Avantgarde zu einer permanenten Präsenz oder zumindest zu einem attraktiven Sammelbecken in der kulturellen Landschaft wurde. Die Einstellungen, welche die Künstler selbst zu ihren Vorgängern haben, kennzeichnet immer eine komplizierte Mischung von Verehrung, Ressentiment, Neid und Nachahmung, aber der kritische Diskurs tendiert dazu, diese Ambivalenz zu einem Antagonismus zu vereinfachen. So nahm eine Reihe von Bewegungen Gestalt an, die Manifeste herausgaben, welche die Zerschlagung der Tradition, die Renovierung des Gebäudes der Kunst von Grund auf, die Beseitigung von allem, was falsch, übertrieben und entlehnt war, und die Wiedergewinnung einer urtümlichen schöpferischen Wahrheit forderten. Diese Imperative speisten Dada und den italienischen Futurismus, die frühe Beat-Generation, den Punk und die New-Wave-Musik, den Free Jazz und das Living Theater sowie unzählige kleine Wellen und Aufstände im Kino, beim Tanz und in allen anderen Kunstrichtungen. In vielen Fällen lösten sie zumindest bei einigen Kritikern ein Rückzugsgefecht zur Verteidigung des traditionellen Kanons aus – eine vorhersehbare Reaktion, die ebenso erwartungsgemäß die Rebellion noch zusätzlich anfachte.

In jedem Fall haben beide Seiten recht: die alten Verfahren haben sich erschöpft und sind zur Routine geworden, die wilden Fieberschübe des Neuen sind destruktiv und kurzlebig. Der Drang, zu bewahren und langsam vorzugehen, schrittweise zu verfahren und das bereits Getane zu bewahren, ist ehrenwert. Gleiches gilt für den Antrieb, der darauf zielt, neu zu beginnen, die schöpferischen Energien auf eine unbekannte Zukunft zu verwenden. Das heißt aber auch, dass beide Seiten im Irrtum sind. Der Fehler der einen wie der anderen ist unvermeidlich, denn er verweist auf ein unauslöschliches Faktum der menschlichen Zwangslage. Wir sind der Zeit ausgeliefert, und unsere Bemühungen, sie zu beherrschen, sie zu beschleunigen oder zu verlangsamen, können nur scheitern. Die Partei der Alten träumt davon, die Bremsen anzuziehen und sich zur Siegerin zu erklären, die Zeit, die verbleibt, freizuhalten, um vollbrachte Herrlichkeiten auszukosten. Wenn man unübertroffene, unübertreffliche Meisterwerke heiligt – die großen Theaterstücke und musikalischen Kompositionen, die man nur immer wieder und wieder aufzuführen braucht; die großen Bücher, die ein unwandelbares literarisches Curriculum liefern; die Gemälde, die an den Museumswänden hängen, wenn sie nicht gerade zu Blockbuster-Ausstellungen auf Weltreise gehen; die tausend Filme, die man sehen muss, bevor man stirbt –, dann ist das in Wirklichkeit eine von Wunschdenken bestimmte Erklärung, die besagt, das menschliche Projekt sei abgeschlossen. Zu tun bleibt nur noch das Aufzählen, Würdigen, Kommentieren und Interpretieren. Im Kontrast hierzu stellt sich die progressive oder revolutionäre Sicht vor, dass sich unsere Unzulänglichkeiten als Spezies noch beheben lassen und dass sich unsere Fähigkeit, Bilder, Geschichten und schöne Abstraktionen zu entwerfen, nur verbessern wird und die Sache eines Tages noch richtig hinzubekommen sein wird, worum auch immer es sich dabei handeln mag. Das große Werk bleibt immer noch zu tun; was dem im Wege steht, ist der Schutt der Vergangenheit, und das goldene Zeitalter steht kurz vor dem Anbruch.

Es ist weder erforderlich noch möglich, sich zwischen diesen beiden Positionen zu entscheiden – das Entscheiden ist der erste und unvermeidliche Fehler der Kritik, die Geste, die sie entstehen lässt –, aber es ist von entscheidender Bedeutung, dass beide existieren. Sonst, wenn wir uns allzu hastig um eine gemäßigte mittlere Position bemühen, die das Neue begrüßt und das Alte ehrt, werden wir dem erschöpfenden Fluss der Gegenwart verhaftet bleiben, dazu verdammt, das zu missdeuten, was wir direkt vor Augen haben, und mit diesen Augen zu rollen, anstatt uns totzulachen, wenn ein Leopard aus Connecticut ins Blickfeld springt.

Was sehen wir uns überhaupt an? Auch diese Frage, eine leichte Frage, eine notwendige Frage, grundlegend und kindisch und aufrichtig, führt uns in ein Minenfeld von Missverständnissen.

Einer der Gründungsmythen der Kritik, tatsächlich eine

alte Prämisse des abendländischen Denkens, die mindestens auf Platon zurückgeht und die vielleicht in der grundlegenden Architektur des menschlichen Bewusstseins angesiedelt ist, besagt, dass wir immer auf zwei Dinge blicken oder auf ein Ding, das von seinem Wesen her in zwei gespalten ist. Das handlichste, älteste Verfahren, über diesen Dualismus, diese Version des Geist-Leib-Problems, in das Reich von Kunstwerken übertragen, zu reden, ist die, dass man auf den Unterschied zwischen Form und Inhalt rekurriert. Es gibt natürlich auch noch andere Benennungen. Lyriker sprechen von Sinn und Manier; bildende Künstler würden vielleicht eher mit den Begriffen Konzept und Technik arbeiten; Englischlehrer einer bestimmten Generation oder eines bestimmten Temperaments werden ihre Schüler anweisen, Themen hinterherzujagen und Motive ausfindig zu machen. Doch in jedem einzelnen Fall knüpft sich an Werke, denen menschliche Absicht zugrunde liegt, ein seltsames Dogma, wie es bei keiner anderen Art von Dingen gilt. Gewöhnliche Gegenstände, die ihre Existenz den Wirkungen der Natur oder den Zufällen der Zeit verdanken, sind einfach sie selbst. Oder um die Sache ein wenig platonisch aufzufassen, sie sind und haben *ausschließlich* Formen. Der Glaube, dass ein Baum oder ein Stein oder ein Sonnenuntergang einen Sinn hat, wird jetzt nahezu allgemein als anthropomorphisierender Trugschluss oder als ein seltsamer Aberglaube, als eine Spur von alten animistisch-religiösen Vorstellungen betrachtet. Die Kunst könnte, wenn man es recht bedenkt, das atavistische Überbleibsel dieser archaischen Denkweisen sein. Die moderne ästhetische Ideologie, welcher Theoretiker der Malerei wie Vasari und Ruskin Ausdruck verliehen, vertritt die Ansicht, die Herstellung von Repräsentationen – explizit von Bildern, aber auch von Liedern und Geschichten – sei eine Nachahmung der göttlichen Schöpfung durch den Menschen. Gott macht, so hieß es früher, keine Fehler, und wenngleich die Evolutionstheorie, die diese Auffassung in vielerlei Hinsicht abgelöst hat, Platz für unvorhergesehene Ereignisse und Zufälle schafft, verpflichtet sie sich allenfalls noch stärker auf die Hinlänglichkeit der Naturphänomene, auf ihre Notwendigkeit und Vollkommenheit. Sie folgen ihrer eigenen Logik, ohne Rücksicht auf unsere kleinlichen menschlichen Bedürfnisse und Interessen. Wir können ihnen darauf mit schlichter Ehrfurcht antworten oder uns bemühen, ihre Geheimnisse zu enthüllen, aber das ist ein Unternehmen, das man nicht Kritik, sondern Wissenschaft nennt.

Unsere eigenen Produkte – die Dinge, die jetzt die Erde überschwemmen, die unseren Blick für alles andere prägen und die ihn versperren – erfordern eine andere Reaktion. Sosehr wir auch versuchen mögen, unsere Untersuchungen auf eine systematische, wissenschaftliche Grundlage zu stellen, wir stellen fest, dass unsere besten Bemühungen in Subjektivität und in der Verwirrung von Kategorien steckenbleiben. Die Unterscheidung von Form und Inhalt ist sowohl das Ergebnis dieser Verschwommenheit als auch ein Symptom von ihr, die Folge unserer hartnäckigen Unfähigkeit, die Dinge so zu sehen, wie sie sind. Versuche, die darauf zielen, die Praxis der Kritik zu lenken und unsere Aufmerksamkeit zu disziplinieren, um den Irrtum zu verhindern oder zu minimieren, zwingen einen normalerweise zu einer misslichen Entscheidung: wir werden angewiesen, auf die Form oder auf die Substanz zu schauen; auf den äußeren oder den inneren, häufig unsichtbaren Kern; auf das Gefäß oder den wesentlichen Stoff, der es gefüllt hat.

»Formalismus« ist sowohl ein Etikett als auch ein Banner, ein Codewort für Sterilität und ein Slogan für höheren Scharfblick. In der modernen Kritik präsentiert sich diese Bezeichnung typischerweise sowohl als die wissendere als auch als die umkämpftere Position, eine Bastion der Weisheit, die man gegen die vulgäre Gewohnheit verteidigen muss, die Form als eine Schale zu behandeln, welche die Bedeutung einhüllt, als einen Umschlag, den man wegwerfen kann, wenn die Botschaft überbracht ist. Das Prestige des Formalismus beruht auf einer Handvoll einfacher Fälle und auf dem pädagogischen Nutzen bestimmter Arten von rudimentärer Analyse. Blicke an dem Gesicht auf dem Porträt vorbei (wer ist das schon?) und konzentriere dich auf die Farben und die Pinselstriche, die es ans Licht bringen. Lausche der Melodie, die das Lied erhebt und trägt. Lies das Gedicht um des Klangs und des Rhythmus willen, die unter dem Sinn und hinter ihm liegen. Ignoriere die Handlung des Films – aller Wahrscheinlichkeit nach hast du sie schon verstanden oder überhaupt schon mal gesehen – und bestaune die *Mise-en-scène*. Mach dir keine Gedanken über die Frage, worum es bei einem dieser Dinge geht. Würdige es so, wie es das ist, was es ist. »Ein Gedicht sollte nicht bedeuten, sondern sein«, schrieb Archibald MacLeish in einem Gedicht, das sich als ein offensichtliches Paradox erhalten hat, denn das Sein dieser Gedichtzeile ist nur das, was sie bedeutet.

Schwierige Fälle neigen dazu, sich zu vervielfältigen, bis die Grenzen dort, wo sie früher anscheinend selbstverständlich gewesen waren, unsichtbar werden und sich Definitionen, die empirisch begründet ausgesehen hatten, als verstiegene Mutmaßungen erweisen, denen man sich die ganze Zeit hingegeben hatte. Um dieser Verwirrung ein Ende zu machen, könnte es erfolgversprechend sein – und zu verschiedenen Zeitpunkten im Lauf der Geschichte hat man es für ratsam gehalten –, die Künste entlang einem Spektrum anzuordnen, das vom Formalsten zum am wenigsten Formalen verläuft, was beinahe ebenso viel bedeutet wie vom Abstrakten zum Gegenständlichen. An dem einen Ende, der reinen Form am nächsten, steht die Instrumentalmusik, von der man annimmt, dass sie sich in einem Raum der Abstraktion, frei von den Belastungen durch Bedeutung, entfaltet. Ein Musikstück verficht keine erkennbare Argumentation, es erzählt keine buchstäbliche Geschichte, es erhebt sich über Politik und Historie in einen Äther, in dem Logik und Gefühl austauschbar miteinander koexistieren. Als Walter Pater den Satz schrieb »Alle Kunst trachtet fortwährend nach dem Zustand der Musik«, stellte er eine Behauptung nicht nur über alle Kunst, sondern auch über alle Kritik auf, deren Aufgabe es ist, diejenigen Attribute anderer Exemplare von Kunst zu isolieren, die sie am nächsten an die Musik heranführen und die am wenigsten durch die Verpflichtung belastet sind, etwas zu repräsentieren. Ein Musikstück ist der Grenzfall nichtmimetischer Kunst. Es ist nicht über oder von etwas. Es sagt nichts und tritt auch nicht für irgendetwas ein. Es propagiert keine Moral und verficht keine andere Sache als die seiner eigenen Integrität. Musik ist für die Kunst, was ihre Cousine, die Mathematik, für die Wissenschaft ist.

Sobald der Vorrang der Musik im Prinzip etabliert ist,

reihen sich die anderen Künste ein. Als nächstes könnte der Tanz kommen, sofern wir die narrativen und dramatischen Elemente herunterspielen und uns auf die Anordnung von Körpern im Raum konzentrieren. Dann vielleicht die plastischen Künste, wiederum vorausgesetzt, dass wir die repräsentierenden Aspekte für nebensächlich erklären und vergessen, dass wir auf Gottheiten oder Aristokraten oder historische Gestalten blicken, und uns auf Linien und Volumina, auf die Wölbung des Marmors, das Impasto und Chiaroscuro, das Sein und nicht den Sinn der Statue oder des Gemäldes konzentrieren. Ungegenständliche Kunst erleichtert das natürlich.

Wir steigen dann hinab über die Lyrik in die narrative Prosa und stoßen allmählich auf einen hartnäckigen, möglicherweise unauflöslichen Kern von Inhalt, wenn wir etwa beim Dokumentarfilm angelangt sind. Die Kritik würde am alleruntersten Ende der Leiter landen, wobei sie sich lediglich aus Höflichkeit (oder weil sie selbst so heftig darauf beharrt) überhaupt als Kunst qualifiziert. Wenn Musik reine Form ist, dann ist Kritik mit Sicherheit ihre Antithese: reines Argument, absoluter Stoff. Wer hat je innegehalten, um die Form oder den Tonfall einer Rezension oder eines kritischen Essays zu bewundern?

Leser von Walter Pater haben das getan. Sein Platz in der Geschichte der philosophischen Ästhetik ist bestenfalls marginal, aber das ist einfach ein Fall eines Denkers, der aus einem Club ausgeschlossen wurde, um dessen Mitgliedschaft er sich selbst überhaupt nie beworben hatte. Pater gehört in den Kanon der englischsprachigen Prosakünstler der viktorianischen Zeit, zusammen mit Thomas Carlyle, Ralph

Waldo Emerson und natürlich Oscar Wilde, dem Schüler, der ihn dann schließlich übertreffen sollte. Und an ihren schönsten Stellen, so etwa in seinen Texten über die Gemälde der Renaissance, die er liebte und zu deren Bekanntmachung beim modernen englischsprachigen Publikum er einen großen Beitrag geleistet hat, nähert sich Paters Prosa tatsächlich dem Zustand von Musik, wenn seine Gedanken auf Sätzen von komplexer Schönheit vorwärtsgetragen werden, die in exquisitem Gleichgewicht angeordnet sind:

Sie hat das Haupt, auf welches »das Ende der Welt gekommen ist«, und die Lider sind ein wenig müde. Das ist eine Schönheit, die dem Fleisch von innen heraus mitgeteilt wird, die Ablagerung, eine kleine Zelle nach der anderen, von seltsamen Gedanken und phantastischen Träumereien und exquisiten Leidenschaften. Man stelle es für einen Augenblick neben eine jener weißen griechischen Göttinnen oder schönen Frauen der Antike, und wie sehr würden sie von dieser Schönheit beunruhigt werden, in welche die Seele mit all ihren Krankheiten eingegangen ist! All die Gedanken und Erfahrungen der Welt haben dort etwas eingegraben und geformt, soweit sie über die Macht verfügen, die äußere Form zu verfeinern und ausdrucksvoll zu machen, die Sinnlichkeit Griechenlands, die Wollust Roms, die Träume des Mittelalters mit seinen spirituellen Ambitionen und seinen phantastischen Liebesbeziehungen, die Wiederkehr der heidnischen Welt, die Sünden der Borgias. Sie ist älter als die Felsen, zwischen denen sie sitzt; wie der Vampir ist sie schon viele Male tot gewesen und hat die Geheimnisse des Grabes gelernt; und getaucht ist sie in tiefe Meere und hält deren gefallenen Tag um sich; und sie hat mit Kaufleuten aus dem Osten um seltsame Gewebe gefeilscht; und als Leda war sie die Mutter der Helena von Troja und als heilige Anna die Mutter Marias; und das alles bedeutete ihr nicht mehr als der Klang von Leiern und Flöten, und es lebt nur in der Zartheit, mit der es die sich wandelnden Umrisse geformt und die Lider und die Hände getönt hat. Der Gedanke an ein ewiges Leben, das zehntausend Erfahrungen zusammenfasst, ist alt; und die moderne Philosophie hat die Idee einer Menschheit konzipiert, auf die alle Formen des Denkens und Lebens einwirken und die sie in sich zusammenfasst.

Dies ist eine Passage aus seiner berühmten Beschwörung der *Mona Lisa*, und Sie können das Problem sehen. Wo in diesen Höhenflügen von Logik, die beinahe zu einer Flucht vor dem Sinn wird, gibt die Form ihren Inhalt her? Und weiter, wenn wir die beiden Elemente des Textes voneinander trennen könnten, müssten wir uns immer noch darüber wundern, wie er im Hinblick auf das Gemälde da Vincis, sein vorgebliches Thema, die Unterscheidung zwischen Form und Inhalt so gründlich und komplett verwischt. Auch wenn Paters Blick niemals vollends von der Fläche des Bildes, von den Lidern und den Händen und dem Lächeln, wie sie auf der Leinwand wiedergegeben sind, abschweift, rauschen sein Geist und seine Feder durch Geschichte und Philosophie, so als enthielte das Gemälde nicht nur das Gesicht einer rätselhaften Frau, sondern die menschliche Zivilisation selbst. Die Wirkung, die sie auf ihn ausübt, eine Wirkung einer zugleich sinnlichen und intellektuellen Ekstase, wird im Leser nachvollzogen. Ein Essay von Pater ist ein Schneesturm kognitiver und emotionaler Effekte, welche Aufklärung, Bewunderung, Frustration und Verwirrung einschließen. Schreiben wir das Paters Stoff zu oder seiner Manier, seiner Persönlichkeit oder seinem Ort in der Geschichte? Wie können wir diese Dinge auseinanderhalten – den Mann und die Zeit, den Stil und den Kern der Sache? Und wenn wir das nicht können, wie können wir dann hoffen, mit da Vinci oder irgendjemandem sonst mehr Glück zu haben?

Es ließe sich einwenden – Pater selbst täte das möglicherweise, Wilde ganz bestimmt –, dass dies ein Rätsel ohne Lösung, ein klassischer Fall eines falschen Problems ist. Auf Forderungen nach Beachtung der Form kann man immer mit der Frage antworten: Im Gegensatz wozu? Wenden wir uns wieder Filmen zu: Sind die formalen Qualitäten eines Films gleichbedeutend mit seinen optischen Attributen, eine Sache der Beleuchtung, der Linsen und des Filmmaterials? Lassen sie sich in der entzückend vagen Phrase *Mise-en-scène* zusammenfassen, die in den 1950er Jahren aus Frankreich (und vom Theater) importiert und von ehrgeizigen amerikanischen Kritikern in Dienst genommen wurde? Der Ausdruck *Mise-en-scène* wird oft so verstanden, als beziehe er sich auf die Komposition von Szenen und die Platzierung von Schauspielern, aber wie steht es mit dem Schneiden, der Musik, der Produktionsgestaltung und all den anderen Elementen, die zusammenwirken, um eine Stimmung zu schaffen und eine Geschichte zu erzählen? Und wie steht es mit der Geschichte selbst? Zählt die narrative Struktur als Form? Der Rhythmus des Dialogs? Und wie verhält es sich mit den Schauspielern? Enthält sie der Rest des Films, oder gehören sie zu den unentbehrlichen formalen Elementen, die ihn zum Leben erwecken?

Natürlich ist es möglich, auf eine solche Frage mit einer Gegenfrage zu antworten: Wen interessiert das? Mit Sicherheit können wir uns darauf verständigen, dass der Eindruck, den der Film oder auch das Gemälde, das Buch, die Symphonie, der Tanz vermittelt, von der Fusion und Konfusion von Inhalt und Form abhängt. Doch auch wenn die Dichotomie von Form und Inhalt eine theoretische Platitüde und eine empirische Sackgasse darstellt, ist sie gleichwohl ein Fehler mit enormen und produktiven Konsequenzen in der Geschichte nicht nur der Kritik, sondern auch der Kunst.

Formalismus kann der Name einer Methode oder einer Denkschule sein, mit dem man ein spezifisches Analyseverfahren bezeichnet, das auf die entscheidenden Merkmale einer gegebenen kreativen Disziplin zugeschnitten ist, aber vor allem ist er ein Argument. Er ist ein Argument sowohl für als auch wider den Primat des Urteilens nach Erscheinungen, und als solches ist er eine Aufforderung, die Einzigartigkeit, die Unübersetzbarkeit des Werkes in Betracht zu ziehen. Formalismus ist eine Verteidigung der Kunst oder zumindest eine Verteidigung der Befreiung der Kunst von anderen Rücksichten. Oscar Wilde hat dieses Argument in seinem großen pseudoplatonischen Dialog »The Decay of Lying« in seine extravaganteste – und das bedeutet auch, in seine kohärenteste – Form gebracht:

Die einzigen wirklich schönen Dinge, sagte einmal
jemand, sind die Dinge, die uns nicht betreffen. Solange
uns ein Ding nützlich oder notwendig erscheint oder
uns irgendwie bewegt, uns mit Schmerz oder Freude
erfüllt, unsere Gefühle heftig erregt, solange es einen
wesentlichen Bestandteil unserer Umgebung darstellt,
ist es jenseits der Kunstsphäre. Dem Gegenstand der
Kunst sollten wir mehr oder weniger gleichgültig
gegenüberstehen.

Die Position Wildes, die hier einem empörend rechthaberi-
schen Alter Ego namens Vivian in den Mund gelegt wird, hat
man unter dem Slogan *l'art pour l'art*, dem Schlachtruf der
Richtung, die man damals Ästhetizismus nannte, karikiert.
Im Lauf der Zeit hat man die trotzige, aller Intuition zu-
widerlaufende Kraft des Ästhetizismus gezähmt, seine Einsichten standardisiert und seine Positionen parodiert. Sein
Aufgebot von Impulsen, seine Festlegung darauf, die Welt
durch die Linse des Stils zu sehen, hat sich zu einer Ansammlung von Regeln und Posen verfestigt. Seine fundamental
demokratische Einsicht in die universelle Verfügbarkeit ästhetischer Erfahrungen wurde zu einer Rechtfertigung für
Snobismus und Exklusivität. Wilde drängte seine Leser (so
wie Vivian seinem liebenswürdigen, prosaisch gesinnten
Freund Cyril zuredete) zu schärferer Wahrnehmung und
veranlasste sie dazu, sich von der Art von viktorianischem
Moralismus abzuwenden, die in Gemälden und Gedichten
Lektionen und Botschaften fand. Er lud sie ein, sich von der
üblichen Art des Sehens zu verabschieden und in eine Welt
feineren Gefühls und wahreren Urteils einzutreten.

Es fällt aber natürlich nicht schwer, in dieser Idee die Spuren eines latenten Elitarismus zu entdecken, denn sie basiert auf einer potentiell unfairen Unterscheidung zwischen dem korrekten Geschmack der Aristokratie und den mittelmäßigen Massen, denen er abgeht. Ich bin davon überzeugt, dass Wildes geistige Großzügigkeit vor derart vorurteilsvollen Unterteilungen a priori zurückschreckte, aber wahr ist auch, dass er ein Mann von bedeutender Abstammung und Stellung war, der auf den zerklüfteten niederen Hängen der anglo-irischen herrschenden Klasse geboren war und seine Bildung in Oxford – klassisch, in klassischer Philologie – erhalten hatte. Auf eine anregende, aber auch einschüchternde Weise setzte er voraus, dass sein Publikum (die Cyrils und Ernests, die seine kritischen Dialoge bevölkerten) über einen Zuständigkeitsbereich und ein Unterscheidungsvermögen verfügte, welches dem seinen gleichkam, etwas, was absurd und unfair, aber auch ermutigend ist. Wer würde sich nicht solche Gaben wünschen?

Gleichwohl wirken der Ästhetizismus und seine Erben – Tendenzen in Geschmack und Kritik, welche sich um eine präzisere, wissendere Unterscheidung bemühen, die frei vom didaktischen Hemmschuh des Inhalts ist – mit ihren eigenen Initiationsritualen, heimlichen Formen des Händeschüttelns und esoterischem Wissen oft weniger wie Bewegungen als wie Clubs oder Kulte. Sie beruhen auf einer Unterscheidung, die möglicherweise weniger ontologisch als sozial ist, bei der es nicht so sehr darum geht, Dinge so zu sehen, wie sie sind, sondern sie in der richtigen Gesellschaft, in der Gesellschaft der Eingeweihten, zu sehen.

Diese Leute werden wegen ihrer Fähigkeit, uns anderen allen das Gefühl zu vermitteln, dass wir stumm sind und draußen stehen, sowohl verehrt als auch stigmatisiert. Filmsnobs, Comicfreaks, DJs von Collegeradios und ihresgleichen stecken allesamt im Bereich der Popkünste esoterische Claims ab. Unterdessen ist in unserem populistischen Zeitalter das Interesse an Formen, die wie etwa Lyrik, Romane, die Oper oder die meisten bildenden Künste früher allgemein zugänglich waren und weithin diskutiert wurden, selbst zu einem Kennzeichen von verdächtigen Bestrebungen geworden, zum Merkmal eines Menschen, der denkt, dass er oder sie etwas Besseres ist als alle anderen.

Es ist völlig klar, dass es hier um mehr geht als um bloßen Geschmack. Dass solche Menschen an Orte der Sichtbarkeit und des Einflusses aufrücken – als Geschöpfe, über die man sich wegen ihrer elitären Einstellung ärgern oder die man wegen ihrer Kultiviertheit beneiden muss –, ist eine auf den ersten Blick paradox erscheinende Konsequenz der Demokratisierung der Künste und ihres mutmaßlichen Publikums. In einer statischen, hierarchischen, kastenfixierten Gesellschaft macht die enge und allgemein anerkannte Verbindung von Geschmack und Status Snobismus überflüssig. Die Rangstellung, welche Menschen einnehmen, schließt die Einstufung ihrer Vorlieben für unterschiedliche Vergnügungen ein. Aristokraten haben ihre Maskenspiele und Tragödien; die Bourgeoisie goutiert ihre Romane und Symphonien; die Underdogs nehmen ihren Sitz im Parkett ein, um über dreckige Witze zu lachen. Jeder Mensch und jedes Ding nimmt den Platz ein, der ihm zukommt, und die Tätigkeit der Kritik, die zumindest im formalen Sinn den Wirkungskreis der wenigen bildet, der angehenden Künstler und der selbsternannten Zirkel derer, die ein Interesse an Kunst haben, hat ein klar abgegrenztes Aufgabenspektrum. Der Kritiker, der ein Publikum, eine Tradition und einen Kanon von Werken und Maßstäben voraussetzen kann, wird immer Äpfel mit Äpfeln vergleichen und sich an ein Publikum von Apfelessern wenden. Eine derartige Welt hat es natürlich nie gegeben, aber ein großer Teil der Kritik wie auch der Kritik der Kritik basiert anscheinend auf der Überzeugung, dass sie existiert, oder auf dem Wunsch, dass sie existieren möge.

Der Formalismus ist somit weniger ein theoretischer Fehler als eine nützliche Phantasie, ein kategorialer Irrtum, der dazu beiträgt, eine entscheidende, umstrittene, sich beständig verschiebende Grenze, die Grenze zwischen Kunst und allem anderen, zu markieren. Diese Unterscheidung erweist sich als keineswegs selbstverständlich. Zunächst einmal ist die vermeintlich einfache Frage, was als Kunst zählt und was nicht, Gegenstand von endlosen Debatten, Vorurteilen, Desinformationen und schlichten Idiotien. Es gibt Systeme gesellschaftlicher Macht, die einige Aktivitäten und Gegenstände für des Namens würdiger erklären als andere. Daneben gibt es in der Geschichte (wie in Robert Frosts Idee der Natur) etwas, was keine Mauer liebt, eine geheimnisvolle, unerbittliche Kraft, die derartige ausschließende kategoriale Unterscheidungen unterminiert. Die Kritik kann bei diesem Prozess der Korrektur oder Öffnung eine Hilfe sein, und es ist nur leicht übertrieben, wenn man sagt, dass die Kritik, allgemein und richtig verstanden, der Motor nicht nur der ästhetischen Neubewertung, sondern auch des gesellschaftlichen Wandels sein kann.

Die sichtbarsten und folgenreichsten Beispiele dafür findet man in der modernen Populärkultur, insbesondere seit afrikanisch-amerikanische Beiträge von ihr anerkannt und gefeiert worden sind, gewöhnlich nicht lange Zeit, nachdem man sie als marginal und gefährlich angesehen hatte. Das ist ein langsamer, unvollständiger und unerfreulich reversibler Prozess gewesen, da sich tiefverwurzelte, von weißem Vorrang ausgehende Annahmen über den Wert schwarzer Kreativität als so hartnäckig und ungreifbar erwiesen haben wie andere Formen des Rassismus. Diese – sehr lange – Geschichte habe ich an dieser Stelle nicht zu erzählen, aber es bedarf keiner sehr umfangreichen historischen Forschung, um in weißen Reaktionen auf schwarze Kunst, insbesondere Musik, ein Muster von Panik wahrzunehmen, die sich mit Faszination paart, eine komplexe, neurotische Dialektik von Verachtung, Aneignung und regelrechter Liebe. Episodisch sieht man das bei Hip-Hop, Disco, Rhythm and Blues (besonders wenn er in Rock'n'Roll übergeht), und vor allem anderen beim Jazz.

Den Jazz verehrt man heutzutage (wenngleich manchmal mehr aus Pflicht als aus Leidenschaft) als einen festen Bestandteil der quasi-offiziellen Mainstreamkultur der Nation, der an Universitäten, in öffentlichen Rundfunksendungen und bei gemeinnützigen, eleganten, spenderfreundlichen Darbietungen gepflegt wird.

Zu verdanken ist das teilweise einer lautstarken und begeisterten Kritikerkohorte, die sich in Booklets und in Zeitschriften wie *DownBeat* Schritt für Schritt, Session für Session, Album für Album, Solo für Solo dafür einsetzte, dass diese Musik eine wandelbare und komplexe volkstümliche

Kunst sei, die es verdient habe, gepflegt und ernst genommen zu werden.

Die Jazzkritik war insoweit formalistisch, als sie durch die Improvisationstechnik der Spieler hindurch den Blick auf die fundamentalen Disziplinen Komposition und Arrangement richtete und somit in der Lage war, sowohl die Virtuosität begabter Instrumentalmusiker (Louis Armstrong, Charlie Parker, Max Roach, Thelonious Monk) als auch das Werk großer Bandleader und Komponisten wie Duke Ellington und Count Basie zu würdigen. Den von Bewunderern des Jazz manchmal geäußerten rassistisch herablassenden Annahmen zum Trotz, denen zufolge er vor allem den spontanen Ausbruch primitiver Gefühle darstelle, haben Kritiker, schwarze wie weiße, seine melodischen und rhythmischen Komplexitäten hervorgehoben und seine Stars zu einer kohärenten Tradition mit verschiedenen Schulen, regionalen Varianten und genealogischen Einflussketten zusammengefügt.

Ein ähnliches Muster wiederholt sich während des gesamten 20. Jahrhunderts bei den Populärkünsten, auch wenn sich der Jazz vielleicht dadurch auszeichnet, dass er die weiteste Entfernung von unten nach oben in der kürzesten Zeit zurückgelegt hat. Melodien, die ihren Ursprung in Bordellen und Tanzsälen an Orten wie New Orleans und Kansas City hatten und die dann in modische (oft rassisch getrennte) Nachtclubs in New York und Chicago wanderten, kann man heute im feudalen philanthropischen Lincoln Center und in gepflegten Konzertsälen von Oslo und Tokio hören. Und doch kann diese Geschichte eines Aufsteiger-Triumphs, die sich in der Geschichte des Rock'n'Roll und der Filme wiederholt und die einen Teil der aktuellen Entwicklung von Fernsehen, Hip-Hop und Videospielen darstellt, aus einem gewissen Blickwinkel auch wie eine Chronik des Verlusts aussehen.

Die Avantgarde geht in den Mainstream über. Die Band, die Sie und Ihre Freunde im Collegeradio entdeckt haben, hat es mit einem Hit in die Top 40 geschafft oder bekommt einen großen Plattenvertrag. Der Indie-Filmemacher erobert Hollywood. Die marginalen und missverstandenen Freuden eines Stamms von Verehrern, von Nerds, Superfans und Möchtegern-Anhängern verwandeln sich in ein Profitzentrum der Kulturindustrie. Zu gleicher Zeit durchstreift eine Schar von Vorkostern das Land, die seltene, schmackhafte und ungewöhnliche Bissen als Kostproben aufstöbern.

Zwei Wege tun sich im Wald der modernen kulturellen Fülle auf. Der ernsthafte junge Mensch, der die Absicht hat, sich ein funktionsfähiges Innenleben aufzubauen, sich gegen Langeweile zu wappnen und entweder mit der coolen Masse oder in entgegengesetzter Richtung zu rennen, kann den Pfad des Außenseiters oder den Weg des Allesfressers wählen. Der politische Philosoph Isaiah Berlin teilte unter ironischem Rückgriff auf einen Aphorismus eines altgriechischen Dichters die Welt des Intellekts in Igel und Füchse ein, in diejenigen, welche eine große Sache wissen, und die, welche viele kleine Sachen wissen. Die Welt der Kunst hat sich traditionell nach anderen Prinzipien eingeteilt: zwischen Apollo, dem Muster von Ordnung und Harmonie, und Dionysus, der Verkörperung von Ekstase und Sensation; zwischen Klassischem und Romantischem; zwischen Hohem und Niedrigem; zwischen Altem und Modernem; zwischen

Traditionellem und Experimentellem; und so fort. Doch sosehr diese Unterscheidungen für die Einstellungen gelten mögen, die in den Werken selbst verwurzelt sind, lassen sich die Temperamente von Kunstliebhabern doch entlang einer Variante von Berlins Zoologie anordnen. Es gibt Aficionados, die von Leidenschaft für eine bestimmte Beschäftigung verzehrt werden, und es gibt Dilettanten, die auf der Suche nach Novitäten und Überraschungen hierhin und dorthin streifen.

Die Sprache der Würdigung von Kunst kennt eine Fülle von leicht herablassenden oder ganz offen pathologisierenden Ausdrücken für Leute, deren Liebe zu einem einzigen Genre oder einer einzigen Form alle anderen übersteigt: Ballettenthusiasten, Filmfreaks, Jazzfans, Theaterbegeisterte, Groupies. Ganz unabhängig von dem Gegenstand ihrer Zuneigung nimmt ihre Leidenschaft eine ähnlich obsessive Gestalt an. Sie sind gierige Sammler und fanatische Anhänger, gegen Blender und Außenseiter in Solidarität vereint und von gegenseitigem Argwohn hinsichtlich der Qualifikation der anderen erfüllt. Sie sammeln sich in Klüngeln und Subkulturen, in Zirkeln der Eingeweihten, wobei sie sich manchmal verschwören, die Welt zu beherrschen.

Ihre Leidenschaft ruft eine intensive, anspruchsvolle Form der Kritik hervor, eine, die stark gegen Enttäuschung von innen und Verständnislosigkeit oder Gleichgültigkeit von außen verteidigt wird. Es ist dies eine Kritik von tiefem und esoterischem Wissen, und das heißt, eine Kritik des Tunnelblicks und der Kurzsichtigkeit. Doch der unbekümmerte Generalismus, der die Alternative hierzu ist, riskiert den blinden Fleck der Vogelperspektive, das rasche, beiläufige Urteil, welches kurzfristiges Entzücken wahrer Liebe vorzieht.

Als Harold Rosenberg, ein streitsüchtiger Kunstkritiker, der um die Mitte des 20. Jahrhunderts schrieb, seine Intellektuellenkollegen bissig als »eine Herde unabhängiger Geister« charakterisierte, benannte er ein Paradox, das seine definitive Formulierung in einer denkwürdigen Szene von *Monty Python's Life of Brian* erhalten sollte. Darin beschwört Brian eine Schar seiner Anhänger, ihm nicht mehr nachzufolgen und selbst zu denken, ein Ratschlag, den sie nur zu eifrig befolgen. »Ich bin ein Individuum!«, wiederholen sie im Chor. »Ich bin anders!« Und dann meldet sich eine einsame abweichende Stimme zu Wort: »Ich nicht.«

Diese einsame Seele, die hartnäckig auf ihrer wahren Autonomie von der falschen Unabhängigkeit beharrt, die alle anderen verblendet und die gleichzeitig die Grenzen ihrer Kontrolle über ihren eigenen Geist eingesteht, ist eine perfekte Verkörperung des Kritikers. Der Kritiker befindet sich im Verhältnis zum Rest der Menschheit, der als eine Masse zu funktionieren scheint, die im Gleichschritt von privaten und singulären Motiven getrieben wird, in einer logisch unhaltbaren Position. Versuche, sich diesem Widerspruch zu entwinden, führen zu zwei unterschiedlichen Positionen, von denen jede definitiv falsch ist.

Die erste ist der Wunsch, die Distanz zwischen sich und dem Publikum zu verringern, ein taktisches oder definitives Bündnis mit der gängigen Meinung zu schließen. Da diese Phrase immer pejorativ ist, denn wer möchte schon ein Apostel des Selbstverständlichen oder ein Sprachrohr des Gewöhnlichen sein, ist es im allgemeinen vorzuziehen, dass man offensichtlich demokratische Werte bemüht und von der Weisheit der Masse, dem guten alten gesunden Menschenverstand oder, im aktuellen Jargon der Evolutionspsychologie und der sozialen Medien, vom Genie der Schwarmintelligenz spricht. 50 000 Elvis-Fans können nicht irren! Keinem Kritiker ist zwar ganz wohl dabei zumute, wenn er auf Popularität als einziger oder vorrangiger Determinante von Wert steht, aber nur sehr wenige können umhin, sich notfalls auf sie zu stützen. Kunst wird schließlich in der öffentlichen Arena erprobt, und eines der Verfahren zur Bewertung des Spiels ist der Einsatz quantitativer Maßstäbe: Einspielergebnisse, Wochen auf der Bestsellerliste, Rang in den Pop-Charts. Nur sehr wenige Menschen würden behaupten, dass etwas gut ist, weil viele andere Leute es mögen.

Doch sicher geschieht es manchmal, vielleicht sogar in der Mehrzahl der Fälle, dass eine Vielzahl von Leuten etwas mag, weil es eben gut ist. Andererseits lassen sich Menschen immer durch Mode oder Werbung überlisten, und im Dienste dieser Überlistung hat man einen massiven und komplexen Apparat geschaffen, eine Maschine, zu deren Getriebe die Kritik gehört. Etwas treibt die Herde Rosenbergs an: Cowboys, Hunde, dumpfer animalischer Instinkt. Brians Masse von einzigartigen Individuen hört auf die Stimme ihres Messias. Jeder weiß, dass die gewöhnliche Bevölkerung – und damit meinen wir alle *anderen* – durch Marketing, Gruppenzwang und die Kraft fauler Gewohnheit manipuliert, verwirrt und getäuscht werden kann. Manchmal sogar durch Kritiker. Und doch sind Kritiker, auch wenn sie gelegentlich zu den imaginären Strippenziehern der öffentlichen Meinung gehören, auch deren hartnäckigste Feinde, die man dafür beschimpft, dass sie hoffnungslos den Anschluss verloren haben, und die auf diesen frei schwebenden Zustand gelegentlich sogar noch stolz sind.

Die Versuchung, die den einzelnen Kritiker plagt, besteht darin, sich für einen dieser beiden Pole zu entscheiden, entweder als Tribun des allgemeinen Denkens – Erklärer der demokratischen Öffentlichkeit, Sprachrohr der *vox populi* – aufzutreten oder als dessen hartnäckiger und prinzipienfester Antagonist, der sich zugunsten von ewigen Maßstäben oder von seinen eigenen Vorlieben den Launen der Masse entzieht.

In der Ära der modernen Massenkommunikation durchlaufen Kunstwerke einen vertrauten Lebenszyklus: Man begrüßt sie, stellt sie in Frage, vergisst sie und entdeckt sie neu. Auf die Welt kommen sie mit einem Flüstern (oder einem Brüllen) von Hype, wenn spezialisierte und nicht spezialisierte Medienkanäle mit Unterstützung eines unsichtbaren Heers von Publizisten eine neue Saison des Kulturkonsums einläuten. Jede Website, jede Zeitung und jede Zeitschrift füttert in regelmäßigen Abständen den Markt mit Vorberichten, Profilen, Auszügen und Listen. Große neue Bücher, Blockbuster *in spe* und Oscar-verdächtige Dinge, Fernsehshows, über die am Montag nach den Wochenendbesäufnissen alle im Büro reden. Seht euch diese heißen neuen Popstars, diese aufstrebenden Künstler, diese Broadway-Shows an! So viel Verheißung und Vielfalt. So viele Dinge, die ihr euch nicht entgehen lassen wollt.

Im Lauf der Zeit werden sich einige von ihnen durch eine Art von Darwinscher Auslese einen Platz im Tageslicht allgemeiner Aufmerksamkeit oder im Scheinwerferlicht einer spezialisierteren Zustimmung erobern. Und das Stimmengewirr wird sich in ein fast buchstäblich hörbares Summen von Enthusiasmus verwandeln. Haben Sie schon *Der Distelfink* gelesen? Sie haben *Mad Men* nicht gesehen? *Boyhood*? *The Book of Mormon*? Die Ai-Weiwei-Ausstellung? Andere, weniger glückliche Teilnehmer am Wettbewerb um maximale Zustimmung stoßen auf zweifelhafte Urteile wie Ambivalenz, Konfusion oder überstrapazierte »Kontroverse«, und wieder andere werden ignoriert, abgetan oder verspottet. Einige davon könnten in Wirklichkeit recht gut sein.

Diesen Schauplatz betritt der nonkonformistische Kritiker, der die Absicht hat, den Befund zu korrigieren und die Gewichte zurechtzurücken. Nachdem der Mob von atemlosen Rechthabern kollektiv nach Luft geschnappt hat, sticht der Nonkonformist die Ballons aufgeblasener Reputation an und eilt den Verwundeten und Vernachlässigten zu Hilfe. Die anderen Kritiker sind durch bösen Willen, dubiose Ideologie, kollektive Psychose oder schlichte Dummheit umgestimmt worden. Dem Nonkonformisten kann man wiederum immer vorwerfen, er verfolge eine eigene Agenda oder wolle einfach nur anders sein. Es ist aufregender, eine heftige Reaktion hervorzurufen, als mit dem Strom unbeschwerter Zustimmung zu schwimmen, und es vermittelt ein viel edleres Gefühl, wenn man der einsame Vorkämpfer für eine Sache ist, die beschimpft oder ignoriert wurde, als wenn man nur noch eine weitere Stimme im Chor ist.

Doch langfristig gesehen ist jeder nicht mehr als das.

Die Zeit dämpft die Schärfen der Auseinandersetzung und bedeckt die Feuer der Gegnerschaft mit Asche. Was bleibt, wenn wir Glück haben, ist Schönheit und Wahrheit.

* * *

Rekapitulieren – und erweitern – wir also unser Register von Irrtümern der Kritik. Es gibt so viele Möglichkeiten, in die Irre zu gehen! Man kann die großartigen Leistungen der Vergangenheit überbewerten und die noch nicht trockenen, immer noch unausgegorenen Bemühungen der Gegenwart unterschätzen. Oder man kann das Gesicht tapfer der Zukunft zuwenden und die Herrlichkeiten, die hinter einem liegen, vernachlässigen. Man kann im Stil eines Götzenanbeters die exquisite Gestalt und Tönung des Dinges an sich verehren oder es aufknacken, um herauszufinden, was darin enthalten ist. Man kann die Kunstfertigkeit, die brillante Art und Weise, in der ein Ding anscheinend genau wissen kann, was es ist, preisen oder sich der Authentizität, der stummen Erhabenheit eines Dings, das nur es selbst ist, zuwenden. Man kann es mit kühler, reservierter Skepsis betrachten oder sich ihm mit unbekümmerter Inbrunst an den Hals werfen. Man kann sich sorgfältig in den Fußstapfen von Mäßigung und verantwortungsvollem Vorgehen halten und nicht mehr als einige Standardabweichungen von der gängigen Meinung zulassen, oder man kann mit der leuchtenden Flagge der Opposition winken. Man kann ernst oder flippig, gerade heraus oder barock, grob oder schüchtern, dilettantisch oder freakhaft sein. Man kann sich an die Vorschriften der Theorie halten oder einfach seinem Gefühl folgen. Man kann sich bemühen, konsequent zu sein, oder sich unbekümmert und großzügig selbst widersprechen.

Es hat keine Bedeutung. – Tatsächlich hat es eine ganz erhebliche Bedeutung. Es bedeutet mehr als alles andere. Sie können sicher sein, dass Sie im Unrecht sind – dass Sie den guten Geschmack beleidigen, die öffentliche Meinung, das Urteil der Geschichte oder Ihr eigenes beunruhigtes Gewissen vor den Kopf stoßen. Und es gibt keine schöne Synthese, keinen Modus und keine Methode der Kritik, mit denen sich diese Widersprüche auflösen ließen. Sie lassen sich nicht logisch versöhnen, und ebenso wenig lässt sich ein sicherer, sinnvoller Mittelweg zwischen ihnen aufzeigen. Noch weniger ist es möglich, ein entschiedenes Bündnis zu erklären, sich an die Partei der Form oder die Partei des Inhalts, an die Armeen der Tradition oder die aufständischen Truppen der Moderne, die Clique der Skeptiker oder die Kirche der Enthusiasten zu halten.

Es sollte sich von selbst verstehen, dass jeder gute Kritiker, jeder interessante Kritiker einige der oben angeführten Verbrechen, sei es schamlos oder unabsichtlich, begehen wird. Ein großer Kritiker wird sie alle zu verantworten haben.

SECHSTES KAPITEL

DIE VERFASSUNG
DER KRITIK

Kritik ist kompliziert. Die schiere Vielfalt von Schulen, Stilen, Temperamenten und Theorien, ganz zu schweigen von der unendlichen Vervielfältigung von Gegenständen und Aktivitäten, die eine kritische Betrachtung nahelegen, macht es fast unmöglich, sie zu definieren. Hochangesehene Gelehrte, die an Universitäten tätig sind, bezeichnen sich als Kritiker; Zeitungsschreiber, die sich nach einer im Ringen mit einer Tschechow-Aufführung des örtlichen Repertoiretheaters, mit den ersten Episoden einer neuen Serie des Kabelfernsehens oder mit der neuesten Wiederholung eines Egoshooter-Videospiels verbrachten Nacht kurz vor Redaktionsschluss ein paar Absätze abquälen, nennen sich auch so. Blogger, die über dieselben Phänomene ausführlicher schreiben, oder Tweeter, die 140-Zeichen-Urteile in die Welt setzen, kann man ebenfalls als Kritiker bezeichnen, und Gleiches gilt für die Kiebitze, die sich an sie anhängen und dabei heftig nicken oder wütenden Protest anmelden. Die geisterhaften Stimmen, die beiläufig in den Zagat-Restaurantführern zitiert werden, praktizieren eine Form der Kritik, und das tun auch die zornigen, überschwenglichen, beredten oder auch verrückten Rezensenten auf Websites wie Yelp. Der weltweit größte Einzelhändler von Kritiken mag heutzutage durchaus Amazon sein, ein Pionier der Online-Lieferung von Kundenbewertungen in Verbindung mit Büchern, DVDs, Haushaltsgeräten, kaufrauschträchtigen Serien, echten Kunstwerken und fast allen anderen Dingen, die man als Waren verkaufen kann. Es gibt auch einen lebhaften Markt kritischer Derivate, Tranchen von aggregierten Bewertungen, die von Rotten Tomatoes und Metacritic abgesichert sind, wo datenkauende Bots Tonnen von Rohprosa zu leicht verdaulichen Zahlen verkochen. *Avengers: Age of Ultron* steht bei 74 Prozent und bekommt den Wert »Megacool!«.

Um einen Überblick über diese Anwärter zu gewinnen und über ihre Ansprüche zu befinden, bedürfte es einer eigenen kritischen Disziplin, betrieben entweder von einem nüchternen und ausgewiesenen Kader von Kritikkritikern oder, wahrscheinlicher, von umherschweifenden Banden von Internetkommentatoren. Da trifft es sich, dass die Landschaft der zeitgenössischen Kritik von Canyons von Meta- oder Rekursiv-Formationen durchzogen ist, in denen Rezensenten ständig rezensiert und Beurteilungen ausführlich beurteilt werden. Gegenseitige Beschimpfungen und Stellungnahmen sind Teil der Lingua franca der digitalen Kultur. Tapfere Individualisten drängen sich in Klüngeln zusammen, die dem Selbstschutz dienen sollen, und schleudern über die Hecken rhetorische Granaten auf die Idioten im Nachbargarten. Auf den grünen und stillen Rasenflächen der akademischen Gefilde hingegen gibt es Teilfelder, die der Taxonomie kritischer Methoden und Theorien, dem Ziehen und Bewachen der Grenzen gewidmet sind, welche Spezialisten von Generalisten, Formalisten von Historizisten, Humanisten von Dekonstruktivisten und Belletristen von Zeitgeist-Surfern trennen, die auf Cultural Studies spezialisiert sind. Der angehende Kritiker wird von allen Seiten dazu ermutigt, frühzeitig Partei zu ergreifen und sich in dem niemals endenden, nicht zu gewinnenden Kampf gegen den Irrtum Identifikationsfiguren, Rivalen und Verbündete zu suchen.

Die Geschichte der Kritik ist weitgehend eine Geschichte von Kämpfen zwischen verschiedenen Parteien, Positionen und Persönlichkeiten, von Spaltungen, die auf Unterschiede von Geschmack, Temperament und Ideologie zurückgehen. Da das Geschäft der Kritik die Auseinandersetzung ist, überrascht es nicht, dass im Lauf der Jahrhunderte heftige Streitigkeiten über das Wesen und die Ausrichtung bestimmter künstlerischer Disziplinen, etwa über Abstraktion in der Malerei, Tonalität in der Musik, Realismus in der Literatur, Realness im Hip-Hop und dergleichen mehr, und ebenso auch über die besten Methoden zur Untersuchung von Werken in diesen Disziplinen ausgebrochen sind. Ist jedes einzelne Exemplar zu seinen eigenen Bedingungen zu untersuchen und nach seinen eigentümlichen Vorzügen zu beurteilen, oder sollten auch andere Erwägungen zugelassen werden? Und wenn ja, welche und wann? Steht die Kunst allein da, vom ästhetischen Leuchten, das sie selbst verbreitet, erhellt, oder sind ihre Vorzüge und Werte Widerspiegelungen von etwas anderem – von Politik oder Religion, von Brauchtum oder Geschichte oder Verdrahtung durch die

Evolution? Vielfach sind die Auseinandersetzungen spezifischer und persönlicher, Revierkämpfe im Krieg um Einfluss und Autorität. Junge Aufsteiger fordern die Macht der etablierten Älteren, die sie vor sich haben, heraus. Karrierismus und Idealismus konvergieren und kollidieren. Respektlosigkeit streitet gegen etablierte Weisheit. Es kommt zu neuen Schlachten, während die alten abebben.

»Wenn wir der Frage ein wenig Aufmerksamkeit schenken«, schrieb T. S. Eliot einmal, »stellen wir fest, dass die Kritik weit davon entfernt ist, ein einfaches und geordnetes Feld wohltätiger Aktivitäten zu sein, aus dem man Hochstapler mühelos verjagen kann; sie ist vielmehr nicht besser als eine Horde streitender und zänkischer Sonntagsredner im Park, denen es noch nicht einmal gelungen ist, ihre Differenzen auszuformulieren.« Das war 1921, aber diese Diagnose kann ohne weiteres auch für die Gegenwart gelten. Tatsächlich ist es einigermaßen klar, dass sich die Krankheit verschlimmert hat.

Zu so ziemlich jedem Zeitpunkt in ihrer neueren Geschichte befindet sich die Kritik in einem Zustand paradoxer Krise, sie läuft Gefahr zu verschwinden, weil es von ihr einfach, verdammt noch mal, zu viel gibt. »Falls sich überhaupt sagen lässt, dass die Literaturkritik bei uns gedeiht«, schrieb Henry James 1891 in einem Essay, den er halb witzig »The Science of Criticism« nannte, »dann gedeiht sie sicher unermesslich, denn sie strömt durch die periodische Presse wie ein Fluss, der seine Deiche durchbrochen hat.« Dieser Zustand der Fülle – vorteilhaft für James, der seit dem Beginn seiner Laufbahn als Romancier seine Reputation mit einem stetigen Strom von Essays und Rezensionen aufpolierte und dadurch zugleich sein Einkommen aufbesserte – existierte, so schien es ihm, ökonomischer wie intellektueller Vernunft zum Trotz. Kritik, schrieb er, »ist ein Gut, von dem, wie auch immer man die Nachfrage einschätzt, das Angebot mit Sicherheit das allerletzte sein wird, woran es uns mangeln wird. Auch wenn »die Quantität verschwenderisch ist«, fand James die generelle Qualität des Gutes deutlich mangelhaft, von Unzulänglichkeiten bei dem gekennzeichnet, »was man literarisches Benehmen nennen kann«. Der Mangel schien ihm nicht in erster Linie bei den Konsumenten oder den Produzenten mittelmäßiger Kritik angesiedelt zu sein, sondern auf einem Vertriebssystem zu beruhen, das strukturbedingt mehr und mehr Stoff verlangte, ohne sich darum zu kümmern, wie gut oder wie nützlich dieser Stoff sein könnte: »Die periodische Literatur ist ein riesiger offener Mund, der gefüttert zu werden verlangt – ein Gefäß von unermesslichem Fassungsvermögen, das gefüllt werden muss.«

Indem er nach der biologischen zu einer mechanischen Metapher übergeht, vergleicht James dann die Presse mit »einem regelmäßigen Zug, der zu einer angekündigten Stunde abfährt, der sich aber nur dann in Bewegung setzen kann, wenn alle Sitze besetzt sind. Die Sitze sind zahlreich, der Zug ist schwerfällig lang, und daher kommt es zum Bau von Attrappen für die Zeiten, in denen es nicht genug Fahrgäste gibt. Eine ausgestopfte Puppe wird auf den freien Sitz gesetzt, und dort gibt sie bis zum Ende der Fahrt eine glaubwürdige Figur ab.« Er verfolgt diese merkwürdige Analogie eines Zuges mit nachgemachten Fahrgästen, bis dieser entgleist, was den Verdacht nähren kann, dass die *New Review*, in der »The Science of Criticism« erstmals erschien, ihn nach

Wörtern bezahlte. Dennoch ist das, was James sagen wollte, wenn auch übertrieben, sowohl amüsant als auch exemplarisch. Von einem Verleger, der – besonders regelmäßig in monatlichen, wöchentlichen oder täglichen Abständen – Güter auf den Markt bringen muss, kann man kaum erwarten, dass er abwartet, bis genügend gutes Material zur Verfügung steht, und so muss er eine gewisse Menge von Füllseln verwenden. Zumindest anfangs wird es aber nahezu unmöglich sein, diese Füllsel von interessanten, originellen oder lohnenden Texten zu unterscheiden.

Heißt das, dass die Puppenproduzenten und die Fahrkartenverkäufer, die den Zug mit Attrappen vollstopfen, diese leblosen Figuren für wirkliche Menschen halten? Halten die Dummies wie empfindsame Roboter in einer Science-Fiction-Allegorie sich selbst für wirklich? Und wann genau tritt das »Ende der Fahrt« ein – der Augenblick, in dem die Verwirrung aufgelöst und die wirkliche Kritik endlich von ihrem künstlichen Doppelgänger geschieden wird? Wenn die nächste Ausgabe des fraglichen Periodikums erscheint? Wenn die lebendigen Passagiere aussteigen und einen neuen Platz in erstklassig gebundenen Folianten einnehmen? Am Tag des Jüngsten Gerichts? Irgendwann zwischendurch?

Das einzige Verfahren zur Trennung des Wirklichen vom Nachgemachten, des Substantiellen vom Seichten, des Herausragenden vom Mittelmäßigen besteht natürlich in weiterer Kritik, etwas, was der von James verfasste Artikel schon allein durch seine Existenz beweist. Im wesentlichen geht jedoch seine Argumentation ebenso wie diejenige Orwells in seinen »Confessions of a Book Reviewer« dahin, dass die Kritik besser wäre, wenn es davon weniger gäbe. Das ist eine

Argumentation oder vielleicht ein Wunsch, eine Meinung, eine Ahnung, die sich nicht auf die Kritik beschränkt. Die von Susan Sontag am Ende ihres Aufsatzes »On Photography« erhobene Forderung nach einer »Ökologie der Bilder« in einer Welt, die von mühelos reproduzierten Bildern überschwemmt wird, ist eine Spielart dieser hartnäckigen modernen Sehnsucht nach einer kulturellen Situation, die strenger, handhabbarer, selektiver ist. Und Gleiches gilt für einige der verbreitetsten Besorgnisse bezüglich der Metastasierung von Kanälen des Kabelfernsehens und von Websites im Internet. In der digitalen Welt ist der von James beschworene »riesige offene Mund« der Druckwerke zu einem gefräßigen Rachen geworden, seine Bahnstation zu einem summenden Luftkreuz, das rund um die Uhr Flugzeuge voller Puppen rings um den Globus sendet. Sicher gibt es mehr Kritik als je zuvor, und doch – oder sollte man sagen, deshalb? – sind Prophezeiungen des Todes der Kritik lauter und hartnäckiger denn je.

Das mag seltsam anmuten, da es eigentlich doch so aussieht, als sei die Kritik ein dauerhafter, wenn auch wandelbarer und manchmal unausstehlicher Bestandteil der Landschaft. Wie kann sie sterben? Ich habe die Ansicht vertreten, dass die Kritik als Aktivität unermesslich alt ist – der nachgeborene, magere, eifersüchtige Zwilling der Kunst selbst. Kritik als Beruf ist jedoch ein neueres und durch einen anderen Umstand bedingtes Phänomen: Der professionelle Kritiker ist ein Geschöpf des Buchdrucks. Zwar gibt es im kritischen Kanon des Abendlandes auch schon vor Gutenberg wichtige Texte (überwiegend Werke der Verallgemeinerung, die sich aus der griechischen und römischen Antike erhalten haben), und in neuerer Zeit tritt auch eine winzige Handvoll von Kritikern auf, die ihr Vermögen und ihre Reputation im McLuhanesken Lichtschein des Fernsehens gemehrt haben. In erster Linie ist die Kritik aber eine Disziplin des Schreibens, und ein Kritiker ist eine besondere Spezies der Gattung Schriftsteller, eine, die in den vergangenen Jahrhunderten in einem eindeutig modernen kulturellen Ökosystem von immer stärker verbreiteter Bildung und von periodischen Publikationen gedieh.

Diese nicht immer geliebte Spezies steht gegenwärtig anscheinend vor dem Aussterben. Der mit Druckerschwärze und Papierbrei verbundene angestammte Lebensraum des Kritikers, ein manchmal armseliger und schäbiger Ort, der aber doch eine Heimat darstellte, ist wie so vieles andere durch den blendend rapiden Aufstieg digitaler Medien bedroht, der in einem Zeitraum von etwas über zehn Jahren die Welt des Gedruckten bereits von Grund auf verwandelt hat und sie vielleicht auch noch völlig vernichten wird. Weitsichtige Medienmystiker und nüchterne Wirtschaftsanalysten melden sich regelmäßig in sozialen Medien, im Fernsehen und zwischen Buchdeckeln zu Wort, um den Tod von Zeitungen, die Verwandlung von Büchern und Zeitschriften in E- und App-Versionen ihrer früheren Persönlichkeit und das unmittelbar bevorstehende Veralten aller bisher praktizierten Verfahrensweisen zu prophezeien.

Ihre Visionen werden von Tag zu Tag weniger exotisch und in höherem Maße selbstverständlich. Es besteht kein Zweifel, dass die Welt des gedruckten Diskurses, in der die Kritik eine kleine, aber gut ausgestattete Nische besetzte, einen enormen Wandel durchmacht. Die Fragen betreffen zumindest in der Form, in der sie routinemäßig auf akademischen Symposien, bei Branchentreffen und auf Saufabenden vorgebracht werden, bei denen man sich etwas vorheult, die Richtung und die Konsequenzen des Wandels. Angesichts all der folgenschweren und beispiellosen Veränderungen, die den Globus umstülpen – als da sind der Aufstieg des Internets und der Kollaps der öffentlichen Aufmerksamkeitsspanne; die Ausbreitung der sozialen Medien und die Polarisierung des politischen Lebens; der Niedergang von allem und der Triumph von allem anderen –, stellt sich die Frage, wie die Zukunft der Argumentation aussieht.

Während der zurückliegenden 15 Jahre hat die Explosion der digitalen Kommunikationstechnologie die Grundfesten des Journalismus erschüttert und die Fundamente der Druckkultur ins Wanken gebracht. Tageszeitungen, wöchentlich und monatlich erscheinende Hochglanzzeitschriften, wissenschaftliche Periodika und gebundene Bücher, seit über zwei Jahrhunderten die Flaggschiffe des zivilisierten Diskurses und des allgemeinen Wissens – diese ganze materielle Infrastruktur der Bildung läuft jetzt anscheinend mit einem Mal Gefahr, sich zu verflüchtigen oder wenn nicht völlig zu verschwinden, dann doch sich in etwas weniger Greifbares und Kurzlebigeres zu verwandeln. Die Verschiebung hat sich rapide, erbarmungslos und auf extrem verwirrende Weise vollzogen. Wir bekommen neue Gadgets in die Hände, die einen Teil der Funktionen erfüllen, welche früher gebundenen und gedruckten Objekten zukamen, und einige dieser neuen Erfindungen verwandeln Dinge, die einst in das Reich von Science-Fiction zu gehören schienen, in ganz gewöhnliche Alltagsfakten.

Der Aufstieg der digitalen Technologie und die Expansion einer anscheinend reibungslosen und unverzüglichen Kommunikation im Internet haben auf ältere Verfahren der Informationsverbreitung verheerende Wirkungen ausgeübt. Ebenso wie hundert Jahre alte Geschäftsmodelle zerbröckelt sind, die auf Anzeigen, Subskriptionen und dem Verkauf in Buchläden und an Zeitungskiosken basierten – eine Infrastruktur des Vertriebs, die auf dem Fundament des Copyright beruhte –, ist auch die Moral bei denjenigen ins Wanken geraten, die in den Medien arbeiten, welche wir (mit einem Seufzer oder mit spöttischem Lächeln) als traditionell zu bezeichnen gelernt haben. Die Einnahmen sind gesunken, auch wenn der freie Online-Zugang zum Anwachsen der Leserschaft von Periodika geführt hat, denn es stellte sich heraus, dass die Formeln für die Verknüpfung von Zirkulation und Werbeeinnahmen im Netz keine Gültigkeit besaßen. Dutzende von Zeitungen und Zeitschriften haben ihre Produktion eingeschränkt oder eingestellt. Auslandskorrespondenten und Redaktionstische sind abgeschafft worden, und Tausende von Redakteuren und Reportern, darunter Hunderte von Kritikern hat man entlassen. In Nachrichtenredaktionen, Journalistenkneipen und Lunchbars, in denen man sich auf Spesen verköstigt, herrscht eine ängstliche, fatalistische Stimmung. Schriftsteller und Redakteure fühlen sich jetzt allmählich wie Schmiede und Verkäufer von Pferdepeitschen, die den Aufstieg des Automobils mit ansehen. Nostalgie und Handwerksstolz mögen uns noch eine Weile am Leben halten, aber nichts wird wirklich mehr so sein, wie es war. Wir müssen uns anpassen oder untergehen und dabei alte Redeweisen und Praktiken, die in der Materialität von Papier und Druckerschwärze verankert waren, durch die abstraktere Sprache des virtuellen Bereichs ersetzen. Wir verabschieden uns von Fahnen und Setzmaschinenzeilen, von Endnoten und Titeleien, und greifen zu Feeds, Hyperlinks, Suchmaschinenoptimierung, Publikumsentwicklung im sozialen Web und was es sonst noch an Schlagwörtern oder Begriffen gibt, die uns Rettung verheißen. Wir lernen die Sprache von Clicks und Uniques und versuchen, in Publikationen eine Heimat zu finden, die auch Plattformen für Veröffentlichungen sind.

Aus einer gewissen Perspektive – an manchen Tagen – kann sich diese Umwälzung tragisch, ja apokalyptisch anfühlen. Ein Kosmos, der mehr oder weniger seit dem 18. Jahrhundert, dem Zeitalter der London Wits und der Pariser *philosophes*, existiert, steht kurz vor dem Veralten. Das ist nicht einfach eine erhabene und antike Tradition, die sich in stilles, archivalisch besiegeltes Vergessen verabschiedet, sondern vielmehr ein Ethos des Denkens und Schreibens, das zu seinen besten Zeiten sowohl rasch als auch rigoros, sowohl eingängig als auch gelehrt, sowohl leidenschaftlich und respektlos als auch ernsthaft sein konnte. In den Vereinigten Staaten kann man einen dichtgedrängten Stammbaum von Provokationen durch Periodika bis hin zu den Pamphletschreibern der Revolutionsperiode verfolgen und dann weiter über Zeitschriften hinweg, die bei der Organisation verschiedener einheimischer Denkrichtungen eine entscheidende Rolle spielten und die zu den Laufbahnen von Autoren wie Edgar Allan Poe, Margaret Fuller, Nathaniel Hawthorne und William Dean Howells führten. Einige dieser Publikationen, so etwa *Harper's*, die *Nation*, die *Atlantic*, haben sich bis auf den heutigen Tag gehalten, und die Geschichte der amerikanischen Zeitschriften ist bis ins 20. Jahrhundert eng mit der politischen, kulturellen und intellektuellen Geschichte der Nation verknüpft. Meinungszeitschriften wie die *New Republic* und die *National Review*; kleine Magazine wie *Dial, Hound & Horn* und *Partisan Review*; wöchentlich und monatlich erscheinende Publikumszeitschriften; Hochglanz- und Modemagazine; der *New Yorker, Esquire, Rolling Stone, Collier's, Playboy*, die *Saturday Review*, die *Village Voice*, die *New York Review of Books* – all das waren Brutstätten von streitsüchtiger, lebhafter und brillanter Auseinandersetzung.

Sie waren auch die Motoren einer buntscheckigen Professionalität, das ökonomische wie das intellektuelle Gerüst von Schreiben als weltlicher Karriere. »Kein anderer als ein Schafskopf hat je geschrieben, es sei denn für Geld«, erklärte Samuel Johnson im 18. Jahrhundert, als das aufstrebende Druckwesen hungrig nach Inhalten war und die Drucker dafür Akkordlöhne zu zahlen bereit waren. Doktor Johnson war ein Genie, das eine Epoche definierte, eine Verkörperung des skeptischen, streitsüchtigen Geistes eines neu gestärkten literarischen Professionalismus. So gelehrt wie jeder beliebige Philosoph in London, Paris oder Leipzig, war er auch ein Apostel des gesunden Menschenverstands und des Mutterwitzes. Als begabter Polemiker, hartnäckiger Lexikograph, gewaltiger Redner sowie fleißiger Kommentator und Interpret Shakespeares, Miltons und anderer verblichener Giganten war Johnson vor allem und im höchsten Sinne ein Vielschreiber. Ebenso wie andere bedeutende Gestalten, die im englischen literarischen Kanon vor und nach ihm kamen – beispielsweise Shakespeare, der Akkordarbeiter am Theater, und Dickens, der markenbewusste Unternehmer –, betrieb Johnson einen literarischen Beruf, der im Grunde auch ein Gewerbe war.

Daran ist nichts Ehrenrühriges, es sei denn insofern, als ein nagendes Gefühl von Reinheit oder Angemessenheit darauf beharrt, dass es doch etwas Derartiges geben sollte. »Den Leuten sitzt das alte Vorurteil zu fest im Kopf, dass man nur nach dem Diktat des Heiligen Geistes schreiben darf. Nein, Schreiben ist ein Geschäft.« Dies sagt der aufstrebende junge Skribent Jasper Milvain, der Protagonist des von George Gissing verfassten Romans *New Grub Street* (*Zeilengeld*), welcher im selben Jahr erschien wie der Essay von Henry James in der *New Review*. Doch wenn es übermäßig ehrfürchtig erscheint zu behaupten, dass Kunst und Kommerz von Grund auf unvereinbar sind – das war genau die Ehrfurcht, gegen die sich Johnson so schroff aussprach –, dann erscheint es auch vulgär und korrupt, sie für identisch zu erklären. Jasper ist besonders in den ersten Kapiteln des Romans ein Karrierist und ein Narr, eine fein ziselierte satirische Studie eines Typs, den Gissing, der im Abschaum des viktorianischen Literaturwesens ohne Stammbaum oder Privilegien um Anerkennung kämpfte, bestens kannte. Und dieser Typus ist seither auch nicht von der Bildfläche verschwunden. Gewitzt und ehrgeizig, mit einem besserwisserischen Auftreten, das (für seine Freunde, seine Verwandten und den Leser) sowohl einnehmend als auch ärgerlich ist, stellt sich Jasper mit außerordentlichem Vertrauen auf die Anpassungsfähigkeit seiner Talente und die Stärke seiner gewinnsüchtigen Instinkte auf einen im Wandel begriffenen

Markt ein. »Die Literatur ist heutzutage ein Gewerbe«, belehrt er in der ersten Szene des Buches beim Frühstück seine Mutter und seine Schwestern, »und abgesehen von den Genies, die sich durch schiere kosmische Kraft durchbringen, ist der erfolgreiche Literat nur ein geschickter Händler. Er denkt zuerst vor allem an den Markt; wenn irgendeine Art Ware flau wird, kommt er gleich mit etwas Neuem und Appetitanregendem hervor. Er hat einen perfekten Überblick über alle potentiellen Einkommensquellen.« Der Markt hat sich, so Jasper, seit den Tagen der alten Grub Street, die von einer heutzutage im Veralten begriffenen handwerklichen Produktionsweise beherrscht war, gewandelt. »[U]nsere heutige Grub Street ist etwas ganz anderes: sie hat die telegraphische Kommunikation, sie weiß, was für literarische Ware in allen Teilen der Welt verlangt wird, und die Literaten sind einfach Geschäftsleute, wie heruntergekommen auch immer.«

Ein irgendwie eindrucksvoll klingendes, supermodernes Schlagwort wie »telegraphische Kommunikation« ist für die Welt der 1890er Jahre etwas Ähnliches wie das, was die »digitalen Medien« hundert Jahre später werden sollten, als sich die ehrgeizigen jungen Jasper Milvains des ersten Dotcom-Booms auf einen neuen und verführerischen Markt von Start-ups und Aktienbezugsrechten stürzten. Die sukzessiven Revolutionen des 18., 19. und 20. Jahrhunderts lassen ebenso wie die Verwerfungen des gegenwärtigen in der Ökonomie des Druckwesens, wie sie über periodische Zuckungen der technischen Innovation hinweg expandiert, eine grundlegende Kontinuität erkennen. In jeder Phase der Geschichte der Medien von Gutenberg bis Zuckerberg haben neue Methoden der Produktion und Distribution eine ständig zunehmende Nachfrage nach Dingen zutage treten lassen, die wir uns erst kürzlich im Geiste Milvains als *content*, als Inhalt, vorzustellen gelernt haben. Jasper ist ein Schriftsteller, der keine andere Loyalität gegenüber einem bestimmten literarischen Genre kennt als die zu dem, was er verkaufen kann. An einer Stelle denkt er darüber nach, dass er ebenso gut Kritiken schreiben könnte wie die sensationellen Romane, die er plant. Seine Entscheidung ist weniger eine Sache der Berufung, sondern eher das dumpfe Gefühl eines Spielers. Und die Logik des Gewerbes – der Warenform – erklärt alle Inhalte für gleichwertig. Was immer die Nichtdummköpfe der Welt zu verfassen beschließen, wichtig und bestimmend ist daran, dass sie es für Geld tun.

Außer dass, wie James klarzustellen bemüht war, *nicht* alle Inhalte gleichwertig sind. Man kann sie nach Spalten, Seiten und Spaltenbreite quantifizieren und erforderlichenfalls zurechtschneiden. Für den Absatz lassen sich Zahlenwerte angeben – verkaufte Exemplare, Anzeigenpreise, angesehene Seiten –, aber jeder, der wirklich liest, weiß, dass das Wesen des geschriebenen Diskurses qualitativer Natur ist. Der Charakter des Inhalts kann für den, der schreibt, wie für den, der liest, kaum ein nebensächliches Detail sein; er ist das Entscheidende an dem ganzen Unternehmen. Der Grund, weshalb uns Jasper Milvain komisch unreif und auch ein bisschen unheimlich vorkommt, ist der, dass er diese Grundtatsache mit so totaler und lautstarker Gleichgültigkeit behandelt. Nach seiner Ansicht besteht sein großer Wettbewerbsvorteil als Schriftsteller darin, dass er zunächst einmal nichts Bestimmtes hat, worüber er schreiben möchte.

Das bedeutet, dass er, zumindest in seiner eigenen Vorstellung, perfekt an die Schwankungen der Nachfrage angepasst und gegen das Risiko gefeit ist, dass sich das, was er schreibt, als nicht modisch oder nicht wünschenswert erweisen könnte.

New Grub Street ist zum Teil eine Satire auf literarische Manieren, und Jaspers große Töne sind eine bewusste Übertreibung. Die Aufrichtigkeit, mit der er seine Motive an den Tag legt, ist erschreckend und absurd. Sie führt dazu, dass er an einer späteren Stelle des Buches eine komplizierte und köstliche Abreibung erhält, und sie macht ihn, was für meine Zwecke an dieser Stelle wichtiger ist, auch zu einer nützlichen Folie für die verbreitetere Sorte von Schreiberlingen, deren Karriere über eine Reihe von lokalen, taktischen Kompromissen verläuft und sich nicht einer pauschalen und vorbeugenden Absage an Integrität verdankt. Es gibt schließlich unterschiedliche Verfahren, sich zu verkaufen, und unterschiedliche Methoden, das Hauptbuch der Verkäufe zu kontrollieren. Vielleicht ist es besser, zu dieser Frage keinen fiktionalen, sondern einen realen Karrieristen zu hören, einen, dessen Karriere sowohl exemplarisch als auch von Legenden überwuchert ist.

Edmund Wilson, der einige Jahre nach dem Erscheinen von *New Grub Street* geboren wurde und der 1972 starb, studierte an der Princeton University bei F. Scott Fitzgerald und schrieb dann Romane und Bücher zur Geistes- und Literaturgeschichte, über Marxismus, Modernismus und den amerikanischen Bürgerkrieg. Wie nur sehr wenige andere Kritiker der Neuzeit überlebte Wilson ohne die Sicherheit eines Universitätspostens oder einer Festanstellung bei einer Zeitschrift. Er hat daher, ganz abgesehen von den bleibenden Meriten seines Werkes, einen nahezu mythischen Status als ein musterhafter Vertreter intellektueller Unabhängigkeit erlangt, der nach Ansicht seines Mitarbeiters bei der *New York Review of Books* »allgemein als der herausragende amerikanische Literat des 20. Jahrhunderts gilt«. Wilson selbst betrachtete sich aber hartnäckig und überhaupt nicht bescheiden als Journalist. Obgleich sich viele seiner Schriften als Kritik einstufen lassen – darunter sind wunderbar verschrobene und scharfsinnige Einschätzungen zeitgenössischer Autoren und Trends –, schätzte er es nicht, wenn man ihn als Kritiker bezeichnete. Seine Identität als Schriftsteller beruhte nicht auf der Sorte von Texten, die er schrieb, sondern auf der Art und Weise, in der er sich dabei seinen Lebensunterhalt verdiente.

»Wenn ich von mir als von einem Journalisten spreche«, schrieb er, »will ich damit natürlich nicht sagen, dass ich immer aktuelle Ereignisse behandelt habe oder dass ich in meine Bücher nicht etwas mehr gelegt habe als das, was in meinen Artikeln zu finden ist; ich meine vielmehr, dass ich mir meinen Lebensunterhalt hauptsächlich damit verdient habe, für Zeitschriften zu schreiben. Es gibt eine seriöse Profession des Journalismus, die ihre eigenen speziellen Probleme hat. Dinge zu schreiben, an denen man interessiert ist, und es zu bewerkstelligen, dass man Redakteure findet, die dafür zahlen, ist eine Leistung, die ziemlich genaue Berechnung und ein erhebliches Maß an Findigkeit erfordern mag. Man muss lernen, solide Themen in Nachrichten über ephemere Geschehnisse zu verpacken; man muss einen Erfindungsreichtum dabei entwickeln, einen Gedankengang über Stücke zu vermischten und mehr oder weniger zufälligen Themen hinweg zu entwickeln; und man muss sich eine Technik zulegen, der Routine von Redakteuren das tiefere unabhängige Werk unterzuschieben, auf dessen automatische Zurückweisung ihre überängstliche Rücksicht auf die Moden des Monats oder der Woche sie konditioniert hat, so wie die Maschinen, die Motorenteile herstellen, automatisch Übergrößen aussondern.«

Diese freimütige und raffinierte Darstellung des taktischen Umgangs eines Schriftstellers mit dem Markt stellt die Logik der Jamesschen Metapher des mit Puppen vollgestopften Eisenbahnzuges auf den Kopf. Wilson setzt voraus, dass es sich bei dem größten Teil der veröffentlichten Texte um Müll handeln wird, den man wegwerfen kann: Das ist der Stoff, den die Redakteure haben wollen und der den Apparat reibungslos am Laufen hält. Der Trick besteht darin, unter dem Deckmantel von trendgerechten Trivia den guten, seriösen, substantiellen Stoff unterzuschieben, gewissermaßen echte Fahrgäste einzuschmuggeln, die für Puppen durchgehen könnten.

Das ist ein überaus praktischer und realistischer Ansatz für den Beruf des Schreibens von Kritiken, einer, der ein unvollkommenes System voraussetzt und es sich zunutze macht, und der nicht annimmt, dass man es vervollkommnen könne. Der Apparat, mit dessen Hilfe kritische Intelligenz in die Öffentlichkeit getragen wird, mag dumm und irrational sein, aber er ist gleichwohl empfänglich für die Ausbeutung durch einen geistig unabhängigen Profi. Wilson ist zu Recht stolz auf die Geschicklichkeit, mit der er eine Karriere aufrechtzuerhalten und zugleich seine Unabhängigkeit zu wahren vermag (und er weiß auch, welches Glück er hat).

Nicht jeder ist jedoch ein Edmund Wilson, und nicht jede Kritikerkarriere – allenfalls seine und diejenige Susan Sontags und vielleicht noch ein oder zwei weitere – kann über die Hetze und die Bewegung der Printökonomie vorankommen. Etwa zu der Zeit, in der Wilson den kurzen Abriss seiner Skribentenreise schrieb, den ich soeben zitiert habe, veröffentlichte der ungefähr gleichaltrige Yvor Winters, ein Lyriker, Kritiker und Professor in Stanford, einen Essay (der später Eingang in den schmalen, streitsüchtigen Sammelband *The Function of Criticism* fand), dem er den Titel »Problems for the Modern Critic of Literature« gab. Deren erstes ist es, so schrieb er, »eine Lebensform zu finden, die ihn dazu befähigen wird, seinen Geist zu entwickeln, seine Kunst auszuüben und seine Familie zu ernähren. Die Universitäten bieten die naheliegende Lösung, aber die Frage hat zumindest eine kurze Erörterung verdient.«

In den darauffolgenden Jahrzehnten, in der Zeit vom Post-Sputnik-, Post-GI-Bill-Bildungsboom der frühen 1960er Jahre über die Campusrevolten gegen Ende dieses Jahrzehnts und die nachfolgenden Perioden von Expansion, Sparmaßnahmen, Krise und Neuerfindung, ist die Diskussion weitgespannt, um nicht zu sagen erschöpfend gewesen. Das Literaturstudium, ein Eckpfeiler des geisteswissenschaftlichen Lehrplans während dieser gesamten Zeit, war auch ein Unruheherd in den intellektuellen und kulturellen Schlachten, welche die Universität von Zeit zu Zeit aufwühlen. Genau wie die zweifelhaften Berufschancen von Absolventen mit Englisch als Hauptfach immer wieder Stoff für

Witze liefern, wird die Frage, was und wie diese Studenten studieren sollten, als ein Thema von tödlicher politischer Ernsthaftigkeit behandelt. In den 1970er und 1980er Jahren wurden die literaturwissenschaftlichen Universitätsinstitutionen von krampfhaften Irritationen über »Theorie« heimgesucht, womit Zugänge zu Prosa und Poesie gemeint waren, die in esoterischer europäischer Philosophie wurzelten. In den 1990er Jahren tobte die Schlacht um den Kanon etablierter großer Autoren (überwiegend tot, weiß und männlich) und um Bemühungen, den Lehrplan dahingehend zu erweitern, dass er nicht nur bis dahin ignorierte Autoren und Bücher berücksichtigte, sondern auch nichtliterarische Produkte, über die man unter der neuen, aufregend umfassenden (oder ärgerlich leeren) Rubrik »Cultural Studies« Lehrveranstaltungen abhalten konnte. Kürzlich haben sich die Gewichte erneut verschoben, da sich nun Vertreter eines technologieaffinen, vorwärtsblickenden Ansatzes »digitale Geisteswissenschaften« gegen Verteidiger der Geisteswissenschaft alter Schule positioniert haben.

Winters erahnte jedoch ein grundlegenderes Problem, einen Widerspruch, der dann für große Teile der nachfolgenden Verunsicherung bestimmend war. Die Heimstatt des Kritikers in der Universität war auf einer philosophischen Verwerfungslinie errichtet, um die auch heftige Revierkämpfe verschiedener Fächer ausgetragen wurden. Die Departments, in denen der Kritiker seine Lebensform finden konnte, war von Gelehrten, von Analytikern der verschiedenen Kunstrichtungen – im Falle von Winters der Lyrik – dominiert worden, deren Bemühungen quasi-naturwissenschaftlichen, objektiven Methoden folgten. Winters selbst war ein ausgewiesenes Mitglied dieser Zunft, der seinen PhD 1928 in Stanford erworben hatte. Die Angehörigen dieser Gilde waren Forscher und Philologen, Historiker und Bibliographen, die (zumindest im Prinzip) nicht geneigt waren, über die Meriten und auch nur über die Bedeutung der von ihnen erforschten Dinge ein Urteil abzugeben. Mehr noch, sie unterschieden sich in ihrem Temperament und in ihrer Moral von den Künstlern, deren Werke das Material für ihre eigene Arbeit abgaben: »[D]ie Professoren haben sich ihren Lebensunterhalt durch das seriöse Studium der Literatur verdient, wie sie es verstehen; aber die Männer, welche die Literatur verfasst haben, waren in den Augen der Professoren und manchmal auch in Wirklichkeit nicht seriös und wurden daher als ungeeignet angesehen, sie zu studieren oder zu lehren. Jede der beiden Gruppen hat traditionell die andere mit Verachtung gestraft.« Der Kritiker, der sich auf den Weg zum Campus aufmacht, spaziert in ein Kreuzfeuer. Die Wissenschaftler werden ihn als Eindringling aus dem wilden, irrationalen, intellektuell suspekten Land der Künstler betrachten, die ihn ihrerseits des Verrats verdächtigen können.

Winters versucht in dieser und in anderen Schriften – von denen die wichtigsten in einem Sammelband mit dem pointierten Titel *In Defense of Reason* zusammengefasst sind – nicht so sehr, einen Waffenstillstand auszurufen; vielmehr bemüht er sich, das Ganze zu einem Irrtum zu erklären. Indem er sich von der verbreiteten romantischen Vorstellung absetzt, dass es sich bei Literatur um ein grundlegend expressives, intuitives, emotionales Unternehmen handelt, beharrt er darauf, dass Wissenschaftler ebenso wie Dichter, zumindest diejenigen Dichter, die es zu lesen lohnt, und diejenigen Wissenschaftler, die es wert sind, gehört zu werden, aus derselben Quelle schöpfen und dasselbe Ziel verfolgen, das (um es ganz offen zu sagen) die Wahrheit ist. Die Kritik besetzt daher keinen mittleren Ort zwischen Kunst und Wissen, sondern sie beweist, dass beide miteinander identisch sind.

Wenn Kritiker Professoren sein wollen, dann müssen sie etwas vertreten: einen Vorrat von Lehrmeinungen und Verfahrensweisen und nicht eine Anhäufung von Impressionen und Launen. Indem er an dem Gedanken festhält, dass zum grundlegenden Geschäft der Kritik auch das Urteilen gehört, behauptet Winters, die ästhetische Qualität eines gegebenen Gedichts sei nicht nur vertretbar, sondern auch beweisbar. An anderer Stelle, in *The Anatomy of Nonsense*, erweitert er diese Behauptung durch eine Folge von Axiomen und Syllogismen:

Ist es möglich zu sagen, dass Gedicht A (eines von Donnes *Holy Sonnets* oder eines der Gedichte Johnsons oder Shakespeares) besser ist als Gedicht B (Collins' *Ode to Evening*) oder umgekehrt?

Wenn nein, ist es möglich zu sagen, dass eines von diesen beiden besser ist als Gedicht C (*The Cremation of Sam McGee* oder etwas Vergleichbares)?

Wenn die Antwort in beiden Fällen nein lautet, dann ist jedes Gedicht so gut wie jedes andere. Wenn dies wahr ist, dann ist alle Lyrik wertlos; aber das ist offensichtlich nicht wahr, denn es läuft aller unserer Erfahrung zuwider.

Wenn die Antwort in beiden Fällen ja lautet, dann folgt

darauf die Frage, ob die Antwort lediglich impliziert, dass eines der Gedichte für den Sprecher besser ist als das andere, oder ob sie bedeutet, dass ein Gedicht an sich besser ist als ein anderes. Falls ersteres zutrifft, sind wir Impressionisten, und das heißt Relativisten; und sind entweder Mystiker … oder Hedonisten. … Falls letzteres gilt, nehmen wir an, dass die poetische Erfahrung von konstanten Prinzipien beherrscht wird und dass das Gedicht (genau wie der Richter) in Bezug auf diese Prinzipien beurteilt werden muss.

Diese zugleich wasserdichte und lächerliche Argumentation hat einen gewissen Reiz, den man mit »Kant für Dummies« umschreiben könnte. Sie ist an Ansichten geknüpft, die einen dauerhaften nonkonformistischen Charme aufweisen. Winters verwendete enorme polemische Energie auf die Verbreitung eines eigenwilligen Gegenkanons, und dabei beharrte er darauf, dass obskure und marginale Pamphletschreiber und Verseschmiede ihren bekannteren Zeitgenossen überlegen seien. Der große Lyriker der englischen Renaissance war Barnabe Googe. Der Titan der amerikanischen Literatur des 19. Jahrhunderts war nicht Emerson oder Whitman, sondern der unbesungene Sonettdichter Jones Very. Winters konnte es beweisen.

Wenn ich hier Winters aus seiner unverdienten Obskurität hervorzerre, dann verfolge ich damit nicht die Absicht, mich über seine Gewissheit lustig zu machen, sondern ich möchte vielmehr seine einzigartige Aufrichtigkeit preisen. (Hinzufügen will ich, dass seine Prosa, seine Verse und seine Lehre allgemeinere Anerkennung verdienen, als sie sie gegenwärtig genießen.) Als die Kritik, beginnend in den 1920er Jahren und beschleunigt dann um die Mitte des Jahrhunderts, zur partiellen Auswanderung aus der Grub Street in die arkadischen Haine der amerikanischen Universitäten ansetzte, wollte Winters sicherstellen, dass ihr Platz wohlverdient war und dass sie neben den anderen Künsten und Wissenschaften eine komfortable und respektable Position beziehen konnte.

Dies tat sie, allerdings nicht ganz so, wie er es erwartet oder sich gewünscht hatte, und dafür waren Kräfte von weit größerer Tragweite verantwortlich als die Überzeugungskompetenz irgendeines einzelnen Kritikers. Nach dem Zweiten Weltkrieg machte die Literaturforschung in den nunmehr aufblühenden universitären Institutionen – staatliche und private Forschungsuniversitäten, die über reichlich Mittel von staatlicher Seite und von Stiftungen verfügten; kleine, progressive geisteswissenschaftliche Colleges; öffentliche Satelliteninstitutionen, die dafür geschaffen wurden, die Bedürfnisse einer expandierenden und aufstrebenden Mittelklasse, einer in zunehmendem Maße technokratischen Gesellschaft und einer wachsenden, mobilen und vielfältigen Bevölkerung zu erfüllen – eine Reihe von Spaltungen und Verschmelzungen durch. Kritiker wie Winters verbanden sich mit Lyrikern, Romanciers und anderen »kreativen« Schreibern, die in den vom Staat und von Stiftern finanzierten Sinekuren der akademischen Welt Schutz vor dem literarischen Markt suchten.

An den Toren wurden sie im Hinblick auf eine neue und häufig unausgesprochene Reihe von Funktionen aussortiert, wie sie dann auch in anderen Disziplinen Anwendung finden sollte. Durch das eine Portal strömten die Macher, die Künstler, nicht völlig frei vom Stigma der Unseriosität, aber gleichwohl als Vorbilder für die Jungen in Dienst genommen. Ihre Lehrveranstaltungen wurden normalerweise als Workshops bezeichnet, und sie widmeten sich mehr der Weiterentwicklung von Fertigkeiten als der Wissensvermittlung. Kritik war ein Teil ihrer Pädagogik, eine Kritik besonders konzentrierter und praktischer Art, wie Winters sie als Lyriker anerkannt, gebilligt und einigen seiner Studenten auferlegt hätte. Kunststudenten machen das *crit* durch, einen vorgeblich konstruktiven, häufig brutalen Ritus der Ego-Demontage, der von Ausbildern und anderen Studierenden vollzogen wird. Workshops in Creative Writing haben ihre eigene Version dieser Zeremonie, bei der der angehende Autor, gewöhnlich nachdem er etwas laut vorgelesen hat, schweigt, während der Lehrer und andere Schüler das auseinandernehmen, was auf der Ebene des Satzes, des Verses, des Bildes oder der Gesamtstruktur funktioniert und was nicht. Dies ist eine bewertende Kritik unmittelbarster und funktionalster Art, und sie ist auch eine Kritik, aus der allgemeinere Geschmacksfragen und umfassendere Gedanken über die Welt ausgeschlossen worden sind. Wir sind hier, um herauszufinden, was besser oder schlechter ist (Gedicht A oder Gedicht B), nicht jedoch, um zu interpretieren, zu kontextualisieren, zu philosophieren oder uns sonst wie Gedanken über die Frage zu machen, was das alles bedeuten könnte.

Diese Art von Kritik nimmt auf dem Campus ihren eigenen Platz ein, manchmal in einem ganzen anderen Department. Anstatt die Spaltung zwischen Kunst und Wissenschaft dadurch zu heilen, dass man ihre Bedeutungslosigkeit offenlegte, installierte man die Kritik als eine neu ermächtigte, aber immer umkämpfte Form der Wissenschaft. Professoren für Literaturwissenschaft – Sprachhistoriker; Herausgeber von kommentierten Editionen; Verfasser gelehrter Monographien über berühmte wie unbekannte Autoren – fingen an, sich als Kritiker zu bezeichnen. Universitätsverlage brachten ihre Titel unter diesem Etikett heraus. Ihr Feld strotzte vor Energie und Kontroversen, da die neue Disziplin den Versuch unternahm, sich über ihre Grundprinzipien klar zu werden und zugleich eine wachsende Nachfrage nach neuen Lehrveranstaltungen, Lehrbüchern und Konferenzthemen zu befriedigen.

Das Gedeihen der akademischen Kritik vollzog sich nicht ohne Kontroversen. Im Gegenteil: die Kontroversen waren ihr Sauerstoff. Die alten Hefte wissenschaftlicher Zeitschriften sind voll vom Lärm einstmals dringlicher, heute eigentümlich anmutender Scharmützel: die Streitigkeiten zwischen Winters selbst, den Aristotelikern von der Universität Chicago und anderen Aposteln des New Criticism; die erbitterten Auseinandersetzungen über den Strukturalismus und den Poststrukturalismus; die Streitereien zwischen New Historicists, Psychoanalytikern, Gendertheoretikern und Marxisten; die Rückkehr zur Literaturgeschichte; und der Aufstieg von Ansätzen, die auf Neurowissenschaften und Evolutionspsychologie beruhten. Manchmal spiegelten sich in diesen Kämpfen andere Auseinandersetzungen innerhalb der Geisteswissenschaften und über deren Grenzen hinweg wider, in anderen Fällen ging es um die schmutzige Politik von Ego und Reputation. Der reale Konflikt betraf jedoch nicht die Frage, welcher Typ von akademischer Kritik den Vorrang haben sollte, sondern die, ob eine akademische Kritik überhaupt existieren kann oder existieren sollte.

Der englische Schriftsteller Geoff Dyer hat gegen »bescheuerte Akademiker, die an ihren Forschungen schaufeln und dabei das Grab der Literatur graben«, gewettert sowie gegen Lehrer, welche die Freude ihrer Schüler an Werken der Phantasie abwürgen. Damit steht er kaum allein da. Der Gedanke, dass die Bildung eine seelenzerstörende Wirkung auf die Kunst – auf ihre potentiellen Schöpfer und ihre eifrigen Würdiger – ausübt, ist ein Thema, das im modernen Bildungswesen ständig wiederkehrt. Das Verhältnis der akademischen Welt zur Kunst ist zutiefst paradox. Die Kunst hat immer eines Schutzes vor dem Markt bedurft, und die akademische Sphäre ist eine Quelle von Patronage und Protektion. Diese Sicherheit wird jedoch mit einem beträchtlichen Risiko erkauft. Die Schule ist ein Ort, an dem der Enthusiasmus und die Energie der Jungen von ausgewiesenen bürokratischen Funktionären diszipliniert und kanalisiert werden, deren eigentliche Aufgabe darin besteht, Aufsätze und Bücher auszustoßen, die außerhalb des begrenzten Zirkels ihrer eigenen Disziplin kein Mensch lesen wird. Das Ziel ist die Normalisierung und Standardisierung der intellektuellen Aktivität.

Dies ist natürlich nicht das, was man in den Broschüren liest. Künftigen Studenten und der Gesellschaft als ganzer stellt sich die Universität als ein Ort der Selbstfindung und der erweiterten Möglichkeiten dar, wo junge Menschen, nachdem sie dösend und kämpfend ihren Weg durch den Routinebetrieb der Grundschule und der höheren Schule genommen haben, jetzt ins Offene kommen und in die Freiheit entlassen werden. Der Campus ist ein Ort der Herausforderung und der Selbstfindung, dessen als Werbeslogan eingesetzter Schlüsselbegriff »Leidenschaft« heißt, unser neuer, gefühlsduseliger Terminus für das, was man früher Ehrgeiz nannte.

Eine scharfsichtige und frühe Diagnose der widersprüchlichen Verfassung der modernen Universität verfasste Lionel Trilling, Englischprofessor an der Columbia University und herausragender Literaturkritiker, der von den 1930er bis zu den 1960er Jahren sowohl in der Welt des öffentlichen intellektuellen Journalismus als auch in derjenigen der akademischen Forschung wirkte. In seinem 1961 erschienenen Essay »On the Teaching of Modern Literature« registrierte er einen radikalen Zwiespalt zwischen der »Zivilisationsfeindschaft« eines großen Teils dieser Literatur und der von ihrem Wesen her zivilisierenden Mission der Unterweisung in den Geisteswissenschaften. »Ich habe jetzt seit einigen Jahren den Kurs in moderner Literatur am Columbia College abgehalten«, schrieb er. »Ich bin an diese Aufgabe nicht ohne ein mulmiges Gefühl herangegangen, und ich habe den Unterricht nie betrieben, ohne mein Tun in Frage zu stellen. Meine Zweifel beziehen sich nicht auf den Wert der Literatur selbst, sondern nur auf die Frage, ob es für die Ausbildung angemessen ist, dass sie am College studiert wird.« Die Unvereinbarkeit von Thomas Mann, Franz Kafka, D. H. Lawrence und selbst Henry James mit der Geistesverfassung junger Amerikaner im 20. Jahrhundert erfüllte Trilling und seine Kollegen mit »einer Art von Verzweiflung«.

Das rührt nicht daher, dass unsere Studenten nicht auf Ideen eingehen, sondern daher, dass sie auf Ideen mit einer fröhlichen Unbestimmtheit, einer entzückten Zungenfertigkeit, einem freudigen Gefühl ihrer Kraft beim Gebrauch von anerkannten oder anerkennbaren Verallgemeinerungen reagieren, mit einem dankbaren Staunen darüber, wie leicht es ist, zu formulieren und zu beurteilen, und wie wenig Widerstand die Sprache ihren Intentionen entgegensetzt.

Trillings Sorgen sind ein Spiegelbild derjenigen, die Winters benannte. Das Problem ist nicht, dass die Wissenschaft – zumindest die Lehrlingsversion, die von aufgeweckten jungen Studenten an guten alten Fakultäten praktiziert wird – seriös ist, sondern dass sie nicht seriös genug ist. Was ernst und schwierig ist, ist die Kunst. Winters löste dieses Problem dadurch, dass er darauf beharrte, diese Spaltung zwischen Kunst und Gelehrsamkeit beruhe auf einer romantischen Täuschung hinsichtlich des emotionalen, expressiven und persönlichen Wesens der Kunst. Trilling stellte zwar fest, dass »heutzutage die Lehre von Literatur tendenziell einen ziemlich technischen Charakter aufweist«, sah sich aber nicht imstande, die Erörterung moderner Literatur auf den Bereich der Technik zu beschränken. Um ihr gerecht zu werden, musste man sich mit schmerzlichen und persönlichen Fragen auseinandersetzen, mit den eigenen Gedanken über Sex, Entfremdung, Ungerechtigkeit und Tod, man musste »in den Abgrund starren« und darüber dann eine Seminararbeit anfertigen.

Das Erstaunliche an der modernen höheren Bildung in

den USA ist, dass sie es geschafft hat, beides zu bewerkstelligen, zu emanzipieren und zu reglementieren, Heeren von Träumern, Einzelgängern und Bilderstürmern die für sie bestimmten Rollen in einer überaus technokratischen Gesellschaft zuzuweisen, die kompromisslosesten und glanzvollsten Werke der Phantasie, etwa die Lyrik von Trillings früherem Schüler Allen Ginsberg, in Futter für die Erörterung in Lehrveranstaltungen und für Hausarbeiten zu verwandeln. Wenn dies niemand so richtig als einen Triumph betrachtet, wenn die Universität selbst bei ihren eigenen Angehörigen nach wie vor nicht nur ein Gegenstand des Lobs, sondern auch der Verachtung und des Argwohns ist, dann mag das ein weiteres Anzeichen dafür sein, wie gut die ganze Sache funktioniert. Ebenso wie der literarische Markt (Wilsons Welt des Journalismus), der ihr vorgeblicher Rivale ist, schafft die akademische Welt Platz für komische Käuze und Außenseiter, für Denker und Schriftsteller, die wider den Stachel löcken. Sie vollzieht dies dadurch, dass sie ihnen Aufgaben zuteilt, die sich eigentlich nicht erfüllen lassen.

»Sich einen Lebensunterhalt zu verdienen ist gar nichts«, erklärte Elizabeth Hardwick im ersten Satz eines Essays mit dem Titel: »Grub Street: New York«, der ursprünglich 1963 im ersten Heft der *New York Review of Books* erschien. »Die große Schwierigkeit besteht darin, etwas zu sagen, sich abzuheben – mit Worten.« Es mag wie böse Absicht aussehen, wenn eine einigermaßen wohlhabende und ausgewiesene Literaturspezialistin wie Hardwick – eine geschätzte Romanautorin und Kritikerin, die damals mit dem preisgekrönten Lyriker Robert Lowell verheiratet war – die materiellen Sorgen wegwischte, die ihre weniger glücklichen Kollegen bedrücken mochten. Doch der Punkt, um den es ihr geht, ist eine Abwandlung der Position von Wilson und auch der von James, dass nämlich das wirkliche Werk des berufsmäßigen Literaten im Widerspruch zu den ökonomischen Bedingungen geschaffen wird, die es ermöglichen. Die Fragen, die Jasper Milvain so intensiv beschäftigen, die strategischen Bemühungen, die er für die Hauptaufgabe des Schriftstellers hält, sind trivial, vielleicht weil die Produktion von Wörtern so einfach ist.

Wie aber kommt es, dass einige Wörter einen Wert haben, und wie wird dieser Wert gemessen? Hardwicks Essay, eine Reihe von impressionistischen Vignetten und betörenden Beschwörungen einer nahezu gespenstischen Welt vergessener Schriftsteller, vermengt mit kryptischen Einschätzungen von Zeitgenossen wie James Baldwin und Truman Capote, hält keine Antworten bereit, die weiter reichen als der exquisite Charakter ihrer eigenen Prosa. Ihr letztes Bild veranschaulicht allerdings treffend, wie gründlich Geschriebenes abgewertet werden kann: »Am Eingang zur U-Bahn-Station steht oft eine archaische Gestalt, die ein Faltblatt mit Informationen über die Socialist Labor Party oder irgendeine andere kleine, seltsamerweise noch immer existierende Gruppe verteilt. Innerhalb von wenigen Minuten, nachdem der Verteiler seinen Standort bezogen hat, sind die Straßen übersät von seiner Gabe. Das Wegwerfen der Blätter geschieht nicht aus Verärgerung oder Ablehnung, sondern man lässt sie fallen wie Papiertaschentücher: sauberes weißes Papier, auf dem überhaupt nichts geschrieben steht, fällt in den Rinnstein.«

Die Texte, die diese arme anonyme Seele verteilt, sind so gleichgültig, sie haben so wenig zu sagen, dass sie aufhören, überhaupt als Geschriebenes zu zählen. Sie sind leer und wertlos, und sie werden mit solch völliger Gleichgültigkeit empfangen, dass Entgegennahme und Wegwerfen bei ihnen auf dasselbe hinauslaufen. Und auch wenn Hardwick den Verteiler als eine »archaische Gestalt«, einen gespenstischen Überlebenden bedeutungsloser, »seltsamerweise noch immer existierender« ideologischer Kämpfe bezeichnet, kann man ihn oder sie auch als unheilschwangeren Vorboten künftiger Entwicklungen ansehen. Das Entsetzliche und Mitleiderregende dieser kleinen Szene liegt in dem Schreckgespenst eines Schreibens, das bis hin zur Nichtexistenz verbilligt, auf buchstäbliche Nichtigkeit reduziert wird, weil es umsonst abgegeben wird. Das Vertriebsverfahren – die Verteilung einer Druckschrift von Hand, ein Blatt nach dem anderen, an ein zufälliges Publikum – ist altmodisch, und das mag jemandem, der in das System des Veröffentlichens von Zeitschriften und Büchern eingebunden ist, ein System, dessen neueste Emanation die *New York Review of Books* selbst war, ein Gefühl von Sicherheit und Überlegenheit vermitteln. Gegründet wurde die *Review* während eines Zeitungsstreiks in New York als genialer Einfall einer Gruppe von Schriftstellern und Redakteuren – unter ihnen Edmund Wilson, der zum zweiten Heft ein Interview mit sich selbst beisteuerte –, die ein vages, aber deutliches Gefühl der Unzufriedenheit mit dem Zustand der literarischen Diskussion in Amerika verband. Indem sie sich die Tatsache zunutze machten, dass die Verleger angesichts des zeitweiligen Ausfalls von Buchbesprechungsbeilagen zu Sonntagszeitungen einen Ort für

Inserate brauchten, entwarfen die Gründer einen Prototyp eines Produkts, aus dem, wie sie hofften, eine »verantwortungsvolle literarische Zeitschrift« hervorgehen sollte. Die hehren Grundsätze des Manifests in ihrer Gründungsnummer sind bemerkenswert: »Weder Zeit noch Raum«, erklärten die Herausgeber, »sind auf Bücher verwendet worden, die trivial in ihren Intentionen oder korrupt in ihren Auswirkungen sind.« Mit anderen Worten, keine Puppen à la Henry James. Keine verschwitzte Lohnschreiberei wie bei George Orwells anonymem Buchrezensenten und auch kein gewieftes Gehabe der aufdringlichen Nachfahren Jasper Milvains. Und wenn Beiträger ihre Arbeit zunächst »ohne Erwartung einer Bezahlung« Redakteuren zukommen ließen, die »freiwillig ihre Zeit zur Verfügung gestellt« hatten, dann war das ein Indiz nicht für amateurhaftes Vorgehen, sondern für professionelles Engagement. (In späteren Jahren bezahlte die *Review* ihre Autoren anständig und schlug aus ihrer Seriosität bescheidenes, aber konstantes Kapital.)

Hardwicks mitleiderregende Gestalt, die oben an der Treppe zur U-Bahn-Station sozialistische Literatur verteilt, stellt keine Bedrohung für die Ordnung und die Prosperität der Welt der professionellen Literaten dar, deren Bewohner das Gleichgewicht zwischen dem Geschäft des Verdienens eines Lebensunterhalts und der Berufung, etwas zu sagen, halten. Diese leeren Makulaturblätter – Sinnbilder eines Schreibens ohne Wirkung und daher ohne Sinn, Gedrucktes, welches aufhört, in irgendeinem realen Sinne ein Schriftstück zu sein – sind ein Alptraum, der die Profession im Schlaf verfolgt. Und »Grub Street: New York« ist voll von traurigen, grotesken, anonymen Revenants, die irgendwie

wie Gloria Swansons Stummfilmstar in *Sunset Boulevard* darauf beharren zu überleben, lange nachdem ihre Zeit abgelaufen ist: ein gescheiterter Romancier mittleren Alters, der »eine regelmäßige Wiederkehr literarischen Fiaskos kennt«; »alte mittellose Schriftstellerinnen ohne Sozialrente, die den ganzen Tag im Bett liegen und lesen«; ein gestrandeter lateinamerikanischer Intellektueller, der in den Norden gekommen war, um eine definitive Studie über Thomas Wolfe zu schreiben. Diese Charaktere, mögen sie auch komisch sein, tragen einen Hauch von vorahnungsvoller Furcht in Hardwicks elegante, schwebende Prosa. Könnte mir das passieren? Oder uns?

Ist es schon so weit? Die *New York Review* ist immer noch da, und in mancher Hinsicht ist sie lebenskräftiger denn je. Doch das Gleichgewicht, von dem die Printwirtschaft abzuhängen schien – hohe Seriosität in Verbindung mit einem rentablen wirtschaftlichen Ergebnis –, ist genau das, was durch das Auftauchen der neuen digitalen Ordnung anscheinend in Frage gestellt worden ist. Deren Konsequenzen fasst die Folksängerin Gillian Welch mit knappen Worten so zusammen:

> *Alles ist jetzt umsonst*
> *Das sagen sie*
> *Alles was ich je gemacht habe*
> *Werde ich weggeben.*
> *Einer hat den großen Reibach gemacht*
> *Sie haben es sich ausgedacht*
> *Sie würden es sowieso machen*
> *Selbst wenn es kein Geld bringt.*

Mit anderen Worten, das Bestreiten eines Lebensunterhaltes lässt sich nicht mehr als selbstverständlich voraussetzen, gerade weil es der größere Wunsch des Autors sein kann, etwas zu sagen – oder allgemeiner, das existentielle Bedürfnis des Künstlers, es sowieso zu machen. Und das ist nicht bloß die Befreiung von Inhalt, von »Informationen« von den Zwängen des traditionellen, bezahlten Vertriebs. »Einer hat den großen Reibach gemacht« fürwahr, nämlich die kapitalkräftigen neuen Unternehmen, die davon leben, dass sie kreative Arbeit vertreiben, ohne mit den Urhebern die üblichen Transaktionen abzuschließen. Während also die Plattenlabel und Verlagsunternehmen darniederliegen, blühen die Suchmaschinen, die Aggregatoren und Streaming-Dienste, welche Musiker und Schriftsteller wieder auf ihre eigenen Ressourcen oder in primitivere Einzelhandelsvereinbarungen zurückwerfen. Welche müde Sängerin kann »eine Dose für Trinkgeld holen« und »versuchen, unten an der Bar ein bisschen was zu verdienen« oder aber sich mit »einem ordentlichen Job« über Wasser zu halten. »Es hat mir nie etwas gemacht, hart zu arbeiten«, singt sie, »die Frage ist, für wen ich arbeite.« Spotify? Apple? Pandora?

In der früheren Ära hätte sie natürlich für eine Plattenfirma gearbeitet, als Teil einer Industrie, die dafür berüchtigt ist, dass sie Musiker ausnimmt und mit Knebelungsverträgen fesselt. Kreative Arbeit – eine Kategorie, welche die Kritik einschließt – ist fast niemals völlig frei oder unabhängig gewesen. Während des größten Teils der Geschichte haben Künstler ihren Lebensunterhalt mit verschiedenen Kombinationen von Mäzenatentum und Tauschhandel bestritten, wobei sie sich auf die Subventionen durch individuelle oder institutionelle Wohltäter und die Gefälligkeit zahlender Kunden stützten. Zumeist erwerben diese Kunden ein Werk oder das Recht, es zu nutzen, nicht unmittelbar von dessen Urhebern, sondern über eine Kette von Zwischenhändlern (Galerien, Verleger und Buchhändler, Kinos, durch Anzeigen finanzierte Publikationen oder Sendeanstalten). Einer der verlockenden Züge der digitalen Kultur ist der, dass sie angeblich diese Mittelsmänner ausschalten und eine direktere Beziehung zwischen Künstlern und Publikum herstellen wird – mehr oder weniger von der Art, wie sie im Lauf der Jahrhunderte von Samuel Johnson, Jasper Milvain, Elizabeth Hardwick und allen anderen, die je für Geld schrieben, verspottet worden ist. Das Verhältnis zwischen Marktwert und anderen, weniger greifbaren und manchmal gegensätzlichen Werten wie Wissen, Schönheit, Originalität, Substanz läuft anscheinend Gefahr, sich aufzulösen, und infolgedessen droht die grundlegende Unterscheidung zwischen Profi und Amateur ebenfalls zusammenzubrechen. »Wenn es etwas gibt, was du hören möchtest«, singt Welch, »kannst du es selbst singen.«

Aber dann fragt sich wiederum, warum nicht? Zerstört die Beseitigung der Unterscheidung zwischen dem Profi und dem Amateur – samt dem damit einhergehenden Schrumpfen des Abstands zwischen Autor und Leser, Künstler und Publikum – wirklich etwas anderes als Zunftprivilegien? Diese Unterscheidungen sind, wie wir sahen, häufig zufallsbedingt und widersprüchlich. Der Profi ist derjenige, der es nicht für umsonst macht, aber auch der, der es nicht *nur* für Geld macht – der Mensch, der es schafft, seriös zu sein, auch wenn er bezahlt wird. Und die Kritik ist natürlich schon ein

Sonderfall, eine Profession, deren Existenz von einem grundlegenden Zweifel überschattet wird und deren Abschaffung
seit Jahrtausenden ersehnt und prophezeit worden ist. Wenn
man die an *Atlas Shrugged* erinnernde letzte Aufforderung
von »Everything Is Free« in die Sprache der Kritik übersetzt,
dann verwandelt sie das in eine Herausforderung, die nur zu
leicht geäußert wird. »Wenn es etwas gibt, was du beurteilen
möchtest, kannst du es selbst beurteilen.« Ist dies nicht das,
was wir ohnehin tun sollten?

Darum sollte man Welchs Klage vielleicht in die Dur-
tonart des Internet-Libertarianismus zurücktransponieren
und sie nicht als Klagelied, sondern als Hymne anstimmen.
Alles ist frei! Juchhu! Was die Kritik erfahren hat, ist Teil
eines umfassenderen Wandels der Medienlandschaft, in der
die Jobs, die nicht völlig verschwinden, rasch zu Mischfor-
men von Traditionellem und Neuem mutieren. Doch eine
kleine Verschiebung der Perspektive – teilweise eine Verschiebung der Generationen, aber auch eine Anpassung von
Sensibilitäten und Erwartungen – rückt ein ganz anderes
Bild ins Blickfeld. Es mag weniger Produzenten von Druck-
erzeugnissen geben und weniger Kritiker, die bei ihnen beschäftigt sind, aber wenn das Internet irgendetwas ist, dann
ist es ein Treffpunkt der Art von streitsüchtigen Stimmen,
die eine Erscheinungsform des kritischen Geistes darstellen.
Von Einzelpersonen und von Gruppen betriebene Blogs,
die sich mit verschiedenen Kunstformen befassen und die
spezialisierte Geschmacksgemeinschaften innerhalb der Anhänger dieser Kunstformen bedienen, haben sich stark ver-
mehrt. Das Netz mag die Autorität des Gedruckten und seine Dauerhaftigkeit in Frage stellen, aber das, was es bietet,

ist eine schwindelerregende, manchmal überwältigende Vielfalt von Stimmen, eine häufig kakophonische Symphonie von Spott, abfälligen Bemerkungen, Wut und Bosheit, die nicht selten durch Klarheit, Überzeugungskraft und intellektuelle Vitalität aufgelockert wird.

Visionen des Post-Print-Universums tendieren entweder zum Utopischen oder zum Apokalyptischen. Die aufkommende Medienordnung stellt man sich oft als einen wildwachsenden Garten ungehinderter Äußerungen vor, als einen von alten Gewohnheiten und Hierarchien befreiten demokratischen Raum, in dem der sich selbst ermächtigende Diskurs der engagierten Öffentlichkeit an die Stelle der konservierten Weisheit von selbstgefälligen Experten und von Fachleuten zweifelhafter Qualifikation tritt. Anstelle von Schreibenden und Lesenden, deren Interaktionen durch Redakteure, Verleger, Buchhändler und Bibliothekare reglementiert werden, wird es eine Gemeinschaft von Freunden und Followern geben, die sich in den selbstlosen, wohlwollenden Aktivitäten des Likens und Teilens vereinen. Hilfreiche Algorithmen und von Nutzern erstellte Besprechungen werden uns bei der Erkundung unserer Vorlieben zur Seite stehen, und unsere Kultur wird demokratischer und zugleich in vollerem Umfang individualistisch werden, da die Macht der Eliten, darüber zu befinden, was wichtig sein sollte, auf einer populistischen Woge fortgeschwemmt worden ist.

Oder wenn Sie lieber einen Blick auf die dunkle Seite werfen möchten: Die geordnete Produktion und Verbreitung von Informationen und Ideen durch den erprobten, sich selbst berichtigenden Apparat des Publizierens hat einen tödlichen Schlag durch Anarchie und Dilettantismus erlitten. Wo es früher Höflichkeit gab, werden jetzt Gift und Galle aufkommen. An die Stelle öffentlicher Debatten tritt Cyberwut, oder sie werden unter einer beschämenden Decke von Schmeichelei begraben. Online machen wir es uns gemütlich in Hallräumen der Übereinstimmung, aus denen wir gelegentlich einen Ausfall wagen, um auf den Kommentarseiten oder den Twitter-Feeds unserer erklärten Gegner feindselige Botschaften zu hinterlassen.

Die Schlacht, die angeblich zwischen den Emporkömmlingen des Internets und den Dinosauriern der traditionellen Medien tobt, ist Gegenstand von endlosem Händeringen und Kinnstreicheln, und das Gehabe auf beiden Seiten – die Herablassung der Alteingesessenen und die Angriffslust der Neulinge – hat die Lage sowohl vereinfacht als auch unübersichtlich gemacht. Weder utopische Entwürfe einer digitalen, demokratischen Zukunft noch Klagen über die verdrängten Herrlichkeiten der Vergangenheit sind völlig berechtigt, und im schlimmsten Fall ist das Gegeneinander von alten und neuen Medien zu einem Kampf von Strohmännern geworden, zu einem Streit zwischen Alten und Modernen, der in einer Pattsituation enden muss. Die Bilder, welche die Gegner voneinander entwerfen, sind ermüdend vertraut und zum jetzigen Zeitpunkt komisch – oder vielleicht deprimierend – verzerrt. Ein ungewaschener, sexuell frustrierter Blogger betätigt sich im Keller seiner Mutter, wo er die Bemühungen von ausgebildeten Fachleuten unterminiert, die, um das Bild umzukehren, faule und privilegierte fette Katzen sind, welche entschlossen sind, ihre Vorrechte gegen die tapfere und idealistische Arbeit von Bürgerjournalisten zu verteidigen. Zusätzlich gefährdet wird die harte Arbeit des Denkens und des Schreibens durch die schnelle, billige, oberflächliche Trickserei des Aggregierens und des Content Farming. Oder aber es sind die Wächter und Türhüter der kulturellen Elite endlich von einer ermächtigten und skeptischen vox populi verjagt worden.

Doch jeder, der tatsächlich liest, vermutlich einschließlich der Auguren und der Untergangspropheten, die den Aufstieg der neuen digitalen Ordnung begrüßen und beklagen, weiß, dass die Dinge nicht so einfach liegen. Oder aber, dass sie viel, viel einfacher sind. Zeitungen, diese geliebten Tribune der Wahrheit, der Gerechtigkeit und der amerikanischen Lebensweise, sind auch von Anfang an Sümpfe von Lügen und Korruption gewesen, die mindestens ebenso häufig nach dem kleinsten gemeinsamen Nenner strebten, wie sie sich um den Bürgerhimmel bemühen. Der Verlust von täglich schreibenden, lokalen Kritikern ist in manchen Fällen beklagenswert, aber die Archive der Nachrichtenredaktionen in den meisten Städten beherbergen wohl kaum das stückchenweise Œuvre unbesungener Autoren vom Schlage Menckens, sondern eher das Geschreibsel von Festangestellten, die vom örtlichen Schulsportressort hierher versetzt wurden, als ihr Alkoholkonsum schließlich außer Kontrolle geriet. Unterdessen tendieren zahlreiche unabhängig gesinnte Bilderstürmer des Internets dazu, weitschweifige und unredigierte (oder oberflächliche und unredigierte) Versionen der gängigen Meinung zu reproduzieren.

Und auch dazu, wenn sie dranbleiben und Glück haben, zu Profis zu werden. Die Professionalisierung der Blogosphäre ist mittlerweile sicher schon Schnee von gestern. Journalistische Veteranen sind zu lockereren, schnelleren

Online-Formaten übergegangen, oft auf Drängen von Redakteuren und unter dem Schirm etablierter Publikationen mit einer soliden Marke. Die jungen Renegaten, die allein oder in Ad-hoc-Gruppen Erfahrungen mit hausgemachten Blogs, den Äquivalenten des frühen 21. Jahrhunderts zu den kleinen Magazinen oder Fanzines früherer Epochen, sammelten, sind von traditionellen Medienunternehmen angestellt worden oder von Gruppen der neuen Medien, die ihren Vorgängern in jeder anderen Hinsicht ähneln außer in der, dass sie keine Geschichte auf Papier haben. Die Geschäftsmodelle haben sich verändert und verändern sich immer noch weiter, und das geschieht so rasch, dass Beschwörungen »des Internets« und »der Blogosphäre« bereits so seltsam klingen wie »Cyberspace« oder »Datenautobahn« (so redeten wir damals in den 1990er Jahren). In dem geschmeidigen, proprietären Universum von Clouds und Tablets wird das ungebärdige Durcheinander des alten Netzes wahrscheinlich mit Verwirrung und Nostalgie betrachtet – als eine unmöglich desorganisierte und gefährliche Zone der Anarchie oder aber als eine fruchtbare Wildnis entfesselter Kreativität, die durch Unternehmensinteressen betrüblich und unweigerlich eingehegt wurde.

Mit anderen Worten, es mag sein, dass wir uns in einer Phase der Einschränkung befinden, da das digitale Grenzland wie das Territorium in einem Western von John Ford schließlich unter die Herrschaft des Gesetzes und des Privateigentums kommt. Die Wirkung, die dies auf die literarischen Berufe, auf den Marktwert von Denken und Ausdrücken ausüben wird, ist eine Quelle ständiger Besorgnis, welche die Schreibenden in einen täglichen Kampf zwischen

Optimismus und Verzweiflung verwickelt. Ein System von Publikation und Vertrieb, das in den letzten zehn Jahren überwiegend so ausgesehen hat, als bewege es sich am Rande des Veraltens, mag zu neuem Leben erwachen, wenn Leser zu der Gewohnheit zurückkehren, für einige der Inhalte, an deren kostenlose Bereitstellung sie sich gewöhnt hatten, etwas zu bezahlen. Werbeeinnahmen mögen unabhängigen Schriftstellern weiterhin die Möglichkeit bieten, sich in den offenen Räumen des Internets durchzuschlagen, und soziale Netzwerke werden nach wie vor mit der Selbstanpreisung von Profis und den Likes und Dislikes der Laienschar handeln. Oder aber es wird nur kleine Blättles geben, von Lesern erstellte Inhalte und endlose Aggregation, ein digitales Äquivalent des Schneesturms ungelesener Papiere vor der U-Bahn-Station Grub Street.

Die Form der digitalen Zukunft lässt sich schwer vorhersagen – was selbsternannte Propheten und gutbezahlte Berater kaum daran hindern wird, genau dies zu tun. Sicher ist, dass es an Wörtern keinen Mangel geben wird. Die physischen und ökonomischen Schranken für die Produktion und Zirkulation von Diskurs sind gefallen; die digitale Kultur ist eine Kultur der Fülle, des Und, des Mehr. Und doch wird diese Sintflut oft als Dürre empfunden. Schon allein die bloße Menge von Texten auf der Welt droht den Wert einzelner Texte zu schmälern, die Autorität und Integrität des Schreibens als einer Tätigkeit zu unterminieren.

Diese Zwickmühle ist nicht neu, auch wenn sie sich zu jedem Zeitpunkt der Technikentwicklung, da sich Wörter, Bilder, Geschichten, Sensationen und Ablenkungen rings um uns anhäufen, wie etwas neu und verzweifelt Akutes angefühlt hat. Das Internet ist in dieser Hinsicht nicht das Ende des Gedruckten oder des Films oder der Tonträger oder des Fernsehens, sondern die jüngste und machtvollste Erweiterung einer expansionistischen, viralen Logik, die ihren Anfang nahm, als mechanisch reproduzierte Texte an die Stelle von handgeschriebenen traten. Ganz ähnlich wie vorangegangene Generationen und doch mehr denn je bewohnen wir eine Kultur des Überflusses, einen Zustand beständiger Überstimulation, der zugleich aufregend und beunruhigend ist. Die Welt – und das bedeutet in zunehmendem Maße die Aggregation unserer Repräsentationen von der Welt – drängt zu sehr auf uns ein, und die schiere Fülle verfügbarer Erfahrungen kann lähmend wirken. Was soll ich mir ansehen, was soll ich lesen oder empfinden, wovon soll ich träumen? Was will ich?

Dieser Zustand staunender Paralyse schreit nach Kritik, die verspricht, das Überangebot zu sortieren, bei der Entscheidungsfindung zu helfen, als Türhüterin für unsere belagerten Sensorien zu fungieren. Es gibt nur begrenzte Zeit, begrenztes Geld, begrenzten kognitiven Raum, und wir könnten etwas Hilfe gebrauchen, um davon weisen Gebrauch zu machen. Die Ironie ist, dass die Kritik ihre eigenen Überschüsse produziert, da sie sich in so rascher Reichlichkeit reproduziert, dass sie mehr wie ein kulturelles Abfallprodukt wirkt als wie ein unentbehrlicher Nährstoff, was zu der Unordnung beiträgt, für deren Beseitigung sie sorgen soll.

Und das führt uns zurück zu der Frage, warum die Kritik überhaupt existiert. Wir wissen doch, was wir mögen, oder? Und mit Sicherheit wissen wir, was Dinge bedeuten.

Aber wir wissen es nicht. Wir haben keine Ahnung.

DAS ENDE
DER KRITIK

(Ein abschließender Dialog)

F: Du hast sehr viele Dinge über die Kritik gesagt: dass sie eine eigenständige Kunstform ist; dass sie dazu da ist, den Glanz der anderen Künste zur Geltung zu bringen; dass sie eine unmögliche Aktivität ist; dass sie für das menschliche Selbstverständnis notwendig und wesentlich ist; dass sie niemals sterben kann; dass sie ständig Gefahr läuft, abgeschafft zu werden. Und noch mehr hast du über das gesagt, was die Kritik nicht ist. Sie ist keine bloße Nörgelei und auch kein leeres Lob. Sie ist nicht lediglich die Äußerung persönlicher Geschmacksurteile. Sie ist weder Wissenschaft noch Philosophie noch Politik noch Dichtung, auch wenn sie gelegentlich alle diese Dinge nachahmt. Doch um ehrlich zu sein, ich bin mir immer noch nicht sicher, dass ich weiß, was Kritik ist, sofern sie nicht all das ist, was ein Kritiker eben macht. Und was ist dann ein Kritiker?

A: Du hast das Richtige getroffen! Die Kritik ist sowohl paradox als auch tautologisch. Sie ist all das, was ein Kritiker tut – wobei ein Kritiker jeder Mensch ist, der zu einem gegebenen Zeitpunkt Kritik praktiziert. Und sie ist ein unmögliches Unternehmen, dessen Vollzug sich aber gleichzeitig unmöglich verhindern lässt. Ebenso gut könnte man versuchen, mit dem *Denken* aufzuhören. Es ist nicht machbar.

F: Da sind wir also wieder an dem Punkt, an dem wir angefangen haben: Kritik ist Denken. Ist sie nun eine bestimmte Art des Denkens oder einfach alles, was ein gegebenes Gehirn beim Vorhandensein eines bestimmten Stimulus ausheckt?
A: Natürlich beides. Doch anstatt so abstrakt zu reden, wäre es im Interesse der Klarheit und unseres eigenen Amüsements vielleicht besser, die Genese eines bestimmten kritischen Aktes zu verfolgen. Zeig mir, was du da gemacht hast.

F: Wo gemacht?
A: Die Zeichnung, die du auf der Rückseite gemacht hast, während ich sprach.

F: Das ist bloß eine Kritzelei. Ich bin mir wirklich nicht sicher –
A: Umso besser. Es kommt direkt aus deinem Unbewussten, und darum ist es voller zufälliger Schönheit und verborgener Bedeutung. Zeig mal her.

F: Ist das also ein Kriterium für Wert? Etwas Spontanes oder Reflexhaftes, ohne Nachdenken, unmotiviert geschaffen, ist besser als etwas, wofür man eine Menge Arbeit und Nachdenken gebraucht hat? Du möchtest dir lieber diese hingeworfene Skizze ansehen als etwas, worüber ich Stunden oder Tage oder Wochen gebrütet habe, etwas, was ich in Angriff genommen habe, nachdem ich jahrelang darum gekämpft hatte, die geeigneten Techniken zu beherrschen? Oder suchst du jetzt einfach willkürlich nach einem Gegenstand, damit du deine kritische Trickserei praktizieren kannst?

A: Natürlich beides. Du hast in netter Weise den Gründungsakt der Kritik benannt, der in der Auswahl eines Gegenstandes besteht, in der willentlichen Entscheidung für ein Hinsehen. Deine schöpferische Absicht in diesem Fall – ob du dachtest, dass du etwas machtest, was betrachtenswert ist, oder ob du einfach bloß einen Moment der Langeweile überbrückt hast – ist für meine Absicht, die darin besteht, es zu mustern und zu beurteilen, zweitrangig.

F: Dann kannst du also auf jeden beliebigen Gegenstand blicken? Alles einer Kritik unterziehen? Den Vorleger? Das Fenster? Was fällt nicht in ihre Zuständigkeit?

A: Nun, ja und nein. Alles lässt sich beurteilen, analysieren, untersuchen, zu einem Träger von Gefühl, Sinn, Erzählung, moralischer Bedeutung, Schönheit und dergleichen mehr machen. Die Frage ist aber, ob das betreffende Ding die Prüfung ertragen kann, und das bedeutet in Wirklichkeit, ob der Akt des Prüfens zu etwas Interessantem gemacht werden kann.

F: Aber ist dann meine Zeichnung nicht irrelevant? Man hat den Eindruck, das einzig Interessante daran sei das, was du zu sagen hast. Bedeutet das nicht, dass ein Kritiker einfach ein Mensch ist, der über jeden x-beliebigen Gegenstand etwas Interessantes sagen und sich so zwischen dieses Ding und die anderen Menschen stellen kann, die daran interessiert sein könnten?

A: Ja und nein. Sagen wir, dass ein Kritiker ein Mensch ist, dessen Interesse dazu beitragen kann, das Interesse anderer Menschen zu aktivieren. Das ist keine schlechte Definition. Darauf hätte ich schon eher kommen sollen. Damit das funktioniert, muss das, was der Kritiker schreibt oder sagt, selbst interessant sein. Und natürlich kann es auf diese Weise nur dann erfolgreich sein, wenn der Kritiker selbst ein echtes Interesse hat. Deine Zeichnung mag mir gefallen oder auch nicht, aber entscheidend ist, dass mir etwas daran liegt.

F: Aber könnte es auch deine Aufgabe sein, der Welt zu sagen, dass es sich nicht lohnt, sich damit zu beschäftigen? Sicher gibt es Fälle, in denen es die Pflicht eines Kritikers ist, von einer Sache abzuraten und ihr einen Dämpfer aufzusetzen. Es gibt auf der Welt so viel Hype und so viele Überreaktionen, so viel atemloses Verkaufen, dass irgendwer einmal ruhig durchatmen oder mit einer kalten Dusche kommen oder einfach sagen muss, seht mal her, das ist keine so großartige Sache.

A: Ja, und wir haben auch eine Pflicht, den Enthusiasmus in eine andere Richtung zu lenken, die Aufmerksamkeit auf Dinge zu richten, die man sonst vielleicht ignorieren oder unterschätzen würde. Doch in beiden Fällen, ob wir nun zujubeln oder von Schwachsinn reden, muss unsere Einschätzung von einem aufrichtigen und ernsthaften Engagement getragen sein. Sonst ist sie leer und reflexhaft. Nehmen wir an, mich könnten Werke der bildenden Kunst überhaupt nicht tangieren oder mir wäre schon allein der Gedanke zuwider, dass deine Kritzelei schön oder tiefgründig sein könnte, dann wäre es für mich die einzige ethische und ehrliche Vorgehensweise, zu schweigen und die Diskussion anderen zu überlassen.

F: Als ob du das tun würdest.

A: Ich weiß. Das ist eine Regel, die häufiger durch ihre Durchbrechung geehrt wird als durch ihre Befolgung. Es ist erstaunlich, wie oft vorgeblich kritische Argumentationen unter der logisch und moralisch unhaltbaren Annahme vorgebracht werden, dass das fragliche Werk für eine Kritik definitiv ungeeignet ist. Ganze Kunstformen werden auf diese Weise routinemäßig verdammt, gewöhnlich solche, die bei der Jugend oder bei anderen randständigen gesellschaftlichen Gruppen – den Armen, den rassischen und sexuellen Minderheiten und so fort – beliebt sind. Wenn man sich ansieht, was es alles an Verachtung für Jazz, Hip-Hop, Disco, Rock 'n' Roll, Videospiele, Comicbücher und selbst Fernsehen und Film gegeben hat, dann beobachtet man, wie sich intelligente und gebildete Leute blamieren, indem sie ihre eigene Ignoranz zur Schau stellen. Und natürlich kann man eine symmetrische, in entgegengesetzte Richtung wirkende Voreingenommenheit gegen Dinge antreffen, die als schwierig oder hochgestochen oder snobistisch gelten, ob das nun abstrakte Kunst ist oder Filme mit Untertiteln oder klassische Musik. Ganz gleich, was die Kritik ist, sie ist mit Sicherheit das Gegenteil einer derartig vorgefertigten, unreflektierten abschätzigen Behandlung.

F: Das hast du gesagt. Aber reduziert das nicht die Kritik einfach auf eine bewundernde Haltung, und beschränkt es sie nicht auf einen Zirkel von Liebhabern, von Leuten, die schon »Bescheid wissen« und die in der verschlüsselten Sprache der Eingeweihten miteinander sprechen? Ist da kein Raum für eine neutrale – oder skeptische oder einfach neugierige, aber nicht unbedingt *wissende* – Perspektive, eine, die aus einem Bereich außerhalb des inneren Zirkels derer kommt, die schon überzeugt sind?

A: Dafür ist tatsächlich jede Menge Raum. Sehen wir uns aber jetzt mal dein Werk an.

F: Ach, mein »Werk«. Wirklich. Wenn du darauf bestehst. Lach aber nicht.

A: ...

F: Nun?

A: Ich –

F: Ja?

A: Soll ich das sein?

F: Nun ja, es ist irgendwie ...

A: Habe ich wirklich solche Hängebacken?

F: Es ist eigentlich mehr eine Idee von dir. Ich meine, das bist nicht wirklich du im buchstäblichen Sinne. Du hast geredet, und mir fiel einfach auf, wie deine Augen zur Seite gingen, wenn du nach dem richtigen Wort suchtest, und ich habe einfach versucht, das einzufangen.

A : Ja, das kann ich sehen.

F : Du magst es nicht.
A : Nein. Der Haaransatz …

F : Okay, aber hier ist die Sache: Sagen wir, das solltest nicht du sein. Und sagen wir, es ist nicht von mir gezeichnet worden. Oder dass du nicht wusstest, dass es von mir war, oder dass du mich nicht kanntest. Sagen wir, du hast es in einem Museum gesehen.
A : Das hier? In was für einem Museum?

F : Du weißt, was ich meine. Nehmen wir an, du hättest es in einem anderen Kontext gesehen. Nehmen wir an, es wurde, ich weiß nicht, Degas zugeschrieben.
A : Degas.

F : Es ist eine alberne kleine Karikatur, die ich gezeichnet habe, während du geredet hast. Du hast gesagt, du wolltest sie dir ansehen. Und da du das getan hast und da das der Gründungsakt oder was auch immer der Kritik ist, möchte ich wissen: Was betrachtest du? Wie gewinnst du dem, was du siehst, einen Sinn ab? Analysierst du die formalen Eigenschaften – die Linie, die Verwendung von freiem Raum, die Schraffur? Vergleichst du das Produkt mit anderen Zeichnungen, die du gesehen hast? Mit anderen Werken desselben Künstlers, die zum selben Genre gehören? Versuchst du herauszufinden, was der Künstler gedacht haben könnte oder was für ein Mensch er war, was für einen Hintergrund er hatte?
A : Ja, das alles.

F: Das alles. All das geht dir gerade jetzt in diesem Moment durch den Kopf? Oder all das ist das, was du berücksichtigen musst, wenn du deine, ähm, Kritik formulierst …

A: Mir gefällt es.

F: Dir gefällt es.

A: Es ist nett.

F: Es ist nett. Das ist das, was der Kritiker zu sagen hat?

A: Nun ja, irgendwo muss man anfangen. Es ist natürlich sehr kompliziert.

F: Ach, natürlich. Du bist anscheinend um Worte verlegen – was für dich untypisch ist, muss ich sagen. Und kommt das nicht daher, dass du dir nicht wirklich sicher bist, zu wem du sprichst? Du sagst gerne, dass das Wesen der Kritik das Gespräch ist, eine leidenschaftliche, rationale Auseinandersetzung über eine Erfahrung, die man miteinander teilt, aber ich frage mich, ob du das wirklich so meinst. Ich glaube, für dich könnte das eher so etwas wie eine Darbietung sein, etwas, was du nur realisieren kannst, wenn ein Publikum da ist. Und wenn ich es nur bin und sich auch noch herausstellt, dass ich der »Künstler« bin, dann könnte es sein, dass du um Worte verlegen bist. Oder anders gesagt: Du hast viele, viele Seiten darauf verwendet, der reinen ästhetischen Begegnung nachzujagen, dem Augenblick ekstatischer Versenkung, in dem aller Kontext abfällt und der Betrachter und das Werk sich in einem Zustand wechselseitiger Gegenwart befinden, aber ist das nicht eine Phantasievorstellung? Sind da nicht immer Bedingungen im Spiel? Selbst wenn da nur wir beide, du und ich, sind und du dir eine alberne Zeichnung ansiehst?

A: Dann vielleicht ganz besonders. Und höflicherweise – das ist, glaube ich, das, was du sagen möchtest – gibt es nicht so etwas wie eine private oder persönliche Kritik. Sie muss ein öffentlicher Akt sein, etwas, wozu du aufgefordert wirst, wenn dir etwas zur Billigung (oder Missbilligung) vorgelegt wird. Auf der Welt passiert nur sehr wenig ohne irgendeine Art von Öffentlichkeit, ohne dass eine Sache bekannt, beworben oder hochgejubelt wird, was auch immer. Wenn also die Kritik das Korrektiv für diesen Hype sein kann, dann könnte es auch wahr sein, dass der Hype die Vorbedingung für die Kritik ist.

F: Wenn du mir also nicht die Kritzelei aus der Hand gerissen hättest, sondern ich gesagt hätte: »He, sieh dir das mal an, sag mir, was du davon hältst ...«

A: Ich hätte vielleicht erklärt, wenn die weiche Wiedergabe des Kinns auf ein unentschlossenes Temperament hindeuten sollte, dann werde dieser Effekt durch die entschlossene Form des Mundes konterkariert, und möglicherweise hätte ich gesagt, die Augen seien seltsam asymmetrisch, so als blicke das eine einwärts, während das andere voller Verwirrung und Feindseligkeit nach draußen schaut. Wobei es allerdings durchaus möglich ist, dass du nicht inkonsequent warst, sondern dass du vielmehr versuchtest, die deinem Gegenstand innewohnenden Widersprüche zu erfassen und so dieses hingeworfene Porträt eines Kritikers in eine Allegorie der Kritik selbst zu verwandeln.

F: Jetzt gibst du aber bloß an.

A: Nun ja. Und ich versuche sozusagen das Gesicht zu wahren. Hast du den Film *Ratatouille* gesehen?

F: Den haben wir zusammen gesehen. Du hast die ganze Zeit geweint.

A: Ich war gerührt. Das ist ein Film über die Symbiose von Künstler und Kritiker, die perfekte Summe von allem, woran ich glaube, zugleich »überschäumend demokratisch und unverhohlen elitär, eine Verteidigung des guten Geschmacks und der ästhetischen Leistung nicht als snobistische Errungenschaften, sondern als universelle Ideale«.

F: Zitierst du dich da selbst?

A: Anton Ego, *c'est moi*!

F: Aber ist Anton Ego nicht so etwas wie der Schurke?

A: *Assurément pas!* Er ist der heimliche Teilhaber der Ratte Rémy, der einzige, der ihr Genie wirklich versteht.

F: Aber braucht nicht Rémy in Wirklichkeit einfach nur die Publicity, die ihm eine gute Besprechung von Ego verschaffen wird? Der Kritiker mag sich selbst als Priester des guten Geschmacks und als Verfechter strenger Maßstäbe sehen, aber ist er nicht im Grunde mehr so etwas wie ein Zugpferd? Und ruiniert nicht Egos Besprechung des Gerichts, das Rémy bei Gusteau's kocht, das gesamte Kritikunternehmen? Der Teil, den jeder zitiert, handelt davon, wie sinnlos Kritik ist – wie alles, was ein Kritiker tut, vergessen wird, wie ihm sowieso niemand Aufmerksamkeit schenkt …

A: »Die bittere Wahrheit, der wir Kritiker uns stellen müssen, ist, dass im großen Plan der Dinge das durchschnittliche Stück Müll wahrscheinlich bedeutsamer ist als unsere Kritik, die ihm diesen Namen gibt.« Ich kann das auswendig.

F: Er sagt auch, dass der einzige Bereich, in dem ein Kritiker etwas riskiert, »die Entdeckung und Verteidigung von etwas Neuem« ist. »Das Neue braucht Freunde«, sagt er. Aber das ist ein recht beschränkter Auftrag, nicht wahr? Das Beste, was man erwarten kann, ist eine Rolle als Jahrmarktschreier, der eine Novität anpreist, als Komplize beim Aufblasen des nächsten großen Dings. Es ist wirklich erbärmlich. Ego hat sein Leben lang an etwas gearbeitet, was keinen interessiert und was keine besondere Bedeutung hat.

A: Ja, aber da steht noch erheblich mehr hinter dieser Besprechung, die kaum das einzige oder letzte Wort des Films zum Thema Kritik ist. Ego ist nicht mitleiderregend, auch wenn ihn zweifellos ein Hauch von Traurigkeit umgibt. Sein Beruf ist einsam, genauso einsam wie der von Rémy, zumindest am Anfang. Und das kommt daher, dass es, auch wenn der eine kocht und der andere Restaurantkritiken schreibt, im Grunde derselbe Beruf ist. Rémy und Ego widmen sich beide aus Gründen, die keiner von beiden völlig versteht, aber auf eine Weise, die anscheinend angeboren und nicht dem Willen unterworfen ist, der besonders intensiven Würdigung eines Gegenstandes, den alle anderen für selbstverständlich nehmen oder den sie auf eine beiläufige, undisziplinierte Weise genießen: Essen. Das bringt die beiden in einen Gegensatz zu anderen Mitgliedern ihrer jeweiligen allesfressenden Spezies. Rémy wird aus seiner Rattenfamilie vertrieben, als diese durch seine kulinarischen Ambitionen in Gefahr gebracht wird. Davor versucht er seinen Bruder, der wie die anderen Ratten das frisst, was er gerade vor sich hat, in den höheren Regionen des Aromas zu unterrichten. Bloße Ernährung, versucht Rémy zu erklären, mag biologisch hinreichend sein, um unseren Körper in Gang zu halten, aber zu unserem biologisch begrenzten Leben gehört so viel mehr als bloßes Überleben. Mit anderen Worten, Rémy zeigt, dass der künstlerische Impuls selbst unter den armseligsten, allein am Überleben orientierten Umständen vorhanden sein kann – ja, dass es ihn dort geben muss, wenn er überhaupt irgendwo existieren soll. Weiterhin zeigt er, dass die künstlerische Berufung in einer kritischen, einer vergleichenden, unterscheidenden, nach Neuem suchenden Auseinandersetzung mit der Umwelt geboren wird. Er verwandelt das Gegebene in das Besondere.

Wenn Rémy vom unteren Ende der Nahrungskette ausgeht, dann sitzt Ego, wenn wir ihm begegnen, an der Spitze. Aber er ist nicht weniger einsam und missverstanden. Er hat das Glück, in Paris zu leben, in der Welthauptstadt der Gastronomie und auch, nicht zufällig, der eines kulturellen Ideals, das intellektuelle Disziplin mit einer Hingabe an das Streben nach Vergnügen verschmilzt. Doch das Paris in diesem Film wird wie die Stadt im richtigen Leben von Konsumdenken heimgesucht, es wird durch eine vulgäre, herabsetzende Form von Kommerz bedroht, verkörpert von Skinner, dem schlechten Küchenchef, der das Erbe von Gusteau beinahe zerstört. Die oberflächlichen Kunden, denen es ausreicht, den Markenfraß zu essen, den er serviert, sind seine Mitverschwörer bei der kulinarischen Korruption. Darum sind Ego und Rémy noch vor ihrer schicksalhaften Begegnung beide in einem Projekt vereint, das der Rest der Welt nur undeutlich begreifen kann, das aber nichtsdestoweniger für den Fortschritt der Welt entscheidend ist. Rémy mag denken, dass es der Verwirklichung seiner beruflichen Ambitionen dienlich sein wird, wenn er Ego zufriedenstellt, aber was er im tieferen Grunde braucht, ist die Anerkennung einer gleichgestimmten Seele.

Das ist genau das, was Ego von Rémy braucht. Seine Liebe zum Essen ist so häufig und so gründlich enttäuscht worden, dass sie nahezu verdorrt ist und sich in Zynismus verwandelt hat. Das ist eine moralische Gefahr – eine Gefahr für die Moral und für den Anstand –, vor der viele von uns stehen, wenn wir älter werden. Nostalgie gehört dazu: Ein Teil unserer Erfahrungen, die uns geformt haben, nimmt entweder den Status eines verlorenen Paradieses oder eines entschwindenden utopischen Ideals an. Da die Wirklichkeit uns ständig im Stich lässt, geht eine wichtige Quelle kritischer Energie verloren.

f: Mit wichtiger Quelle meinst du eine vor aller Kritik angesiedelte Fähigkeit zu einfacher Freude, die Fähigkeit, angerührt zu werden, ohne nachzudenken.

a: Genau. Als Ego Rémys Ratatouille kostet, versetzt ihn das zurück zu dieser Urszene. Für ihn beschwört das Gericht einen überaus spezifischen Komplex von Emotionen herauf. Sie lassen sich nicht erklären oder gar erzählen, sondern sie werden eher durch die Art von wortloser, zutiefst emotionaler Montage vermittelt, die so etwas wie ein Markenzeichen von Pixar ist. Durch diese Bilder erfahren wir von den Schmerzen des Jungen, des kleinen Anton, der vom Fahrrad gefallen ist, und auch von der mütterlichen Fürsorge, die sie linderte, in Gestalt von Madame Egos Ratatouille.

F: Aber ehrlich, was für eine Mutter tröstet ihr Kind mit geschmorten Auberginen?

A: Eine französische. Und auch die Mutter eines künftigen Restaurantkritikers. Wie Remy ganz genau weiß, täuscht die rustikale Einfachheit des Ratatouille über sein technisches Raffinement hinweg. Wahrscheinlich hast du in wer weiß wie vielen schlechten Restaurants jede Menge von mittelmäßigem, viel zu süßem, tomatengesättigtem Matsch, begleitet von einem tristen Stück Huhn oder Lamm, gegessen – oder, was wahrscheinlicher ist, höflich ungegessen gelassen –, oder du hast das Zeug im Stehen vor dem offenen Kühlschrank spätabends kalt aus einem Plastikbecher gefuttert. –

F: Das war Caponata.

A: Da ist der Unterschied meistens derselbe. Aber wenn du das Originalrezept für Ratatouille in Julia Childs *Mastering the Art of French Cooking* liest, dann wirst du das entscheidende Verfahren entdecken, das Madame Ego zweifellos kannte und das die meisten faulen oder eiligen Köche ignorieren. Essentiell ist, dass man jedes Gemüse für sich in vorgeschriebener Reihenfolge in demselben Olivenöl sautiert, bevor man es zum endgültigen Köcheln aufschichtet. Ich sage essentiell, weil die Essenz jedes Gemüses – Zwiebeln, Auberginen, Tomaten, Zucchini – in das Fett übergeht, und diese Abfolge von Aromen ist der Schlüssel für das Gericht. Es ist kein geschmortes Gemüse; es ist aromatisiertes Öl. Dieses Öl ist das Medium und die Bedeutung, die Form und der Inhalt, der Stoff und der Geist ...

F: Du verlierst die Kontrolle über deine Metaphern.

A: Ja, aber meine Übertreibung mag für den überwältigenden Charakter der Erfahrung stehen, die unser Kritiker Anton Ego irgendwie in Worte destillieren muss. Worte, die der Erfahrung vielleicht nicht explizit Ausdruck verleihen, die sie aber unterschwellig mit dem Universum des öffentlichen Diskurses verbinden werden, so dass waghalsige Gaumen den Wunsch bekommen, an dem teilzuhaben, was er entdeckt hat. Und das ist natürlich genau das, was passiert.

F: Nun, eigentlich ist es das nicht. Als herauskommt, dass Ego eine Besprechung veröffentlicht hat, in der er ein Gericht anpreist, das von Schädlingen gekocht worden ist, verliert er seinen Job und sein Ansehen. Sein größter Akt als Kritiker ruiniert ihn und bringt Schande über ihn.

A: Und das ist genau das Risiko, zu dem jeder Kritiker ständig bereit sein muss. Die nächste Phase seiner Karriere verwirklicht übrigens einen entscheidenden Aspekt der Rolle des Kritikers, der darin besteht, als stiller Teilhaber des Künstlers zu fungieren.

F: Ja, aber er ist kein Kritiker mehr. Er ist am Ende. Er ist in den vor- oder nichtkritischen Zustand einfachen Genusses zurückgekehrt. Wenn wir ihn zum letzten Mal sehen, schlürft er lächelnd Wein in Rémys neuem Restaurant, so als sei er aller Sorgen ledig und habe ein neues Leben geschenkt bekommen.

A: Er hat einen idealen Zustand erreicht, in dem es nicht nur keine Kritik, sondern auch keine Kunst mehr gibt. Denk an das, was Gusteau sagt: Nicht jeder kann kochen, aber ein großer Koch kann von überall herkommen. Ich verstehe das als Beantwortung und Ausarbeitung der Einsicht, die Brad Birds vorigem Pixar-Spielfilm, *Die Unglaublichen*, zugrunde lag. »Wenn jeder besonders ist«, betonte dieser Film, »dann ist es keiner.« In der Fassung von Gusteau mag theoretisch jeder die Fähigkeit besitzen zu kochen, aber nur wenige Auserwählte werden das Glück oder die Disziplin haben, diese Fertigkeit auf das Niveau einer Kunst zu heben. Wenn Rémy einer dieser unglaublichen Gastronomen ist, dann ist es auch Madame Ego, deren Ruhm sich, soweit wir wissen, auf die Erinnerung ihres Sohnes beschränkt. Das, was sie und Gusteau repräsentieren, ist ein utopischer Traum, einer, den Rémy und Ego Wirklichkeit werden lassen: dass sich die Grenze zwischen Kunst und Leben und somit die ungemütlich verbundenen, manchmal widerstreitenden Rollen von Schöpfer, Konsument und Kritiker zusammen mit der Unterscheidung zwischen Arbeit und Vergnügen auflösen werden.

F: Das ist dann der Tag. Einstweilen sollten wir einen trinken.

A: Wenn du einschenkst. Aber wir sind durchaus noch nicht fertig. Es gibt noch erheblich mehr zu diskutieren. Der Horizont der Perfektion ist so weit entfernt wie eh und je, und darum ist das Werk der Kritik, recht verstanden, endlos.

Niemand hat je herausgefunden, wo man anfangen oder welchen Schluss man ziehen soll. Trotzdem ist ein wahrer Kritiker ein Mensch, der zu guter Letzt weiß, wann er aufhören muss.

DANKSAGUNG

Während der langen Jahre, in denen ich an diesem Buch gearbeitet habe – selbst in Zeiten, als ich nicht unbedingt wusste, dass ich daran arbeitete –, stützten mich die bedingungslose Liebe und die gewaltige kritische Intelligenz meiner Eltern Joan und Don Scott und meiner Schwester Lizzie. Dankbar bin ich auch für die Liebe und den Beistand von Grace und Arnold Wolf (z″l), Joel Henning und Maria Ojeda, John und Sarah-Anne Schumann, Dara Henning und Steve Caton.

In unmittelbarerem Sinne verdankt das Buch seine Existenz meiner bemerkenswerten Agentin Elyse Cheney, die seit fast zwanzig Jahren meine standhafte Unterstützerin und Vertraute ist und deren perfekte Mischung von Geduld und Ungeduld mir dabei half, zahlreiche Hindernisse und Frustrationen zu überwinden, die ich mir fast alle selbst zuzuschreiben hatte. Sie und Allison Lorentzen brachten gemeinsam das Projekt zu Ann Godoff bei Penguin Press, die klarer als ich sah, worauf ich hinauswollte, und deren Bearbeitung ein Muster von Genauigkeit und skeptischem Vorgehen war, das selbst ein Werk kritischer Kunst darstellte. Gleiches lässt sich von Jane Cavolinas scharfsinnigem und einfühlsamem Lektorat sagen. Ich danke Casey Rasch, William Heyward und Sarah Hutson bei Penguin Press sowie Alex Jacobs bei Cheney Literary Associates für ihre harte Arbeit und kluge Beratung und Scott Moyers für seine Freundschaft.

Die Kritik, so wie ich sie in diesem Text beschreibe, kann ein einsames Unternehmen sein, aber sie ist auch eine im Grunde gesellige Angelegenheit – Gegenstand endloser Gespräche und leidenschaftlicher Auseinandersetzungen. Manohla Dargis, David Edelstein, Wesley Morris sowie Michael und Stephen Trask sind meine zuverlässigsten und herausforderndsten Gesprächpartner gewesen, und sie gehören auch zu den besten Freunden, die sich ein Kritiker je wünschen könnte. Gleiches galt für David Carr. Ich vermisse ihn jeden Tag. Ich habe das Glück, dass zwei meiner frühesten Vorbilder als Kritiker, John Leonard und Greil Marcus, später meine Freunde wurden. Es schmerzt mich, dass John nicht hier ist, um dieses Buch zu lesen, und noch mehr bedauere ich den Verlust seiner Stimme und seines Beispiels für mich und andere Leser.

John und Sue Leonard gehören an die Spitze der Liste der Redakteure, die mir Platz und Ermutigung zum Schreiben gegeben haben. Ich wäre nirgends und ein Niemand ohne sie und ohne Charles McGrath, Robert Silvers, Laurie Muchnick, Judith Shulevitz, Michael Kinsley und Jack Shafer. Bei der *New York Times*, wo ich im Jahre 2000 als Vollzeit-Kritiker anfing, hatte ich das Glück, mit einer Reihe erstaunlich talentierter Redakteure – und für sie – zu arbeiten, darunter John Darnton, Steven Erlanger, Jonathan Landman, Sam Sifton und Danielle Mattoon in der Kulturredaktion; Ariel Kaminer, Megan Liberman, Alex Star, Sheila Glaser,

Adam Sternbergh und Jake Silverstein beim Magazin; Ann Kolson, Jodi Kantor, Lorne Manly, Stephanie Goodman und Sia Michel in der Redaktion Kunst und Freizeit; und Gabriel Johnson in der Videoredaktion. Sie verdienen alle miteinander einen großen Teil des Lobs für das, was in diesem Buch enthalten ist – und vielleicht auch einen Anteil an dem Tadel.

Einige der Ideen dieses Buches habe ich in öffentlichen Veranstaltungen erprobt, und ich danke den Veranstaltern und dem Publikum der folgenden Institutionen, die mir die Möglichkeit boten, laut nachzudenken: Yale University, University of Kentucky, Ithaca College, Cornell University, New School, New York University, Columbia University, Brooklyn College, University of California-Irvine, Fairfield University, Emory University, City Arts & Lectures in San Francisco, Temple KAM-Isaiah Israel in Chicago und Gemeinde B'nai Emunah in Tulsa. Meine Studenten in der Lehrveranstaltung Film Studies 370 an der Wesleyan University in den Jahren 2014 und 2015 vermittelten mir zusätzliche Inspirationen für den Abschluss dieses Buches. Jeanine Basinger und Michael Roth danke ich für die Möglichkeit, an der Wesleyan University zu unterrichten.

Die Mitglieder der Criticism Working Group am New Yorker Institute for the Humanities haben mir mit ihrer Solidarität, ihrer guten Laune und ihrem Scharfsinn Auftrieb gegeben: Mein Dank geht an Eric Banks, Ruth Franklin, Mark Greif, Rochelle Gurstein, Jennifer Homans, Laura Kipnis, Wendy Lesser, Arthur Lubow, Emily Nussbaum und Alex Ross.

Meine Kinder Ezra und Carmen haben mich gelehrt, wie man über all die Dinge denken soll, auf die es ankommt, einschließlich Kunst, Vergnügen, Schönheit und Wahrheit, aber nicht auf sie beschränkt. Gewidmet ist dieses Buch meiner härtesten, treuesten Kritikerin, die mein Leben in jeder Hinsicht besser macht.

REGISTER

Anthony O. Scott, Jahrgang 1966, US-amerikanischer Filmkritiker und Journalist. Seit 2004 leitender Filmkritiker bei
der *New York Times* und Professor für Filmkritik an der Wesleyan University. A. O. Scott lebt in Brooklyn, New York.